高等学校土木建筑专业应用型本科系列规划教材

工程经济学

主　编　贾仁甫
参　编　程　赟　李　果　闫志刚

东南大学出版社
·南京·

内容提要

本书系统地介绍了工程经济学的基本原理和评价方法及其在工程中的应用，主要内容包括概论、工程经济分析的基本要素、资金的时间价值与等值计算、工程项目经济评价的基本方法、工程项目的风险与不确定性分析、设备更新的经济分析、价值工程、建设项目的可行性研究、建设项目财务分析、建设项目的国民经济评价和建设项目后评价。本书吸收了国内外相关优秀成果，行文深入浅出、简明扼要，注重理论联系实际，强化应用性。

本书可作为高等院校土建类、工程管理专业和各类工科专业工程经济学课程的教材，也可作为相关人员的参考用书。

图书在版编目(CIP)数据

工程经济学/贾仁甫主编. —南京：东南大学出版社，2010.8

（高等学校土木建筑专业应用型本科系列规划教材/戴望炎主编）

ISBN 978-7-5641-2339-0

Ⅰ.①工… Ⅱ.①贾… Ⅲ.①工程经济学-高等学校-教材 Ⅳ.①F40

中国版本图书馆 CIP 数据核字(2010)第 143582 号

工程经济学

出版发行：东南大学出版社
社　　址：南京市四牌楼 2 号　邮编 210096
出 版 人：江　汉
责任编辑：史建农　戴坚敏
网　　址：http：//www.seupress.com
电子邮件：press@seu.edu.cn
经　　销：全国各地新华书店
印　　刷：南京新洲印刷有限公司
开　　本：787 mm×1 092 mm　1/16
印　　张：13
字　　数：324 千字
版　　次：2010 年 8 月第 1 版
印　　次：2010 年 8 月第 1 次印刷
书　　号：ISBN　978-7-5641-2339-0
印　　数：1～4 000 册
定　　价：25.00 元

本社图书若有印装质量问题，请直接与读者服务部联系。电话(传真)：025-83792328

高等学校土木建筑专业应用型本科系列规划教材编审委员会

总前言

国家颁布的《国家中长期教育改革和发展规划纲要(2010—2020年)》指出，要“适应国家和区域经济社会发展需要，不断优化高等教育结构，重点扩大应用型、复合型、技能型人才培养规模”;“学生适应社会和就业创业能力不强，创新型、实用型、复合型人才紧缺”。为了更好地适应我国高等教育的改革和发展，满足高等学校对应用型人才的培养模式、培养目标、教学内容和课程体系等的要求，东南大学出版社携手国内部分高等院校组建土木建筑专业应用型本科系列规划教材编审委员会。大家认为，目前适用于应用型人才培养的优秀教材还较少，大部分国家级教材对于培养应用型人才的院校来说起点偏高，难度偏大，内容偏多，且结合工程实践的内容往往偏少。因此，组织一批学术水平较高、实践能力较强、培养应用型人才的教学经验丰富的教师，编写出一套适用于应用型人才培养的教材是十分必要的，这将有力地促进应用型本科教学质量的提高。

经编审委员会商讨，对教材的编写达成如下共识:

一、体例要新颖活泼。学习和借鉴优秀教材特别是国外精品教材的写作思路、写作方法以及章节安排。摒弃传统工科教材知识点设置按部就班、理论讲解枯燥无味的弊端，以清新活泼的风格抓住学生的兴趣点，让教材为学生所用，使学生对教材不会产生畏难情绪。

二、人文知识与科技知识渗透。在教材编写中参考一些人文历史和科技知识，进行一些浅显易懂的类比，使教材更具可读性，改变工科教材艰深古板的面貌。

三、以学生为本。在教材编写过程中，“注重学思结合，注重知行统一，注重因材施教”，充分考虑大学生人才就业市场的发展变化，努力站在学生的角度思考问题，考虑学生对教材的感受，考虑学生的学习动力，力求做到教材贴合学生实际，受教师和学生欢迎。同时，考虑到学生考取相关资格证书的需要，教材中还结合各类职业资格考试编写了相关习题。

四、理论讲解要简明扼要，文例突出应用。在编写过程中，紧扣“应用”两字创特色，紧紧围绕着应用型人才培养的主题，避免一些高深的理论及公式的推导，大力提倡白话文教材，文字表述清晰明了、一目了然，便于学生理解、接受，能激起学生的学习兴趣，提高学习效率。

五、突出先进性、现实性、实用性、操作性。对于知识更新较快的学科，力求将最新最前沿的知识写进教材，并且对未来发展趋势用阅读材料的方式介绍给学生。同时，努力将教学改革最新成果体现在教材中，以学生就业所需的专业知识和操作技能为着眼点，在适度的基础知识与理论体系覆盖下，着重讲解应用型人才培养所需的知识点和关键点，突出实用性和可操作性。

六、强化案例式教学。在编写过程中，有机融入最新的实例资料以及操作性较强的案例素材，并对这些素材资料进行有效的案例分析，提高教材的可读性和实用性，为教师案例教学提供便利。

七、重视实践环节。编写中力求优化知识结构，丰富社会实践，强化能力培养，着力提高学生的学习能力、实践能力、创新能力，注重实践操作的训练，通过实际训练加深对理论知识的理解。在实用性和技巧性强的章节中，设计相关的实践操作案例和练习题。

在教材编写过程中，由于编写者的水平和知识局限，难免存在缺陷与不足，恳请各位读者给予批评斧正，以便教材编审委员会重新审定，再版时进一步提升教材的质量。本套教材以“应用型”定位为出发点，适用于高等院校土木建筑、工程管理等相关专业，高校独立学院、民办院校以及成人教育和网络教育均可使用，也可作为相关专业人士的参考资料。

高等学校土木建筑专业应用型

本科系列规划教材编审委员会

2010 年 8 月

前 言

本书系统地介绍了工程经济学的基本原理和评价方法,及其在工程中的应用。主要内容包括概论、工程经济分析的基本要素、资金的时间价值与等值计算、工程项目经济评价的基本方法、工程项目的风险与不确定性分析、设备更新的经济分析、价值工程、建设项目的可行性研究、建设项目财务分析、建设项目的国民经济评价和建设项目后评价。

本书作为应用型本科院校土建类专业、工程管理专业和各类工科专业工程经济学课程的教材,吸收了国内外相关优秀成果,行文深入浅出、简明扼要,注重理论联系实际,强化应用性。

本书第1、6、10、11章由扬州大学贾仁甫编写;第2、4、8章由东南大学李果编写;第3章由南理工泰州科技学院闫志刚编写;第5、7、9章由淮海工学院程赟编写。全书由贾仁甫主编,并负责全书的统稿工作。

在编写过程中,作者参考和引用了很多专家、学者的论著,在此向原作者表示衷心的感谢!扬州大学李俊、张波、杨帆、周海辉、杨梅等为本书的编写做了大量的资料收集、整理及文字校对工作,在此表示感谢!

限于编者的水平,书中难免存在错误及不足之处,欢迎广大读者指正。

编 者

2010年7月

目　录

1　概论 …… 1
1.1　工程经济学基本概念 …… 1
1.2　工程经济学的研究对象及特点 …… 3
1.3　工程项目经济评价的基本原则 …… 5
1.4　工程经济分析人员应具备的知识和能力 …… 6
本章小结 …… 7
2　工程经济分析的基本要素 …… 8
2.1　项目现金流量及其构成 …… 8
2.2　项目投资构成与估算方法 …… 9
2.3　项目生产经营期成本费用 …… 16
2.4　销售收入、税金(费)、利润 …… 21
本章小结 …… 25
3　资金的时间价值与等值计算 …… 26
3.1　资金的时间价值 …… 26
3.2　利息、利率及其计算 …… 27
3.3　等值计算 …… 31
本章小结 …… 38
4　工程项目经济评价的基本方法 …… 40
4.1　工程项目经济评价概述 …… 40
4.2　时间性评价方法 …… 41
4.3　价值性评价方法 …… 44
4.4　比率性评价方法 …… 47
4.5　方案的经济比较与选择 …… 51
本章小结 …… 61
5　工程项目的风险与不确定性分析 …… 63
5.1　项目风险分析概述 …… 63
5.2　盈亏平衡分析 …… 65
5.3　敏感性分析 …… 69
5.4　项目风险的概率分析 …… 73
本章小结 …… 76
6　设备更新的经济分析 …… 78
6.1　设备更新概述 …… 78
6.2　设备修理的经济分析 …… 81

6.3　设备更新经济分析………………………………………………………………… 82
6.4　设备租赁与购置经济分析…………………………………………………… 87
本章小结 ………………………………………………………………………………… 89

7　价值工程……………………………………………………………………………… 91
7.1　价值工程概述………………………………………………………………… 91
7.2　价值工程工作程序与方法…………………………………………………… 93
7.3　方案创造与实施 …………………………………………………………… 101
本章小结………………………………………………………………………………… 103

8　建设项目的可行性研究 ……………………………………………………… 104
8.1　可行性研究概述 …………………………………………………………… 104
8.2　可行性研究报告编制 ……………………………………………………… 108
8.3　可行性研究的主要内容 …………………………………………………… 109
本章小结………………………………………………………………………………… 124

9　建设项目财务分析 …………………………………………………………… 126
9.1　概述 ………………………………………………………………………… 126
9.2　建设项目盈利能力分析 …………………………………………………… 128
9.3　建设项目偿债能力分析 …………………………………………………… 134
9.4　财务生存能力分析 ………………………………………………………… 138
9.5　案例分析 …………………………………………………………………… 140
本章小结………………………………………………………………………………… 145

10　建设项目的国民经济评价…………………………………………………… 148
10.1　建设项目国民经济评价概述……………………………………………… 148
10.2　国民经济评价参数………………………………………………………… 151
10.3　经济效益和费用的识别…………………………………………………… 156
10.4　经济费用效益分析………………………………………………………… 158
10.5　经济费用效果分析………………………………………………………… 163
本章小结………………………………………………………………………………… 164

11　建设项目后评价……………………………………………………………… 165
11.1　建设项目后评价概述……………………………………………………… 165
11.2　建设项目后评价的主要任务……………………………………………… 168
11.3　建设项目后评价的基本程序……………………………………………… 168
11.4　建设项目后评价的内容…………………………………………………… 169
11.5　项目后评价的指标体系…………………………………………………… 172
11.6　项目后评价的方法………………………………………………………… 174
本章小结………………………………………………………………………………… 177

附录……………………………………………………………………………………… 178
参考文献………………………………………………………………………………… 195

1 概论

1.1 工程经济学基本概念

1.1.1 工程与技术

工程是为了满足社会经济发展的需求，人们利用科学技术改造客观世界的活动。它是科学理论和方法在改造世界中的表现过程，也是技术的使用过程。如高速公路工程提高了人流、物流的速度，促进了经济的发展；“经济适用房工程”主要解决城市中低收入家庭居住问题，促进了社会和谐发展。

技术是生产力，是劳动者、劳动工具和劳动对象的有机结合。技术可分为两种：第一种是硬技术，它是根据自然科学原理发展形成的各种操作技巧能力和劳动经验形成的物质手段以及相应的劳动工具和劳动对象。具体表现为基础设施、机器、设备等生产条件和工作条件的物质技术。第二种是软技术，它是根据自然科学和社会科学原理发展形成的组织、管理、资源优化配置以及相应的劳动者的素质。具体表现在工艺、方法、程序、信息、诀窍、管理等非物质技术之中。硬技术的进步与提高，已成为经济增长的重要手段。软技术能够改善生产要素在生产中的相对比例关系，促进硬技术发挥最佳效能，它的投入，主要以劳动者的多少和质量表示，即知识、技能、管理水平等等，它对经济增长起着决定性作用。

1.1.2 经济

经济有多种含义，在我国古代有“经邦济民”之意。现代汉语中经济是个多义词，主要有以下四方面的含义。

(1) 经济是指生产关系的总和，是一切社会关系的基础，即经济基础。它支撑着社会上层建筑。

(2) 经济是指国民经济的总称或国民经济的各具体组成部门。如工业经济、农业经济、建筑经济和旅游经济等。

(3) 经济是指社会生产和再生产，即指物质资料的生产、交换、分配、消费的现象和过程。

(4) 经济是指节约或节省，即以较少的社会投入获取较多的社会回报。

在工程经济学中，经济的上述含义均有所体现，但主要解决上述最后两个问题。

1.1.3 工程技术与经济

工程技术是实现人类社会经济发展的基础和手段，工程技术的实现与进步总是基于一定的经济条件许可的，如工程的规模、所使用的原材料、技术与一定时期一个国家或一个区域的资金、劳动、信息等各种有关的经济资源相结合，才能实施并取得预期的经济效果；同时，如果工程技术水平满足不了经济发展的要求，必然对经济的发展产生制约作用。因此，工程技术与经济两者相辅相成、相互制约，客观上要求工程技术的先进性与经济上的合理性必须和谐统一。

1.1.4 工程经济学的内涵

工程经济学(Engineering Economics)属于工程科学与经济科学的交叉学科，是主要研究工程项目经济效果的学科。目前，关于工程经济学尚没有统一的定义，但归纳已有的学术成果有以下几种说法：

(1) 以工程技术项目的方案为对象，研究如何有效利用工程技术资源，提高经济效益，促进经济增长的科学。

(2) 研究工程技术与经济效果的内在联系，揭示两者协调发展的内在规律，促使工程技术的先进性与经济的合理性的统一。

(3) 研究各种工程技术方案的经济效益，研究各种技术在使用过程中如何以最小的投入获得预期产出或者说如何以等量的投入获得最大产出；如何用最低的寿命周期成本实现产品、作业以及服务的必要功能。

(4) 工程经济学是研究工程与经济相结合的发展规律的学科，它以工程项目为主体，以工程—经济系统为核心，以实现工程中资源的合理配置和有效使用，提高工程有效性为目的的科学。

(5) 工程经济学是融合了工程科学与经济科学各自特点和内在联系的交叉学科。它运用经济理论和定量分析方法，研究工程投资和经济效益的关系。

1.1.5 工程经济学的产生与发展

工程经济学源于1887年亚瑟·M. 惠灵顿(Arthur M. Wellington)的著作《铁路布局中的经济理论》(*The Economic Theory of Rail Location*)，该书是19世纪20年代蒸汽机车牵引铁路诞生以来最早提出的铁路选线工程经济理论著作，书中指出工程经济并不是建造艺术，而是一门少花钱多办事的艺术。他首次将成本分析方法应用于铁路的最佳长度和曲率选择上，开创了工程领域经济评价工作的先河。历经43年以后，到了1920年，戈尔德曼教授(O. B. Goldman)在他的《财务工程学》(*Financial Engineering*)中提出了决定相对价值的复利模型，并说："有一种奇怪而遗憾的现象，就是许多作者在他们的工程学著作中，没有或很少考虑成本问题。实际上，工程师最基本的责任是分析成本，以达到真正的经济性，即赢得最大可能数量的货币，获得最佳财务效率。"

1930 年，美国斯坦福大学土木工程系格兰特教授(E. L. Grant)出版了《工程经济学原理》(*Principle of Engineering Economy*)教科书，他指出了古典工程经济的局限性。他以复利计算为基础，讨论了判别因子和短期投资评价的重要性，以及资本长期投资的一般比较。他的许多观点得到了社会的承认，为工程经济学的发展作出了突出贡献。

20 世纪 30 年代，美国在开发西部的田纳西河流域时开始推行“可行性研究”方法，从而把工程技术和工程项目的经济问题推向一个新的阶段。

1978 年布西(L. E. Bussey)出版了《工业投资项目的经济分析》，全面、系统地总结了工程项目的资金筹集、经济评价、优化决策以及项目的风险和不确定分析等。

1982 年里格斯(J. L. Riggs)出版了《工程经济学》，系统地阐明了货币的时间价值、货币管理、经济决策和风险与不确定性分析等。

随着数学和计算技术的发展，特别是运筹学、概率论和数理统计等方法的应用，以及系统工程、计量经济学、最优化技术的飞跃发展，工程经济学得到了长足的发展。

在我国，20 世纪 50 年代初期，采用“方案研究”、“建设建议书”、“技术经济分析”等类似可行性研究的方法，取得了较好的效果。“一五”期间进行了 156 项国家重点建设工程，基本上都进行了工程经济分析和按基建程序进行的项目论证，奠定了我国工程经济学发展的组织和队伍基础，初步形成了主要围绕项目建设前期工作的静态经济评价体系。

但在 20 世纪 60 年代末至 70 年代末，基本建设项目的前期工作没有得到重视，不少工程项目盲目追求项目建设速度，出现了所谓“四边”(边勘测、边设计、边施工、边生产)、“四当年”(当年设计、当年施工、当年建成、当年投产)等做法，违背了基本建设程序，建设不讲经济效益，造成了一定的经济损失。

1978 年后，工程经济学的运用和研究又重新受到国家重视，各地高校也将工程经济学列为一些专业的必修课。随着经济体制改革的深入和实行对外开放，学习国外先进经验，重视工程项目决策的民主化、科学化。1983 年，国家计委要求重视投资前期工作，明确规定把项目可行性研究纳入基本建设程序。1985 年，我国政府又决定对改造项目，都必须经过有资格的咨询公司的评估。

20 世纪 90 年代以来，随着我国建立社会主义市场经济体制目标的逐步确立，政府管理经济及配置经济资源的方式发生变化，国家投资体制改革进程加快，工程经济学的理论与方法普遍应用于各类建设项目的经济评价，同时也推动了我国工程经济学学科的发展。

1.2 工程经济学的研究对象及特点

1.2.1 工程经济学的研究对象

工程经济学的主要研究内容是工程与经济相结合的发展规律，既有工程学的规律问题，又有经济学的规律问题，更注重两者结合的规律问题。即经济对工程的影响问题和工程的经济评价问题。前者可从宏观和微观两个层面进行研究，探讨工程建设和经济发展的相互影响及协调发展，寻求两者的最佳结合点；后者侧重于从微观方面进行研究，探讨有利于实现“工程中资源的合理配置和有效使用，提高工程有效性”目的的经济评价理论体系、方法体系和指标体系。

按照《建设项目经济评价方法与参数》(第三版)的规定，建设项目按项目目标可分为经营性项目和非经营性项目；按项目的产出属性(产品或服务)可分为公共项目和非公共项目；按项目的投资管理形式可分为政府投资项目和企业投资项目；按项目与企业原有资产的关系可分为新建项目和改扩建项目；按项目的融资主体可分为新设法人项目和既有法人项目。所以，工程经济学的研究对象是上述各类建设项目(或投资项目)的经济评价问题。

一般而言，传统的工程经济学侧重于从微观角度研究建设项目的规模，产品市场前景及发展方向，新工艺、新技术、新设备的推广和使用，原材料和能源的利用与节约，工程项目的可行性研究等。主要解决以下三方面的问题：

(1) 为什么要实施该工程项目？是否可以实施其他工程项目？

(2) 为什么要现在实施该工程项目？项目实施的条件是否成熟？

(3) 为什么要选用这种方案实施该工程？有无经济效果更好的替代方案？

随着我国社会经济的发展，现代工程经济学所涉及的领域越来越广泛，其研究内容已延伸到宏观经济领域，包括国民经济的发展速度和经济发展模式；生产力的合理布局和转移；投资政策与投资方向、投资规模与结构；资源的合理开发和综合利用；能源政策、能源结构、新能源的开发和利用；节能减排与生态环境问题；建设过程的拆迁与移民安置问题等。

1.2.2 工程经济学的特点

工程经济学是工程科学与经济科学的交叉学科，具有交叉学科的特点，即具有综合性、预测性、定量性、比较性和实用性等特点。

1) 综合性

工程经济学应用经济科学与科学技术的研究成果，综合地研究工程与经济协调发展的规律，通过研究分析既可以使经济科学和科学技术有力地推动社会生产力发展，又可以为经济科学和科学技术的发展提出目标和方向。工程经济学不仅研究建设项目的资金筹集、经济评价、方案优选、不确定风险及风险分析等，而且研究方案是否符合国家的法律和产业政策、是否有利于节约资源、是否影响生态环境等综合性问题。

2) 预测性

工程经济学研究的对象主要是拟建建设项目，对将要实现的政策、措施、方案等进行预先的分析评价。在此过程中首先要进行技术经济预测，通过科学预测，使方案更接近实际，避免盲目性。在预测中应充分掌握各种必要的信息资料，尽量避免由于预测不准确导致决策失误而造成项目经济损失。当然，由于预测性包含一定假设和近似性，所以只能要求对某项工程或某一方案的预测结果尽可能地接近实际，这也正是对建设项目要进行不确定性分析和风险分析的原因之一。

3) 定量性

工程经济学的研究方法以定量分析为主，即使对有些难以定量的因素，也要采用一定的数学方法予以量化分析，否则，适合建设项目的各种技术方案的经济性无法衡量与比较选优。在对建设项目进行分析和研究的过程中要用到许多数学方法、计算公式，有时还要建立数学模型，借助计算机进行计算分析。

4）比较性

工程经济学是对拟建的建设项目工程技术可行性方案的未来“差异”进行经济效果分析比较的科学。工程经济学的着眼点除研究各方案可行性和合理性之外，还要分析研究各方案之间的经济效果差异，按一定的经济评价准则对方案进行选优，供管理层决策使用。

5）实用性

工程经济学是一门实用性很强的学科，其研究的对象大多来源于实际，备选方案的选择也要求紧密结合生产技术和经济活动进行，所研究出的成果是直接为建设项目生产服务的。

工程经济学的这些特点，要求分析者应具备系统的思想，在对建设项目开展研究的过程中必须全面地、联系地、动态地观察问题、研究问题、解决问题。既要考虑技术的先进性，又要考虑加工制作或施工的合理性、可操作性，还要考虑其效果，即经济性。既要站在规划者和设计者的立场上，也要站在制作者、使用者乃至于社会的立场上。既要立足于现在，研究资源的使用效率和效益，又要着眼于未来，研究可持续发展问题。既要研究项目的经济效益，还要研究社会效益、环境效益等。在具体工作中既要着眼于整体，又要周密地分析建设项目的各环节和因素，把握重点，主次分明。

1.3 工程项目经济评价的基本原则

1.3.1 “有无对比”原则

“有无对比”是指“有项目”相对于“无项目”的对比分析。“无项目”状态指不对该项目进行投资，在计算期内，与项目有关的资产、费用与收益的预计发展情况；“有项目”状态指对该项目进行投资后，在计算期内，资产、费用与收益的预计发展情况。“有无对比”求出项目的增量效益，排除了项目实施以前各种条件的影响，突出项目活动的效果。“有项目”与“无项目”两种情况下，效益和费用的计算范围、计算期应保持一致，具有可比性。

1.3.2 效益与费用计算口径对应一致原则

各备选方案应满足同样的需求，实现同一经济目标，这样方案之间才有相互替代性，才存在选择问题，并且应将各方案的效益与费用限定在同一范围内，才有可能进行比较，计算的净效益才是项目投入的真实回报。在多方案的评价中必须建立共同的比较基础，效益与费用计算口径对应一致，否则会直接影响项目经济评价的结论。

1.3.3 定量分析与定性分析相结合原则

经济评价的本质就是对拟建项目在整个计算期的经济活动，通过效益与费用的计算，对项目经济效益进行分析和比较。一般而言，建设项目经济评价以定量分析为主，但并不排斥、忽略定性分析,对一些不能量化的经济因素,不能直接进行数量分析,对此要求采用定性分析,并与定量分析结合起来进行评价。为提高定性分析的客观性,减少主观成分,应加强调查研究。

1.3.4 财务分析与国民经济分析相结合的原则

财务评价是在国家现行财税制度和价格体系的前提下,从项目的角度出发,计算项目范围内的财务效益和费用,分析项目的盈利能力和清偿能力,评价项目在财务上的可行性。

国民经济评价是在合理配置社会资源的前提下,从国家经济整体利益的角度出发,计算项目对国民经济的贡献,分析项目的经济效率、效果和对社会的影响,评价项目在宏观经济上的合理性。

一般而言,建设项目的经济评价,对于财务评价结论和国民经济评价结论都可行的建设项目可予以通过;反之,则应予以否定。对于国民经济评价结论不可行的项目,一般予以否定;对于关系到公共利益、国家安全和市场不能有效配置资源的经济和社会发展项目,如果国民经济评价结论可行,但财务评价结论不可行,应重新考虑方案,必要时可提出经济优惠措施的建议,使项目具有财务生存能力。

1.3.5 动态分析与静态分析相结合的原则

建设项目经济评价应遵循动态分析与静态分析相结合,以动态分析为主的原则。动态分析是指利用资金时间价值的原理对现金流量进行折现分析。静态分析是指不对现金流量进行折现分析。项目经济评价的核心是折现,所以分析评价要以动态指标为主。静态指标与一般的财务和经济指标内涵基本相同,比较直观,但是只能作为辅助指标,通常适用于项目初评。

1.4 工程经济分析人员应具备的知识和能力

随着人类社会经济的发展、科学技术的进步,工程项目尤其是大型特大型工程的出现,如上海的世博园、三峡工程和高速铁路工程等,无不体现着规划、设计、施工、运行管理的复杂性、综合性和集成性。这些现代工程要求参与建设项目的工作人员都应具备技术、经济、管理与法律的综合知识和能力。为了适应社会经济的高速发展,工程经济分析人员必须具备以下几方面的知识和能力:

(1) 工程经济分析应实事求是,依据法律与规范开展工作。在经济分析中,必须保证各对比方案及计算结果符合国家的有关法律和规范的要求,因为法律和规范是根据社会发展情况和政治经济形式等方面的实际情况,经过分析和论证制定出来的,它们既体现公众的最高利益,又对实际工作有重要的指导作用。

(2) 及时掌握国家的经济政策与技术发展战略。一个时期的产业政策反映了国家从国民经济整体发展的角度对重要资源在各产业部门间配置与流动的总体布局；技术政策表明国家对技术发展方向与发展重点的总体要求；国家的税收政策、金融政策、物价政策、外资、外贸、外汇政策等也都会对建设项目的经济评价产生影响。因此，只有及时掌握国家的经济政策与技术发展战略，才能保证建设项目经济评价的有效性。

(3) 应具备一定的市场调查和预测能力。如果想在竞争日益激烈的市场经济中取胜，必须了解国内外市场供需情况；了解国内现有企业的生产能力及现有企业技术改造后可能挖掘的潜力；进行销售价格预测；了解原材料来源和供应的可能性；分析建设项目的竞争能力。

(4) 能够运用工程经济分析方法，对拟建项目在项目计算期内的投资、运行成本、收入等因素进行调查、分析、研究、计算和论证，并利用资金时间价值、费用效益分析、价值工程等经济评价方法，进行投资方案与更新方案的比较与选择。

(5) 能够对建设项目的风险进行分析，能够识别项目的风险因素，计算项目的风险大小，制定相应的风险应对措施，降低与控制风险因素对项目的影响程度。

本章小结

本章主要介绍了工程技术与经济、工程经济学的内涵、工程经济学的发展历程，论述了工程经济学的研究对象及特点、工程项目经济评价的5项基本原则，指出了工程经济分析人员应具备的知识和能力等内容。

复习思考题

1. 试述工程经济学的含义和特点。
2. 工程项目经济评价的基本原则有哪些？
3. 简述“有无对比”原则。
4. 工程经济分析人员必须具备哪些主要的素质能力？

2 工程经济分析的基本要素

2.1 项目现金流量及其构成

2.1.1 项目现金流量的概念

工程项目一般经历投资前期、投资期、投产期、达产期、稳产期、减产期、回收处理期等阶段，整个过程称为项目寿命期(或计算期)。在项目的寿命期内的资金运动状况复杂，正确分析现金流量，对项目的成败尤为重要。

所谓现金流量(Cash Flow)，在投资决策中是指一个项目引起的企业现金(或现金等价物，下同)支出和现金收入的数量。这时的“现金”是广义的现金，它不仅包括各种货币资金，而且还包括项目投入企业拥有的非货币资源的变现价值。现金流量可以分为现金流入量、现金流出量和净现金流量。

(1) 现金流入量(Cash Inflow)，指在整个计算期内所发生的实际现金流入，或者说是某项目引起的企业现金收入的增加额。现金流入表示为“+”。通常来自于营业(销售)收入、固定资产余值以及项目结束时收回的净运营资金。

(2) 现金流出量(Cash Outflow)，指在整个计算期内所发生的实际现金支出，或者说是某项目引起的企业现金支出的增加额。现金流出表示为“-”。通常包括企业的投入资金(建设投资和运营资金投资)、经营成本、销售税金及附加。

(3) 净现金流量(Net Cash Flow)，指一定期间现金流入量与现金流出量的差额。流入量大于流出量时，其值为正；反之，其值为负。

2.1.2 项目现金流量图

项目经济分析涉及大量的现金流量，借助现金流量图，能方便地表示项目现金动态变化情况。

现金流量图的画法说明：

(1) 水平线表示时间标度，从左向右每一个时间间隔表示一个时间单位(年、月、日)。水平线上的点称为时点，每一个时点的终点同时也是下一时间段的起点。如图 2-1 所示。

(2) 箭头表示现金流动的方向，向下的箭头表示支出(负的现金流量或者现金流出)，而向上的箭头表示收入(正的现金流量或者现金流入)。如图 2-1 所示。箭头的长短与收入或支出的大小成比例。

(3) 现金流量图与立脚点有关。在绘制现金流量图时，由于考虑问题的出发点不同，将会改变现金流量的方向。比如将 1 000 元存入银行 3 年,年利率 10%,分别从储户和银行的角度绘制现金流量图,如图 2-2 所示。

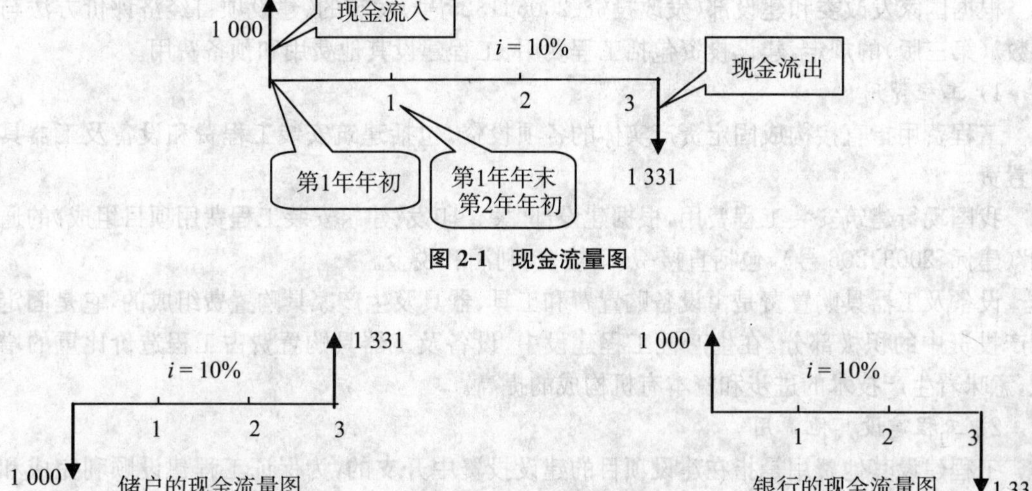

图 2-1 现金流量图

图 2-2 立脚点不同的现金流量图

2.2 项目投资构成与估算方法

2.2.1 项目投资的构成

在工程项目建设活动中为实现预定的生产、经营目标而预先垫付的资金,称为项目投资。建设项目投资是指项目从筹建到项目全部竣工投产为止所需要的全部费用的总和。生产性建设项目总投资包括建设投资、建设期利息和流动资金三部分;非生产性建设项目总投资包括建设投资、建设期利息两部分。其中建设投资和建设期利息之和对应于固定资产投资。项目投资构成见图 2-3 所示。

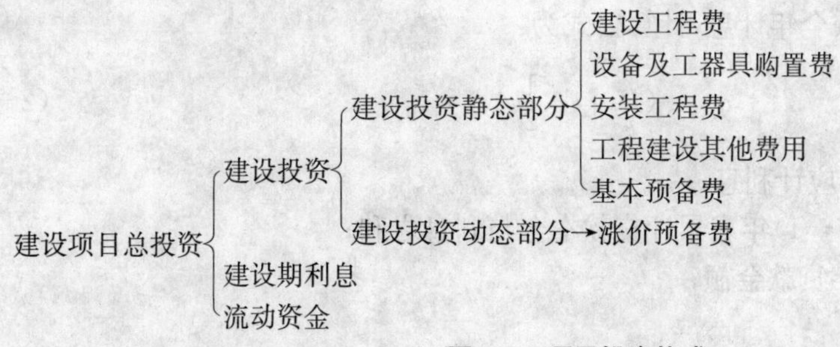

图 2-3 项目投资构成

2.2.2 建设投资

根据国家发改委和建设部(发改投资〔2006〕1325 号)发布的《建设项目经济评价方法与参数》(第三版)的规定,建设投资包括工程费用、工程建设其他费用和预备费用。

1) 工程费用

工程费用指直接构成固定资产实体的各项投资,包括建筑安装工程费和设备及工器具购置费。

我国现行建筑安装工程费用,根据建设部"关于印发《建筑安装工程费用项目组成》的通知"(建标〔2003〕206 号),包括直接费、间接费、利润和税金。

设备及工器具购置费是由设备购置费和工具、器具及生产家具购置费组成的,它是固定资产投资中的积极部分,在生产性工程建设中,设备及工器具购置费占工程造价比重的增大,意味着生产技术的进步和资本有机构成的提高。

2) 工程建设其他费用

工程建设其他费用是指在建设项目的建设投资中开支的,为保证工程建设顺利完成和交付使用后能够正常发挥效用而发生的固定资产其他费用、无形资产费用和其他资产费用。

3) 预备费用

预备费用是指为工程顺利开展,避免不可预见因素造成的投资估计不足而预先安排的费用。包括基本预备费和涨价预备费。

基本预备费是指针对在项目实施过程中可能发生难以预料的支出,需要事前预留的费用,又称工程建设不可预见费。主要指设计变更及施工过程中可能增加工程量的费用。

涨价预备费是指针对建设项目在建设期间由于材料、人工、设备等价格可能发生变化引起工程造价变化而事前预留的费用,也称为价格变动不可预见费。

2.2.3 建设期利息

建设期利息包括向国内银行和其他非银行金融机构贷款、出口信贷、外国政府贷款、国际商业银行贷款以及在境内外发行的债券等在建设期间应计的借款利息。

当总贷款是分年均衡发放时,建设期利息的计算可按年借款在年中支用考虑,即当年贷款按半年计息,上年贷款按全年计息,计算公式为:

$$q_j = (P_{j-1} + \frac{1}{2}A_j) \cdot i \tag{2-1}$$

式中:q_j——建设期第 j 年应计利息;

P_{j-1}——建设期第($j-1$)年末累计贷款本金与利息之和;

A_j——建设期第 j 年贷款金额;

i——年利率。

国外贷款利息的计算中,还应包括国外贷款银行根据贷款协议向贷款方以年利率的方式收取的手续费、管理费、承诺费,以及国内代理机构经国家主管部门批准的以年利率的方式向贷款单位收取的转贷费、担保费、管理费等。

【例 2-1】 某新建项目,建设期为 3 年,分年均衡进行贷款。第一年贷款 1 000 万元,第二年贷款 1 800 万元,第三年贷款 1 200 万元,年利率为 10%,建设期内利息只计息不支付。试计算建设期利息。

【解】 在建设期,各年利息计算如下:

$$q_1=\frac{1}{2}A_1\cdot i=\frac{1}{2}\times 1\ 000\times 10\%=50(\text{万元})$$

$$q_2=(P_1+\frac{1}{2}A_2)\cdot i=(1\ 000+50+\frac{1}{2}\times 1\ 800)\times 10\%=195(\text{万元})$$

$$q_3=(P_2+\frac{1}{2}A_3)\cdot i=(1\ 000+50+1\ 800+195+\frac{1}{2}\times 1\ 200)\times 10\%=364.5(\text{万元})$$

所以,建设期利息 $q=\sum_{j=1}^{3}q_j=q_1+q_2+q_3=50+195+364.5=609.5$(万元)

2.2.4 流动资金

流动资金是指生产经营性项目投产后,为进行正常的生产运营,用于购买原材料、燃料,支付工资及其他经营费用等所需的周转资金,是流动资产与流动负债的差额。流动资产是指在一年或超过一年的一个营业周期内变现或耗用的资产,包括存货、现金、应收账款及预付账款。流动负债是指将在一年或超过一年的一个营业周期内偿还的债务,包括短期借款、应付票据、应付账款、预收账款、应付工资、应付福利费、应付股利、应交税金、应付利润、其他暂收应付款、预提费用和一年内到期的长期借款等。流动资金在生产经营期间被项目长期占用,在项目结束时全额回收。

2.2.5 投资形成的各类资产

项目建成进入运营阶段后,总投资分别形成固定资产、流动资产、无形资产和其他资产。

1) 固定资产

固定资产是指使用期限在 1 年以上,单位价值在一定限额以上,在使用过程中始终保持原来物质形态的资产。如建筑物、机器机械、运输工具以及其他与生产经营有关的设备、工具、器具等。

固定资产的特点是:从实物形态上看,固定资产能以同样的实物形态连续为多次生产周期服务;从价值形态上看,固定资产的价值是随着它的使用磨损,以折旧方式分期分批转移到产品价值中去,构成产品价值的一部分;从资金运动来看,固定资产所占用的资金循环一次周期较长,从产品销售中提取的折旧费可以看作是补偿固定资产损耗的准备金,并且随着产品的销售一次一次逐渐收回并转化为货币资金。

2) 流动资产

流动资产是指在一年或超过一年的一个营业周期内变现或耗用的资产,包括存货、现金、应收账款及预付账款。

存货是指企业在生产经营过程中为销售或者消耗而储存的各种资产,包括商品、产成品、半成品、在产品以及各类原材料、燃料、包装物、低值易耗品等。

现金是指立即可以投入流通的交换媒介，包括库存现金、银行存款、银行本票和银行汇票等。

应收账款是指企业因对外销售产品、材料、供应劳务及其他原因，应向购货单位或接受劳务的单位及其他单位收取的款项。

预付账款是指企业为购买各类材料、半成品或服务所预先支付的款项。

流动资产最初一般是以货币形态投入到企业的生产经营中，随着生产经营活动的进行，以筹集到的货币资金购买原材料、商品等，它从货币形态转变为存货形态，实现销售，又从存货形态通过结算过程再转化为货币形态。流动资产的不同形态相继转化，周而复始地循环。

3）无形资产

无形资产是指企业拥有或者控制的没有实物形态的非货币性资产。一般包括专利权、非专利技术、著作权、土地使用权、商标权、特许权等。无形资产属于企业的长期资产，能在较长的时间里给企业带来效益。但无形资产所具有的价值也有一定的有效期限，因此，企业应将无形资产在一定年限内摊销，其摊销金额计入到企业总成本中。

4）其他资产

其他资产是指除固定资产、流动资产、无形资产等以外的资产，主要包括长期待摊费用、临时设施和其他长期资产等。长期待摊费用是企业发生的不能全部计入当期损益，而应当在以后年度分期摊销的各项长期预付费用，包括以经营租赁方式租入的固定资产改良支出、开办费等。

2.2.6 项目投资估算方法

投资估算是指在项目投资决策过程中，依据现有的资料和特定的方法，对建设项目的投资数额进行的估计。投资估算是项目建设前期编制项目建议书和可行性研究报告的重要组成部分，估算的精度是项目投资决策和资金筹措的重要依据。根据国家规定，从满足建设项目投资设计和投资规模的角度，建设项目投资的估算包括建设投资、建设期利息和流动资金估算。其中建设期利息计算详见本章建设期利息相关内容。

1）建设投资估算

建设投资估算可以采用多种方法进行估算，在项目规划和建议书阶段，投资估算的精度低，可采取简单的方法，如单位生产能力投资估算法、生产能力指数法、系数法等。在可行性研究阶段，投资估算的精度要求高，需采用相对详细的投资估算方法，如指标估算法。以下对其中 3 种方法加以介绍。

(1) 单位生产能力投资估算法

依据调查的统计资料，利用相近规模的单位生产能力投资乘以建设规模，估算拟建项目静态投资。其计算公式为：

$$C_2 = \left(\frac{C_1}{Q_1}\right) Q_2 f \tag{2-2}$$

式中：C_1——已建类似项目的静态投资额；

C_2——拟建项目静态投资额；

Q_1——已建类似项目的生产能力；

Q_2——拟建项目的生产能力；

f——不同时期、不同地点的定额、单价、费用变更等的综合调整系数。

这种方法把项目的建设投资与其生产能力的关系视为简单的线性关系，估算精确度较低。使用这种方法时要注意拟建项目的生产能力和类似项目的可比性，其他条件也应相似，否则误差更大。由于在实际工作中不易找到与拟建项目完全类似的企业，通常是把项目按其下属的车间、设施和装置进行分解，分别套用类似车间、设施和装置的单位生产能力投资指标计算，然后加和，求得项目总投资；或根据拟建项目的规模和建设条件，将投资进行适当调整后估算项目的投资额。

这种方法主要用于新建项目或装置的估算，十分简便迅速。但要求掌握足够的典型工程的历史数据，而且这些数据均应与单位生产能力的造价有关，同时新建装置与所取装置的历史资料相类似，仅存在规模大小和时间上的差异。

(2) 生产能力指数法

生产能力指数法是根据已建成的类似项目的生产能力和投资额来粗略估算拟建项目静态投资额，是对单位生产能力投资估算法的改进。其计算公式为

$$C_2 = C_1\left(\frac{Q_2}{Q_1}\right)^x f \tag{2-3}$$

式中：x——生产能力指数；

其他符号含义同公式(2-2)。

上式表明，投资与规模(或容量)呈非线性关系，且单位投资随工程规模(或容量)的增大而减小。在正常情况下，$0\leqslant x\leqslant 1$。不同生产率水平的国家和不同性质的项目中，x 的取值是不相同的，比如化工项目美国取 $x=0.6$，英国取 $x=0.66$，日本取 $x=0.7$。

若已建类似项目的生产规模与拟建项目生产规模相差不大，生产能力比值在 0.5～2 之间，则指数的取值近似为 1；若已建类似项目的生产规模与拟建项目生产规模相差不大于 50 倍，且拟建项目生产规模的扩大仅靠增大设备规模来达到时，则 x 取值约在 0.6～0.7 之间；若是靠增加相同规格设备数量达到目的时，则 x 的取值约在 0.8～0.9 之间。

生产能力指数法与单位生产能力投资估算法相比精确度略高，其误差可控制在±20%以内。尽管估价误差仍较大，但是这种估价方法不需要详细的工程设计资料，只需要知道工艺流程及规模就可以了，在总承包工程报价时，承包商大都采用这种方法估价。

(3) 指标估算法

这种方法是把建设项目以单项工程或单位工程，按建设内容纵向划分为各个主要生产设施、辅助及公共设施、行政及福利设施以及各项其他基本建设费用，按费用性质横向划分为建筑工程、设备购置、安装工程等，根据各种具体的投资估算指标，进行各单位工程或单项工程投资的估算，在此基础上汇集拟建项目的各个单项工程费用和拟建项目的工程费用投资估算，再估算工程建设其他费用及预备费，即可得总投资额。估算方法见表 2-1。

表 2-1　指标估算法

序号	费用名称	费用含义	估算方法
1	建设投资		1.1＋1.2＋1.3＋1.4＋1.5
1.1	建筑工程费用	建造永久性建筑物和构筑物所需要的费用	单位建筑工程投资估算法 单位建筑工程量投资×建筑工程总量 单位实物工程量投资估算法 单位实物工程量的投资×实物工程总量 概算指标投资估算法
1.2	设备及工器具购置费		1.2.1＋1.2.2
1.2.1	设备购置费	建设项目购置或自制的达到固定资产标准的各种国产或进口设备、工具、器具的购置费用	设备原价＋设备运杂费
1.2.2	工器具及生产家具购置费	新建或扩建项目初步设计规定的，保证初期正常生产必须购置的没有达到固定资产标准的设备、仪器、工卡模具、器具、生产家具和备品备件等的购置费用	设备购置费×定额费率
1.3	安装工程费	需要安装的各种机电设备的装配、安装工程，与设备相连的工作台、梯子及其装设工程，被安装设备的绝缘、保温、防腐等工程费用以及单机试运转和联动无负荷试运转的费用	通常按行业或专门机构发布的安装工程定额、取费标准和指标估算投资 设备原价×安装费率(%) 或设备吨重×每吨安装费 或安装工程实物量×安装费用指标
1.4	工程建设其他费用	在建设投资开支的为保证工程顺利完成和交付使用后能够正常发挥效用的而发生的固定资产费用、无形资产的费用和其他资产的费用	有合同或协议明确的费用按合同或协议列入 合同或协议没有明确的费用，根据国家和各行业部门、工程所在地地方政府的有关工程建设其他费用定额和计算方法估算
1.5	预备费		1.5.1＋1.5.2
1.5.1	基本预备费	在项目实施过程中可能发生难以预料的支出，需要事前预留的费用	(建筑安装工程费用＋设备及工器具购置费＋工程建设其他费用)×基本预备费率
1.5.2	涨价预备费	建设项目在建设期间由于材料、人工、设备等价格可能发生变化引起工程造价变化，而事前预留的费用	$PF=\sum_{t=1}^{n}I_t\left[(1+f)^m(1+f)^{0.5}(1+f)^{t-1}-1\right]$ PF——涨价预备费 n——建设期年份数 I_t——建设期中第 t 年的投资计划额(静态投资) f——年均投资价格上涨率 m——建设前期年限

使用指标估算法要注意：①若套用指标与具体工程之间的标准有差异时，需加以必要的换算和调整，提高精确度；②所用的指标单位应密切结合每个单位工程的特点，能正确反映

其设计参数，不可盲目单纯套用一种单位指标。

2）流动资金估算

流动资金估算一般采用分项详细估算法，个别情况或者小型项目可采用扩大指标估算法。

（1）分项详细估算法

流动资金的显著特点是在生产过程中不断周转，其周转额的大小与生产规模及周转速度直接有关。分项详细估算法是根据周转额与周转速度之间的关系，对构成流动资金的各项流动资产和流动负债分别进行估算。估算公式为：

$$流动资金 = 流动资产 - 流动负债 \tag{2-4}$$

其中，流动资金的各项流动资产和流动负债的估算见表2-2。

表2-2　分项详细估算法

序号	费用名称	费用含义	估算方法
1	流动资产		1.1＋1.2＋1.3＋1.4
1.1	应收账款	企业对外赊销商品、提供劳务尚未收回的资金	年经营成本/应收账款周转次数
1.2	预付账款	企业为购买各类材料、半成品或服务所预先支付的款项	外购商品或服务年费用金额/预付账款周转次数
1.3	存货	企业为销售或者生产耗用而储备的各种物资	1.3.1＋1.3.2＋1.3.3＋1.3.4＋1.3.5
1.3.1	外购原材料		年外购原材料费用/原材料周转次数
1.3.2	外购燃料		年外购燃料费用/燃料周转次数
1.3.3	其他材料		年其他材料费用/其他材料周转次数
1.3.4	在产品		（年外购原材料、燃料＋年工资及福利费＋年修理费＋年其他制造费用）/在产品周转次数
1.3.5	产成品		（年经营成本－年其他营业费用）/产成品周转次数
1.4	现金	货币资金，包括库存现金和银行存款	（年工资及福利费＋年其他费用）/现金周转次数
2	流动负债		2.1＋2.2
2.1	应付账款	因购买原材料、商品或接受劳务供应等而应付给供应单位的款项	外购原材料、燃料动力及其他材料年费用/应付账款周转次数
2.2	预收账款	企业按照合同或协议规定向购货方预收的购货款	预收的营业收入年金额/预收账款周转次数
3	流动资金		1－2
4	流动资金当期增加额		本年流动资金－上年流动资金

注：表中，周转次数估算为：周转次数＝360天/流动资金最低周转天数。

（2）扩大指标估算法

扩大指标估算法是根据现有同类企业的实际资料，求得各种流动资金率指标，也可依据行业或部门给定的参考值或经验确定比率。将各类流动资金率乘以相对应的费用基数来估算流动资金。一般常用的基数有营业收入、经营成本、总成本费用和建设投资等，可依据行业习惯选择上述基数。扩大指标估算法简便易行，但准确度不高，适用于项目建议书阶段的估算。其计算公式为：

$$年流动资金额 = 年费用基数 \times 各类流动资金率(\%) \quad (2-5)$$

使用流动资金估算应注意：

① 在采用分项详细估算时，要分别确定现金、应收账款、存货、应付账款和预收账款的最低周转天数，并考虑一定的保险系数。对于存货中的外购原材料、燃料要根据不同品种来源，考虑运输方式和距离等因素的影响。

② 在采用分项详细估算时，流动资金应在经营成本估算之后，以经营成本以及其中的某些项目为基数进行估算。

③ 流动资金属于长期性资金，流动资金的筹措可通过长期负债和资金融资方式来解决，流动资金借款部分的利息应计入生产期间财务费用，项目计算期期末回收全部流动资金。

2.3 项目生产经营期成本费用

2.3.1 成本费用的概念与构成

成本费用是企业在生产经营期内为生产或提供服务所发生的全部费用，称为总成本费用。

从总成本费用的形成过程来看，总成本由生产成本和期间费用构成，见图 2-4。

从构成总成本费用的生产要素来看，由外购原材料费、外购燃料和动力费、工资及福利费、修理费、其他费用、折旧费、摊销费和利息支出构成，见图 2-5。

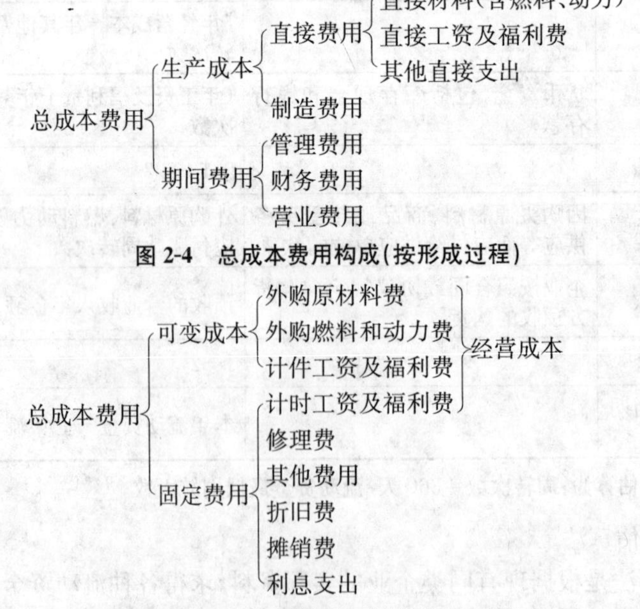

图 2-4　总成本费用构成(按形成过程)

图 2-5　总成本费用构成(按生产要素)

2.3.2　成本和费用的估算

总成本费用的估算根据其两种构成方式，相应采用生产成本加期间费用估算法和生产要素估算法。

1）生产成本加期间费用估算法

采用这种方法一般需要先分别估算各种产品的生产成本，然后与估算的管理费用、利息支出和营业费用相加。相关概念及估算方法见表2-3。

表2-3　生产成本加期间费用估算法

序号	项目	项目含义	估算方法
1	生产成本		1.1＋1.2＋1.3
1.1	直接材料（含燃料、动力）	在生产过程中，直接消耗于产品生产的各种物资的费用	生产经营中实际消耗的原材料、辅助材料、设备零配件、外购半成品、燃料、动力、包装物、低值易耗品及其他直接材料费
1.2	直接工资及福利费	在生产过程中直接从事产品生产人员的工资性支出和福利费	生产人员的工资奖金、津贴、补贴和职员福利费
1.3	制造费用	企业为生产产品和提供劳务而发生的各项间接费用	管理人员工资及福利费、折旧费、修理费和其他制造费
2	期间费用		2.1＋2.2＋2.3
2.1	管理费用	企业为管理和组织生产经营活动所发生的各项费用	管理人员工资及福利费、折旧费、无形资产和其他资产摊销、修理费和其他管理费
2.2	财务费用	企业为筹集资金而发生的各项费用	利息支出、汇兑损失、调剂外汇手续费、金融机构手续费和其他财务费
2.3	营业费用	企业在销售商品过程中发生的各项费用以及专设销售机构的各项经费	销售人员工资及福利费、折旧费、修理费和其他营业费
3	总成本费用		1＋2

2）生产要素估算法

当在项目生产运营之前进行经济分析，较难详细估算上述成本费用时，可采用生产要素估算法估算总成本费用。相关估算方法见表2-4。

表2-4　生产要素估算法

序号	项目	估算方法	备　注
1	外购原材料费	年产量×单位产品原料成本	年产量可根据测定的设计生产能力和投产期各年的生产负荷确定；单位产品原料成本可根据原材料定额和单价确定
2	外购燃料和动力费	年产量×单位产品燃料和动力费	
3	工资及福利费	3.1＋3.2	

续表 2-4

序号	项目	估算方法	备注
3.1	工资	企业职工定员数×人均年工资额	也可以按照不同的工资级别对职工进行划分,分别估算同一级别职工的工资,然后再加以汇总
3.2	福利费	按职工工资总额的一定比例提取	包括职工的保险费、医药费、生活困难补助发放及按国家规定开支的其他职工福利支出,不包括职工福利设施的支出
4	修理费	按照折旧费的一定百分比计算	包括大、中、小修理费
5	其他费用	5.1+5.2+5.3	
5.1	其他制造费用	按固定资产原值的百分数估算或按人员定额估算	制造费用中扣除生产单位管理人员工资及福利费、折旧费、修理费后的其余部分
5.2	其他管理费用	按人员定额或工资及福利费总额的倍数估算	管理费用中扣除工资及福利费、折旧费、摊销费、修理费后的其余部分
5.3	其他营业费用	按营业收入的百分数估算	营业费用扣除工资及福利费、折旧费、修理费后的其余部分
6	经营成本	1+2+3+4+5	详见本节有关经营成本的内容
7	折旧费	详见第 2.3.3 节内容	固定资产由于损耗而转移到产品中去的那部分价值
8	摊销费	详见第 2.3.3 节内容	无形资产和其他资产在一定期限内分期摊销的费用
9	利息支出	长期借款、流动资金借款和短期借款利息	
10	总成本费用	6+7+8+9	

3）经营成本

经营成本也称付现成本,是从工程项目本身考察其在一定期间(通常为 1 年)内由于生产和销售产品及提供劳务而实际发生的现金支出。经营成本可按下式计算:

$$经营成本 = 总成本费用 - 折旧费 - 摊销费 - 利息支出 \quad (2-6)$$

经营成本计算公式中之所以扣除折旧费、摊销费,是因为它们不属于现金流量,而是对方案初期投资所形成资产的补偿价值,因为投资已在期初作为一次性支出计入现金流出,所以不能再以折旧和摊销的方式计为现金流出,否则会重复计算。利息支出对于企业来说虽然是实际的现金流出,但也没有包括在经营成本中。由于融资前,项目投资现金流量分析是从投资总获利能力的角度来考察项目方案设计的合理性,利息支出则属于全部投资内部的现金转移,不作为现金流出;而自有资金现金流量表中已将利息支出单列,因此经营成本不包括利息支出。这也是在项目经济分析的现金流量表中,采用经营成本而不采用总成本的原因。

2.3.3 折旧与摊销

1）折旧额

固定资产在生产过程中,由于损耗而使其价值逐渐减少,这种现象称为固定资产折旧。

固定资产由于损耗而转移到产品中去的那部分价值，在实际工作中称为折旧费或折旧额，它是总成本费用的一个重要组成部分。按照国家规定的折旧制度，计提折旧的固定资产范围是：企业的房屋、建筑物；在用的机器设备、仪器仪表、运输车辆、工具器具；季节性停用和在修理停用的设备；以经营租赁方式租出的固定资产；以融资租赁方式租入的固定资产。

固定资产折旧额，是对固定资产损耗进行价值补偿的依据。计算固定资产折旧额，要根据固定资产的损耗情况，采用合理的计算方法。我国现行的固定资产折旧方法，允许采用年限平均法、双倍余额递减法、年数总和法、工作量法。

(1) 年限平均法

年限平均法也称直线法，根据固定资产原值、估计的净残值率和折旧年限计算。计算公式如下：

$$年折旧率 = \frac{1-预计净残值率}{折旧年限} \tag{2-7}$$

$$年折旧额 = 固定资产原值 \times 年折旧率 \tag{2-8}$$

固定资产原值是根据购建该项固定资产的实际支出计算的，包括部分建设投资和建设期利息。预计净残值率一般按照固定资产原始价值的3%～5%确定，各类固定资产折旧年限应依据财政部相关规定确定。

年限平均法计算简便、易于理解，是计算固定资产折旧费常用的方法。对于房屋、建筑物和不受季节影响的动力、传导、加工和维修设备等，在使用年限内，基本上均衡使用的固定资产，可以用年限平均法计算折旧额。

(2) 双倍余额递减法

双倍余额递减法又称递减折旧法，它是根据固定资产原值减去已提折旧后的余额，按照年限平均法的折旧率加倍计算的折旧率计提折旧的一种方法。计算公式如下：

$$年折旧率 = \frac{2}{折旧年限} \times 100\% \tag{2-9}$$

$$年折旧额 = 年初固定资产原值 \times 年折旧率 \tag{2-10}$$

在使用双倍余额递减法时，固定资产折旧年限到期前两年的折旧费，是将固定资产净值扣除预计净残值后的净额平均摊销，即最后两年用年限平均法计算。

双倍余额递减法是一种典型的加速折旧法，每年的折旧率固定不变，而作为折旧依据的固定资产账面净值却逐年递减，因此折旧额也逐年递减。双倍余额递减能够加快企业设备和建筑物的更新速度，促进技术进步，但政府只对某些确有特殊原因的企业才准许采用加速折旧。

(3) 年数总和法

年数总和法是以固定资产原值扣除预计净残值后的余额作为计提折旧的基础，按照逐年递减的折旧率计提折旧。计算公式如下：

$$年折旧率 = \frac{折旧年限-已使用年限}{折旧年限 \times (折旧年限+1) \div 2} \times 100\% \tag{2-11}$$

$$年折旧额 = (固定资产原值-预计净残值) \times 年折旧率 \tag{2-12}$$

【例2-2】 某机械设备的资产原值为5 000万元，折旧年限为10年，净残值率为5%，分别按年限平均法、双倍余额递减法和年数总和法计算折旧额。

【解】 ① 年限平均法

$$年折旧率 = \frac{1-预计净残值率}{折旧年限} = \frac{1-5\%}{10} = 9.5\%$$

$$年折旧额 = 固定资产原值 \times 年折旧率 = 5\ 000 \times 9.5\% = 475(万元)$$

② 双倍余额递减法

$$年折旧率 = \frac{2}{折旧年限} \times 100\% = \frac{2}{10} \times 100\% = 20\%$$

$$第1年年折旧额 = 5\ 000 \times 20\% = 1\ 000(万元)$$

$$第2年年折旧额 = (5\ 000 - 1\ 000) \times 20\% = 800(万元)$$

$$第3年年折旧额 = (5\ 000 - 1\ 000 - 800) \times 20\% = 640(万元)$$

其他年份年折旧额计算结果见表 2-5。

表 2-5 双倍余额递减法

年限项目	1	2	3	4	5	6	7	8	9	10
资产净值	5 000	4 000	3 200	2 560	2 048	1 638	1 310	1 048	838	544
年折旧额	1 000	800	640	512	410	328	262	210	294	294

③ 年数总和法

应计提固定资产折旧额=固定资产原值－预计净残值

$$=5\ 000 \times (1-5\%) = 4\ 750(万元)$$

$$第1年年折旧额 = 4\ 750 \times \frac{10-0}{10 \times (10+1) \div 2} \times 100\% = 864(万元)$$

$$第2年年折旧额 = 4\ 750 \times \frac{10-1}{10 \times (10+1) \div 2} \times 100\% = 389(万元)$$

$$第3年年折旧额 = 4\ 750 \times \frac{10-2}{10 \times (10+1) \div 2} \times 100\% = 345(万元)$$

其他年份年折旧额计算结果见表 2-6。

表 2-6 年数总和法

年限项目	1	2	3	4	5	6	7	8	9	10
年折旧率	18.18	16.36	14.54	12.73	10.91	9.09	7.27	5.45	3.64	1.82
年折旧额	864	777	691	605	518	432	345	259	173	86

(4) 工作量法

① 按行驶里程计算折旧

$$单位里程折旧额 = \frac{原值 \times (1-预计净残值率)}{总行驶里程} \tag{2-13}$$

$$年折旧额 = 单位里程折旧额 \times 年行驶里程 \tag{2-14}$$

② 按工作小时计算折旧

$$每小时折旧额 = \frac{原值 \times (1-预计净残值率)}{总工作小时} \tag{2-15}$$

$$年折旧额 = 每小时折旧额 \times 年工作小时 \tag{2-16}$$

【例 2-3】 某企业运输货车一辆，原始价值为 100 万元，残余价值 1 万元，预计可行驶 30 万公里，第一年行驶 5 万公里后应提取多少折旧额？

【解】 每公里折旧额＝(100－1)÷30＝3.3(元)

第一年应计提折旧额＝5×3.3＝16.5(万元)

工作量法适用于运输公司或企业专业车队的客运、货运汽车，施工安装企业的大型设备等提计折旧额。

2) 摊销费

无形资产和其他资产的原始价值要在规定的年限内，转移到产品的成本之中，这一部分被转移的无形资产和其他资产的原始价值，称为摊销费。企业通过计提摊销费，回收无形资产及其他资产的资本支出。计算摊销费采用直线法，并且不留残值。

$$\text{年摊销额} = \frac{\text{无形资产或其他资产}}{\text{摊销年限}} \tag{2-17}$$

2.4 销售收入、税金(费)、利润

2.4.1 销售收入

销售收入是企业向社会出售商品或提供劳务的货币收入。企业的销售收入包括产品销售收入和其他销售收入。产品销售收入包括销售产成品、自制半成品、工业性劳务取得的收入；其他销售收入包括材料销售、技术转让、包装物出租、外购商品销售、承担运输等非工业性劳务所得的收入。

销售收入在工程经济分析中是衡量项目收益的要素，是现金流入的主要组成项目，在经济评价中，通过运用科学预测方法确定产品的销售单价和销售量，来估算销售收入。

$$\text{销售收入} = \text{商品销售量} \times \text{销售单价} \tag{2-18}$$

2.4.2 税金

税金是国家依法向有纳税义务的单位和个人征收的财政资金。在工程项目分析中涉及的主要税种包括增值税、消费税、营业税、资源税、所得税、城市维护建设税和教育费附加等。针对其占有的财产和行为，还涉及房产税、土地使用税、土地增值税和契税等。现将几种主要的现行税种介绍如下：

1) 增值税

增值税是就产品生产和流通中各种环节的新增价值和商品附加值征收的一种流转税。凡是在我国境内销售货物或提供加工、修理劳务以及进口货物的单位和个人，都属于增值税的纳税人。增值税计算公式如下：

$$\text{应纳税额} = \text{当期销项税额} - \text{当期进项税额} \tag{2-19}$$

其中　当期销项税额＝当期销售额(含增值税)÷(1＋增值率税率)×增值率税率

　　当期进项税额＝外购原材料、燃料及动力费÷(1＋增值率税率)×增值率税率

销项税额是指纳税人销售货物或提供应税劳务后，按照销售额和增值税率计算并向购买方收取的增值税额；进项税额是指纳税期限内纳税人购进货物或接受应税劳务所支付或负担的、准予从销项税额中抵扣的增值税额。增值税的基本税率为17%，对于直接用于科学研究、试验的进口仪器设备，外国政府及国际组织无偿援助的进口物资，来料加工、来件装配和补偿贸易所需进口的设备以及销售自己使用过的物品，则减免征增值税。

2) 消费税

消费税是对生产、委托加工和进口特定应税消费品的单位或个人征收的税种。目前我国的应税消费品包括烟、酒、化妆品、汽油、柴油、摩托车、小汽车等11类21种。消费税的计算有从价定率和从量定额两种。

按从价定率方法计算公式如下：

$$应纳税额 = 不含税销售额 \times 适用税率 \tag{2-20}$$

按从量定额方法计算公式如下：

$$应纳税额 = 销售数量 \times 单位税额 \tag{2-21}$$

消费税税率采用差别比例税率(3%～45%)和定额税率两种。消费税在生产和进口环节征收，进入流通领域不再征收消费税。

3) 营业税

营业税是对我国境内提供应税劳务、转让无形资产或者销售不动产的单位和个人，就其取得的营业额征收的一种税。营业税的税目按照行业、类别的不同分别设置，现行的营业税共设置了交通运输业、建筑业、金融保险业、邮电通信业、文化体育业、娱乐业、服务业、转让无形资产、销售不动产9个税目，分别采用(3%～20%)不同比例的税率，其中建筑业税率为3%。营业税应纳税额按照计税营业额和适用税率计算。计算公式如下：

$$应纳税额 = 计税营业额 \times 适用税率 \tag{2-22}$$

4) 资源税

资源税是对在我国境内开采矿产品(原油、天然气、煤炭、黑色和有色金属矿产品及其他非金属矿产品)或生产盐的单位或个人征收的一种税。其课税目的在于调节因资源条件差异而形成的级差收入，促进国有资源的合理开采和产业结构的调整。

资源税采取从量定额的办法征收，计算公式如下：

$$应纳税额 = 课税数量 \times 单位税额 \tag{2-23}$$

当纳税人开采或者生产应税产品销售的，以销售数量为课税数量；当纳税人开采或者生产应税产品自用的，以自用数量为课税数量。

5) 所得税

所得税是指国家对法人、自然人和其他经济组织在一定时期内的各种所得征收的一类税收。所得税包括企业所得税和个人所得税。其中企业所得税是对实行独立经济核算的企业或者组织的生产经营所得和其他所得征收的一种税。企业的生产经营所得包括来源于中国境内、境外的所得。企业所得税额按应纳税所得额乘以适用税率计算，计算公式如下：

$$应纳税额 = 应纳税所得额 \times 适用税率 \tag{2-24}$$

其中：应纳税所得额＝收入总额－不征税收入－免税收入－各项扣除－弥补以前年度亏损

企业所得税实行25%的税率，对于符合国家所得税优惠条件的企业，可以减免所得税。

6）城市维护建设税

城市维护建设税是国家为筹建城市维护和建设资金，向缴纳增值税、消费税、营业税的单位和个人征收的一种附加税。计算公式如下：

应纳税额 =（纳税人实际缴纳的增值税、消费税、营业税）× 适用税率　(2-25)

城市维护建设税根据纳税人所在地的不同，分别按不同的比例税率征收。纳税人所在地在市区的，税率为7%；在县城或镇的，税率为5%；在其他地区的，税率为1%。

7）教育费附加

教育费附加是国家为发展地方教育事业、扩大地方教育经费来源，向缴纳增值税、消费税、营业税的单位和个人征收的一种附加税。计算公式如下：

应纳税额 =（纳税人实际缴纳的增值税、消费税、营业税）× 适用税率　(2-26)

教育费附加税率为3%。

8）城镇土地使用税

城镇土地使用税是以城镇土地为征税对象，对拥有土地使用权的单位和个人征收的一种税，征税范围包括在城市、县城、建制镇和工矿区内国家所有和集体所有的土地，但不包括农村土地。计税依据为纳税人实际占用的土地面积。城镇土地使用税采用定额税率，按大、中、小城市和县城、建制镇和工矿区分别规定每平方米土地年应纳税额。

9）房产税

房产税是向征收范围内房屋产权的所有人征收的一种税。房屋产权的所有人包括产权所有人、经营管理单位、承典人、房屋代管人或者使用人。房产税的计算有从价计征和从租计征两种。

按从价计征方法计算公式如下：

应纳税额 = 应税房产原值 ×（1 - 扣除比例）× 1.2%　(2-27)

实行从租计征方法计算公式如下：

应纳税额 = 租金 × 12%（个人为4%）　(2-28)

10）土地增值税

土地增值税是对转让国有土地使用权、地上建筑物及其附着物并取得收入的单位和个人，就其转让房地产所取得的增值额征收的一种税。土地增值额是以纳税人转让房地产所取得的收入减去规定的扣除项目后的余额，是土地增值税的计税依据，扣除项目包括取得土地使用权所支付的金额、房地产开发成本、房地产开发费用、旧房及建筑物的评估价格、与转让房地产有关的税金等。计算公式如下：

应纳税额 = $\sum$（每级距的土地增值额 × 适用税率）　(2-29)

或

应纳税额 = 土地增值额 × 适用税率 - 扣除项目金额 × 速算扣除系数　(2-30)

其中：土地增值额＝转让收入－扣除项目金额

土地增值税税率见表2-7所示。

表 2-7　土地增值税税率表

增值额扣除项目金额比例	税率	速算扣除系数
50%以下(含 50%)	30%	0
超过 50%～100%(含 100%)	40%	5%
超过 100%～200%(含 200%)	50%	15%
200%以上	60%	35%

11) 契税

契税是在土地、房屋不动产所有权发生转移时，当事人双方订立契约时对产权人征收的一种税。对于国有土地使用权出让和转让以及房屋买卖、赠与和交换等行为都应征收契税。契税的计算公式如下：

$$应纳税额 = 不动产价格 \times 适用税率 \tag{2-31}$$

契税不动产价格应按不动产的转移方式和定价方法确定，实行 3%～5%的幅度税率。

2.4.3　利润

1) 利润总额

利润总额是企业在一定时期内生产经营活动的最终财务成果，能够综合地反映企业的生产经营各方面的效益。利润总额的估算公式为：

$$利润总额 = 产品销售(营业)收入 - 销售税金及附加 - 总成本费用 \tag{2-32}$$

根据利润总额可估算所得税和净利润，在利润总额计算中不考虑资金的时间价值，它是计算一些静态指标的基础数据。

2) 净利润(税后利润)

根据税法规定，我国任何企业凡来源于生产经营所得和其他所得在取得利润后，应先向国家交纳所得税。计算公式为：

$$净利润 = 利润总额 - 所得税 = 利润总额 \times (1 - 所得税税率) \tag{2-33}$$

在工程项目的经济分析中，企业的税后利润，可按照下列顺序分配：

(1) 弥补企业以前年度亏损。企业发生的年度亏损，在连续 5 年内未能用税前利润弥补的应用税后利润弥补。

(2) 提取法定公积金。法定公积金在其金额累计达到注册资本的 50%以前，按照可供分配的税后利润扣除弥补亏损后余额的 10%提取，达到注册资本的 50%，可以不再提取。

(3) 提取任意公积金。提取法定公积金后，经股东会或者股东大会决议，可以提取任意公积金。

(4) 向投资者分配利润。企业当期实现的净利润，加上年初未分配利润扣除前三项的余额后，为可供投资者分配的利润。

(5) 未分配利润。未分配利润是可供投资者分配的利润经过上述分配后的余额，可留待以后年度进行分配。企业如发生亏损，可以按规定由以后年度利润进行弥补。

本章小结

对一个工程项目方案来说，投资、资产、成本费用、销售收入、税金、利润等经济要素，是构成或影响项目投入产出的基本要素，也是进行工程经济分析最重要的基础数据。

建设项目投资是指项目从筹建到项目全部竣工投产为止所需要的全部费用的总和。建设项目总投资由建设投资、建设期利息和流动资金三部分构成，是项目建设期主要的现金流出项目。项目进入运营后，投资所形成的资产，依据资产的特性可分为固定资产、无形资产、流动资产和其他资产。建设投资估算可以采用多种方法进行估算，如单位生产能力投资估算法、生产能力指数法、指标估算法等。流动资金估算一般采用分项详细估算法和扩大指标估算法。

项目在生产与经营过程中形成成本费用。企业总成本费用是指工程项目在一定时期内为生产和销售产品所花费的全部费用，它包括生产成本和期间费用。根据其两种构成方式，总成本费用估算分别相应采用生产成本加期间费用估算法和生产要素估算法。

固定资产在生产过程中，由于损耗而使其价值逐渐减少，这种现象称为固定资产折旧。固定资产由于损耗而转移到产品中去的那部分价值，在实际工作中称为折旧费或折旧额，它是总成本费用的一个重要组成部分。我国现行的固定资产折旧方法，允许采用年限平均法、双倍余额递减法、年数总和法和工作量法。

企业完成产品销售以后，需要对销售收入、利润与税金进行核算。销售收入是企业向社会出售商品或提供劳务的货币收入，它是工程项目财务收益的主要来源，是现金流入的主要组成项目。在经济评价中，通过运用科学预测方法确定产品的销售单价和销售量，估算销售收入。

利润是企业在一定时期内生产经营活动的最终财务成果，能够综合地反映企业生产经营等各方面的效益。利润总额由产品销售(营业)收入扣除销售税金及附加和总成本费用计算所得。

税金是国家依法向有纳税义务的单位和个人征收的财政资金。工程项目应按规定计算并缴纳税金。

复习思考题

1. 何谓项目投资？简述项目投资的组成。
2. 简述固定资产投资、流动资产投资在工程经济分析中的特征。
3. 简述建设投资估算的方法，其中投资指标估算法要注意什么问题？
4. 流动资金估算的方法有哪几种？应注意什么问题？
5. 什么是成本费用？为什么在工程经济分析中要使用经营成本而不采用总成本费用？
6. 某工程形成固定资产 500 万元，若折旧年限为 5 年，残值率为 4%，试分别用年限平均法、双倍余额递减法以及年数总和法计算各年的折旧费。
7. 试述利润总额、净利润及未分配利润的关系。
8. 工程项目分析涉及哪些主要税种？

3 资金的时间价值与等值计算

3.1 资金的时间价值

3.1.1 资金的时间价值的概念

在生活中，我们经常遇到这样的情况，如果你向银行借1万元，借期1年，那么当1年后你偿还完债务时，偿还的数量一般会大于1万元。在这个简单的经济常识背后隐藏着一个经济学的重要概念：资金的时间价值。那么什么是资金的时间价值呢？

资金的时间价值是指资金的价值是时间的函数，随着时间的推移而增加，增加的那部分价值就是原有资金的时间价值。资金时间价值决定了同样资金在不同时间点上的价值不相等，说明资金随着参与经济活动的循环其价值是变动的。从投资者角度看，是资金在生产与交换活动中给投资者带来的利润；从消费者角度看，是消费者放弃即期消费所获得的利息。

3.1.2 资金的时间价值的重要性

工程建设消耗的资源可以归结为人力、物力以及自然资源，而人力、物力、自然资源的价值最终以价值形态即资金的形式表现出来。整个建设、经营的实质是资金的运动过程，资金的运动反映了物化劳动和活劳动相结合的运动过程。资金具有时间价值并不意味着资金本身能够增值，而是因为资金所代表的一定量的物化产物，并在生产和流通过程中与劳动相结合才能产生增值。资金如果作为贮藏手段保存起来，不论经过多长时间仍为同等数量的资金，而不会发生数值的变化。资金的作用体现在流通中，作为社会生产资金，参与再生产的过程即会得到增值、带来利润。

资金的时间价值原理在生产实践过程中有广泛的应用，其最大的作用在于使资金的流向更加合理和易于控制，从而促使有限的资金发挥更大的作用。在基本建设投资活动过程中，必须充分考虑资金的时间价值，千方百计缩短建设周期，加速资金周转，提高建设资金的使用效益。

资金的时间价值与因通货膨胀而产生的货币贬值是性质不同的概念。通货膨胀是指由于货币发行量超过商品流通实际需要量而引起的货币贬值和物价上涨现象。货币的时间价值是客观存在的，是商品生产条件下的普遍规律，只要商品生产存在，资金就具有时间价值；但在现实经济活动中，资金的时间价值与通货膨胀因素往往是同时存在的。因此，既要重视资金的时间价值，又要充分考虑通货膨胀和风险价值的影响，以利于正确地投资决策、合理有效地使用资金。

3.2 利息、利率及其计算

资金的时间价值是社会劳动创造能力的一种表现形式，利息则是资金时间价值的一种重要的表现形式。利息、盈利或收益为衡量资金时间价值的绝对尺度；利率、盈利率或收益率为衡量资金时间价值的相对尺度。

利息是资金在借贷关系中债务方支付给债权方的报酬。借贷过程中，债务人支付给债权人超过原借贷金额的部分，即为利息。利息作为资金提供者要求资金使用者提供的报酬，在数量上等于资金使用者偿还给提供者的全部资金与借款金额之间的差额。即：

$$I = F - P \tag{3-1}$$

式中：I——利息；

F——目前债务人应付总金额(或债权人应收总金额)；

P——借款金额，又称为本金。

利息作为资金时间价值的绝对尺度，从本质上看，是由贷款发放投入到社会再生产所产生利润的一种再分配，工程经济分析中，利息常常作为一种机会成本。由于放弃资金的使用权利，也就相应失去收益的机会。从投资者角度来看，利息体现为对放弃现期消费的损失所做的必要赔偿，因此利息成了平衡现在和未来的杠杆。事实上投资就是为了在未来获得更多的收益而对目前资金进行的某种安排，显然未来的收益应当超过现在的投资，正是这种预期的价值增长才刺激人们从事长期投资。由此可见，在工程经济分析中，利息是占用资金所付出的代价或放弃使用资金所得到的补偿。

利率是指在一定时间所得利息额与原投入资金的比例，也称为使用资金的报酬率，它反映了资金随时间变化的增值率，是衡量资金时间价值的相对尺度。利率就是在单位时间内(如年、半年、季、周、日等)的利息额与借贷本金之比，通常用百分数表示，即：

$$i = \frac{I}{P} \tag{3-2}$$

I为一个计息周期的利息，计息周期可以为年、季、月或日等。因为计息周期不同，所以表示利率时应当注明时间单位，年息通常以“%”表示，月息通常用“‰”表示。

【例 3-1】 现借得一笔资金 1 000 万元，1 年后利息为 80 万元，试计算其年利率。

【解】 $i=\frac{I}{P}=\frac{80}{1\ 000}=8\%$

利率的高低主要由以下几个因素决定：

(1) 利率的高低首先取决于社会平均利润率的高低，并随之变动。通常情况下，平均利润率是利率的最高界限，因为如果利率高于社会平均利润率，无利可图就不会有人去借款。

(2) 在平均利润率不变的情况下，利率的高低取决于金融市场上借贷资本的供求状况。借贷资本供过于求，利率便下降；反之，供不应求，利率便上升。

(3) 借贷资本要承担一定的风险，所以风险的大小也会影响利率的波动。风险越大，利率也就越高。

(4) 通货膨胀对利息的波动有直接影响，资金的贬值往往使利息无形中变成负值。

(5) 借出资本的长短也对利息的高低有直接影响。贷款期限长，不可预见因素就多，风险就越大，利率也就越高；反之，贷款期限短，不可预见因素少，风险小，利率就低。

利率作为一种经济杠杆，在经济生活中起着十分重要的作用。在市场经济条件下，利率的作用表现在以下几个方面：

(1) 影响社会投资的多少。利润是企业的经营目标，利息是影响投资的重要因素，企业用本金进行投资，将利息计入成本，并在此基础上获得一个平均或更高的利润率；用自有资金进行投资的企业，要将存款的利率作为自己投资的最低利润率，并在此基础上追求更高的利润率。当利率降低时，投资增加；反之，则减少。

(2) 影响社会资金的供给量。一旦投资利率的提高会增加居民的储蓄倾向，也会吸引国际游资进入该国市场，因而能增加该国社会资金供给量。资金供给的增加能降低贷出资本的利率，从而扩大社会投资。若筹资利率下降，则会减少该国资金供给和投资。

(3) 利率是调节经济政策的工具。各国利用利率可以影响投资的多少和社会资金的供给来调节宏观经济。当经济过热或发生通货膨胀时，各国中央银行就会通过提高贴现率以此影响商业银行提高贷款利率，抑制投资需要，从而使经济降温；当该国经济增长缓慢或衰退、萧条时，中央银行通过降低再贴现率，以此影响商业银行降低贷款利率，刺激社会投资，刺激经济发展。可见，在市场经济中，利率对经济有较大的调节作用。

3.2.1 单利与复利

利息计算有单利和复利之分，当计息周期在一个以上时，就要考虑单利和复利的问题。

1) 单利法

单利是以本金为基数计算资金的时间价值(即利息)，不将利息计入本金，利息不再生息，所获得利息与时间成正比，即通常所说的“利不生利”的计息方法。

单利计息的计息公式为：

$$I = pni \tag{3-3}$$

单利的本息和公式为：

$$F = p(1 + ni) \tag{3-4}$$

式中：i——利率；

n——计息周期；

p——本金；

F——本利和，即本金和利息之和。

【例 3-2】 我国国库券的利息是以单利计息的，设 3 年期国库券面额为 100 元，年利率为 14%，则到期后的可得资金为多少？

【解】 $F = p(1+ni) = 100 \times (1+3 \times 14\%) = 142$(元)

【例 3-3】 设某企业借入资金 1 000 万元是以单利计息，年利率为 8%，第四年偿还，试计算各期利息与本利和。计算得表 3-1。

表 3-1 各年单利利息与本利和计算表

使用期	年初余额(万元)	年末利息(万元)	年末本利和(万元)	年末偿还(万元)
1	1 000	1 000×8%=80	1 080	0
2	1 080	80	1 160	0
3	1 160	80	1 240	0
4	1 240	80	1 320	1 320

借款第四年到期后本利和为：$F=p(1+ni)=1\ 000\times(1+4\times8\%)=1\ 320$(万元)。其中，归还的利息为 320 万元。

单利法在一定程度上考虑了资金的时间价值，但不彻底。因为以前已经产生的利息没有累计计息，所以单利法是个不够完善的方法。目前工程经济分析中一般不采用单利计息的计算方法，单利法只适用于短期投资和不超过一年的贷款计息。

2) 复利法

复利法是以本金和累计利息之和为基数计算利息的方法。本金生息，同时由本金产生的利息也生息。也就是通常所说的"利生利，利滚利"。其计算式如下：

$$I_t = iF_{t-1} \tag{3-5}$$

式中：I_t——第 t 年利息；

t——计息期复利利率；

F_{t-1}——第$(t-1)$年末复利、本利和。

则第 t 年末复利本利和的表达式如下：

$$F_t = F_{t-1}(1+i) \tag{3-6}$$

【例 3-4】 设某企业借入资金 1 000 万元是以复利计息，年利率为 8%，第四年偿还，试计算各期利息与本利和。计算可得表 3-2。

表 3-2 各年复利利息与本利和计算表

使用期	年初余额(万元)	年末利息(万元)	年末本利和(万元)	年末偿还(万元)
1	1 000	1 000×8%=80	1 080	0
2	1 080	1 080×8%=86.4	1 166.4	0
3	1 166.4	1 166.4×8%=1 259.712	1 259.712	0
4	1 259.712	1 259.712×8%=100.777	1 360.489	1 360.489

比较表 3-1 和表 3-2 计算结果可知，同一笔借款，在利率和计息周期均相同的情况下，用复利计算出的利息金额比用单利计算出的金额大。本金越高、利率越高、年数越多，则两者的差值就越大。复利计息比较符合资金在社会生产过程中的资金运动实际状况。因此，在工程经济分析中，一般采用复利计息。

复利法能够较充分地反映资金的时间价值，也更符合客观实际，复利计息的计算按支付方式不同，分为以下几种形式：按瞬时计算复利，即计息周期无限缩短的方法称为连续复利；按期(年、半年、季、月、周、日)计算复利的方法称为间断复利，即普通复利。

3.2.2 名义利率与实际利率

周期利率 i'是指计息周期的利率。

名义利率 r 是指周期利率 i'乘以 1 年内的计息周期数 m 所得的年利率。即：

$$r = i'm \tag{3-7}$$

例如：月利率为 1%，则年名义利率为 12%。名义利率计算时忽略了前面各期利息再生利息的因素，这与单利计算相同。

在实际应用中，计息周期并不一定以 1 年为周期，可以按半年计息一次，每季一次，每月一次，在世界金融市场上，短期利率通常以日计算。因此，同样的年利率，由于计息期数的不同，本金所产生的利息也不同。因而，有名义利率和实际利率（年有效利率）之分。

实际利率（年有效利率）是指资金在 1 年内，按计息周期利率复利 m 次所形成的实际利率。

若年计息周期数为 m 次，则周期利率为 r/m，1 年末的本利和为：

$$F = P\left(1+\frac{r}{m}\right)^m$$

由于利息为：

$$I = F - P = P\left(1+\frac{r}{m}\right)^m - P = P\left[\left(1+\frac{r}{m}\right)^m - 1\right]$$

则实际利率与名义利率的关系为：

$$i = \frac{I}{P} = \frac{P\left[\left(1+\frac{r}{m}\right)^m - 1\right]}{P} = \left(1+\frac{r}{m}\right)^m - 1 \tag{3-8}$$

对式(3-8)进行讨论，有以下 3 种情况：

(1) 当 $m=1$ 时，$i=r$，即年计息周期次数为 1 次，实际利率等于名义利率。

(2) 当 $m>1$ 时，实际利率大于名义利率，且年计息周期次数 m 越大，实际利率与名义利率相差越大。

(3) 当 $m\to\infty$ 时，即为连续复利，表示在 1 年中按无限次计息，有

$$i = \lim_{m\to\infty}\left(1+\frac{r}{m}\right)^m - 1 = \lim_{m\to\infty}\left[1+\frac{1}{\frac{m}{r}}\right]^{\frac{m}{r}\cdot r} - 1 = e^r - 1 (e\approx 2.718\ 28) \tag{3-9}$$

说明连续式计息期内的有效年利率 i 趋向于一个极限，并不是无限大。

【例 3-5】 假设名义利率为 6%，每年计息一次，则 1 万元钱一年后得利息 0.06 万元；若将计息周期改为半年，则此时对应半年计息周期的有效利率为 3%，1 年之内的计息周期数 n 为 2，1 年后的本利和为：

$$F = 1\times\left(1+\frac{6\%}{2}\right)^2 = 1.060\ 9(\text{万元})$$

此 1 万元的利息为：

$$I = F - P = 1.060\ 9 - 1 = 0.060\ 9(\text{万元})$$

此时有效年利率 $i=6.09\%$。

由此可见，一般有效年利率不低于名义利率。

3.3 等值计算

由于资金的时间价值，使得金额相同的资金发生在不同的时间会产生不同的价值。反之，不同时间发生的金额不等的资金在时间价值的作用下却可能拥有相等的价值。这些不同时期、不同金额但其“价值等效”的资金称为等值，也称为“等效值”。在工程经济分析中，等值是一个十分重要的概念，为我们确定某一项经济活动的有效性或者进行方案比选、优选提供了可能。

资金等值计算之前，我们有必要先了解资金的时间类型即几个重要的术语。资金时间价值的计算包括两种基本类型：整付（一次性收取款项）类型和等额分付类型（年金）。正确判断资金的类型是计算资金等值的关键。

（1）资金的类型

整付类型资金：在某一特定时间点上一次性支付（或收取），经过一段时间后再相应的一次性收取（或支付）的款项。整付类型资金的特点是资金的收入和支出都是一次性发生的。

等额分付类型资金：在某一特定的时点上等额收付的款项，又称为年金。年金的特点是资金的收入或付出不是一次性发生的，而是等额分次发生的，并且每次发生的时间间隔都相同。等额分付类型资金在实践中是广泛存在的，如企业为职工缴纳的各种保险金、交纳房租、教育储蓄等都属于等额分付型资金。

（2）资金等值计算的几个术语

① 计息次数 n：计息次数指投资项目开始投入资金（开始建设）到项目的寿命周期结束为止整个期限除以计息期限所得的值。计息的次数一般以“年”为单位。

② 现值 P：现值表示资金发生在某一特定时间序列起点上的价值。在工程经济分析中，现值表示在现金流量图中起点的投资数额或投资项目的现金流量折算起点时的价值。

③ 终值 F：终值表示资金发生在某一特定时间序列终点上的值，是指由期初投入或产出转换到计算期末的价值。

④ 年金 A：年金是指各年（期）等额收入或支付的款项，通常以等额序列表示。注意，年金支付的时间间隔不一定是“年”。从这个意义上讲，“年金”应称为“期金”更为准确。

3.3.1 整付类型

整付又称为一次性支付，是指资金在某一特定时间点上一次性支付（或收取），经过一段时间后再相应地一次性收取（或支付）。整付类型资金的特点是资金的收入和支出都是一次性发生的。整付类型资金又分为两种情况：

1）整付终值复利计算（已知 P，求 F）

现有一笔资金 P，按年利率计算，n 年后的复利本利和为多少？若复利计息，第一期末该笔资金的本利和为 $F_1=P(1+i)$；第二期末本利和为：$F_2=P(1+i)+i\times P(1+i)=P(1$

$+i)^2$；以此类推，直至 n 期末本利和 F_n。具体计算过程如表 3-3 所示。

$$F = P(1+i)^n = P(F/P,i,n) \tag{3-10}$$

公式(3-10)称为整付复利公式，简称复利公式。为方便起见，可以表示为：$F_n=P(F/P,i,n)$，其中，$(1+i)^n$ 或 $(F/P,i,n)$ 称为整付复利系数。

表 3-3 整付资金各年复利利息与本利和计算表

期数(期末)	期初本金	本期利息	期末本利和
1	P	Pi	$F_1=P+Pi=P(1+i)$
2	$P(1+i)$	$P(1+i)i$	$F_2=P+P(1+i)i=P(1+i)^2$
3	$P(1+i)^2$	$P(1+i)^2 i$	$F_3=P(1+i)^2+iP(1+i)^2=P(1+i)^3$
…	…	…	…
n	$P(1+i)^{n-1}$	$P(1+i)^{n-1} i$	$F_n=P(1+i)^{n-1}+iP(1+i)^{n-1}=P(1+i)^n$

【例 3-6】 现把 500 元存入银行，银行年利率为 4%，计算 3 年后该笔资金的实际价值。

【解】 已知 $P=500, i=4\%, n=3$，求 F。

$$F = P(1+i)^3 = 500 \times (1+4\%)^3 = 562.4(\text{元})$$

即 500 元资金在年利率 $i=4\%$ 时，经过 3 年后变为 562.4 元，增值 62.4 元。

2) 整付终值复利计算(已知 F，求 P)

如果我们希望在 n 年后得到某笔资金 F，在年利率 i 的情况下，现在应投入资金多少，即已知 F，求 P，即将某一时点(非零点)的资金价值换算问题，由式(3-10)即可求得现值：

$$P = F(1+i)^{-n} = F(P/F,i,n) \tag{3-11}$$

其中，$(1+i)^{-n}$ 或 $(P/F,i,n)$ 称为整付现值系数。整付现值系数乘以未来一笔资金就可得到该笔资金的现值。在工程经济分析中，一般是将未来值折现到期初。计算现值 P 的过程称为“折现”，其使用的利率常称为折现率或者贴现率。$(1+i)^{-n}$ 或 $(P/F,i,n)$ 也常称为折现系数或贴现系数。

【例 3-7】 假使你 4 年末得到 800 元的存款本息，银行按年利率 5%计息，现在应存入银行多少本金？

【解】 已知 $F=800, i=5\%, n=4$，求 P。

由式(3-11)得：

$$P=F(1+i)^{-n}=800\times\frac{1}{(1+5\%)^4}=800\times 0.8227=658.16(\text{元})$$

即若想 4 年末得到 800 元的储金，现在必须存入 658.16 元。

3.3.2 等额分付类型

工程经济分析中，多次分付是最常见的支付形式。多次分付是指现金流量在多个时点发生，而不是集中在某一个时点上。如果用 A_t 表示第 t 期末发生的现金流量，用逐个折现的方法，可将多次现金流量算成现值，即：

$$P = A_1(1+i)^{-1} + A_2(1+i)^{-2} + \cdots + A_n(1+i)^{-n} = \sum_{t=1}^{n} A_t(1+i)^{-t} \quad (3-12)$$

同理,也可将多次现金流量换算成终值:

$$F = \sum_{t=1}^{n} A_t(1+i)^{n-t} \quad (3-13)$$

上述公式中,虽然系数都可以通过查表得到,但是如果当 n 比较多时,计算也是比较繁琐的。如果多次现金流量 A_t 是连续现金流量而且数额相等,则可以大大简化上述公式。这种具有 $A_t=A(t=1,2,3,\ldots,n)$ 特征的系列现金流量称为等额分付现金流量。

1) 等额分付终值公式(已知 A,求 F)

在一个时间序列中,在利率为 i 的情况下,连续在每个计息期的期末收入(或支出)一笔等额资金 A,求 n 年后由各年的本利和累计而成的总额 F,即已知 A 求 F。这种情况类似我们在储蓄中的零存整取。各年期期末年金 A 相对于第 n 期期末的本利和可以用表 3-4 表示。

表 3-4 普通年金各年复利利息与本利和计算表

期　数	1	2	3	…	$n-1$	n
每期末年金	A	A	A	…	A	A
n 期末年金终值	$A(1+i)^{n-1}$	$A(1+i)^{n-2}$	$A(1+i)^{n-3}$	…	$A(1+i)$	A

由表 3-4 得 n 年后由各年的本利和累计而成的总额:

$$F = A(1+i)^{n-1} + A(1+i)^{n-2} + A(1+i)^{n-3} + \cdots + A(1+i) + A \quad (3-14)$$

等式两边同时乘以$(1+i)$,得:

$$F(1+i) = A(1+i)^{n} + A(1+i)^{n-1} + A(1+i)^{n-2} + \cdots + A(1+i)^{2} + A(1+i) \quad (3-15)$$

式(3-14)与式(3-15)联立相减,得:

$$F = A\left[\frac{(1+i)^n - 1}{i}\right] = A(F/A,i,n) \quad (3-16)$$

式中,$\frac{(1+i)^n-1}{i}$称为等额系列终值系数或年金终值系数,用符号$(F/A,i,n)$表示。

【例 3-8】 若在 10 年内每年末存入银行 1 000 万元,年利率 8%,问 10 年后复利本利和是多少?

【解】 由式(3-16)得:

$$F = A(F/A,i,n) = 1\,000\times(F/A,8\%,10)$$
$$= 1\,000\times\frac{(1+8\%)^{10}-1}{8\%} = 14\,487(\text{万元})$$

也可从附表中查得$(F/A,8\%,10)$为 14.487,代入式中得:

$$F = 1\,000\times 14.487 = 14\,487(\text{万元})$$

2) 等额分付偿债基金公式(已知 F,求 A)

为未来 n 年后筹集所需要的一笔资金 F,利率为 i 的情况下,计算每个计息期的期末应等额存入的资金 A,求 n 年后由各年的本利和累计而成的总额 F,即已知 F 求 A,类似于我们日常商业活动的分期付款业务,故也称为偿债基金公式。

由式(3-16)$F=A\left[\frac{(1+i)^n-1}{i}\right]$可得：

$$A=F\left[\frac{i}{(1+i)^n-1}\right]=F(A/F,i,n) \tag{3-17}$$

公式(3-17)即为等额分付偿债基金公式，可以表示为$A=F(A/F,i,n)$。式中系数$\frac{i}{(1+i)^n-1}$或$(A/F,i,n)$称为偿债基金系数，与年金终值系数互为倒数。

【例3-9】 若想在第5年年底获得1 000万元资金，每年存款数额相等，年利率为10%，则每年需要存款多少？

【解】 由公式(3-17)得：

$$\begin{aligned}A&=F(A/F,i,n)=1\,000(A/F,10\%,5)\\&=1\,000\times\frac{8\%}{(1+8\%)^{10}-1}=163.8(\text{万元})\end{aligned}$$

也可从附表中查得：$(A/F,10\%,5)$为0.163 8，代入上式有：

$$A=1\,000\times0.163\,8=163.8(\text{万元})$$

3）等额分付现值公式（已知A，求P）

在n年内每年等额收支一笔资金A，利率为i的情况下，计算此笔资金的现值总额，即已知A求P，类似商务活动中的整存零取。类似于年金终值计算的推导，年金现值可以利用年金终值公式和折现的概念，直接由年金终值公式推导得出。

由式(3-16)$F=A\left[\frac{(1+i)^n-1}{i}\right]$以及公式(3-10)$F=P(1+i)^n$可得：

$$P=F\cdot\frac{1}{(1+i)^n}=A\cdot\frac{(1+i)^n-1}{i}\cdot\frac{1}{(1+i)^n}$$

$$P=A\left[\frac{(1+i)^n-1}{i(1+i)^n}\right]=A(P/A,i,n) \tag{3-18}$$

【例3-10】 若想在5年内每年末获得1 000万元资金，当年利率为10%，则一开始需要投入多少资金？

【解】 由公式(3-18)得：

$$\begin{aligned}P&=A(P/A,i,n)=1\,000(P/A,10\%,5)\\&=1\,000\times\frac{(1+10\%)^5-1}{(1+10\%)^5\times10\%}=3\,790.8(\text{万元})\end{aligned}$$

也可从附表中查得：$(P/A,10\%,5)$为3.790 8，代入上式有：

$$P=1\,000\times3.790\,8=3\,790.8(\text{万元})$$

4）等额分付资金回收公式（已知P，求A）

在期初一次性投资资金数额为P，欲在数年内全部收回，计算在利率为i的情况下年末应等额回收的资金，即已知P求A，又称为资本回收公式。可由偿债基金公式和一次性支付终值公式推导得出，也可由等额分付资金现值公式直接推导得出。

由偿债基金公式(3-17)$A=F\left[\frac{i}{(1+i)^n-1}\right]$及一次性支付终值公式(3-10)$F=P(1+i)^n$得：

$$A=F\frac{i}{(1+i)^n-1}=P(1+i)^n\cdot\frac{i}{(1+i)^n-1}$$

即：

$$A=P\frac{i(1+i)^n}{(1+i)^n-1}=P(A/P,i,n) \tag{3-19}$$

或由等额分付现值公式(3-18)$P=A\left[\frac{(1+i)^n-1}{i(1+i)^n}\right]$直接变换得到。

由上述推导过程可知，资金回收系数是年金现值系数的倒数。资金回收系数是一个重要的系数，其含义是对应于工程方案的初始投资，在方案寿命期内每年至少要回收的金额。在工程方案经济分析中，如果对应于单位投资的每年实际回收金额小于相应的预计资金回收金额，就表示在给定利率 i 的情况下，在方案的寿命期内不可能将全部投资收回。

【例 3-11】 若投资 1 000 万元，年利率 8%，10 年内回收全部本利，则每年应回收多少？

【解】 由式(3-19)得：

$$A=P(A/P,i,n)=1\,000\times(A/P,8\%,10)$$

查表得：$(A/P,8\%,10)$为 0.149 3，代入式中得：

$$A=1\,000\times0.149\,03=149.03(\text{万元})$$

即每年至少应等额回收 149.03 万元，才能将全部投资收回。

3.3.3 特殊变额分付类型

每年收支数额都不同的现金流量称为变额现金流量序列。变额现金流量是经常发生的，按照现金流量变化的规律，可分为两种情况。第一种为一般情况，即变额现金流量序列无规律可循；第二种情况为特殊变额现金流量序列。特殊变额现金流量序列又可以分为等差和等比两种情况。对于一般变额现金流量无规律可循，可以用复利公式分项计算后求和即可。对于特殊变额现金流量，采用分项求和方法过于繁琐，由于其资金流量有规律可循，因此可以采用以下方法进行现值和终值的计算。

1）等差数列现值公式

如果每年现金流量的增加额或减少额都相等，则称之为定差（或等差）数列现金流量。

设有一资金序列 A_t 是等差数列（定差为 G），则有：$A_t=A_1+(t-1)\cdot G(t=1\sim n)$，现金流量图如图 3-1 所示。

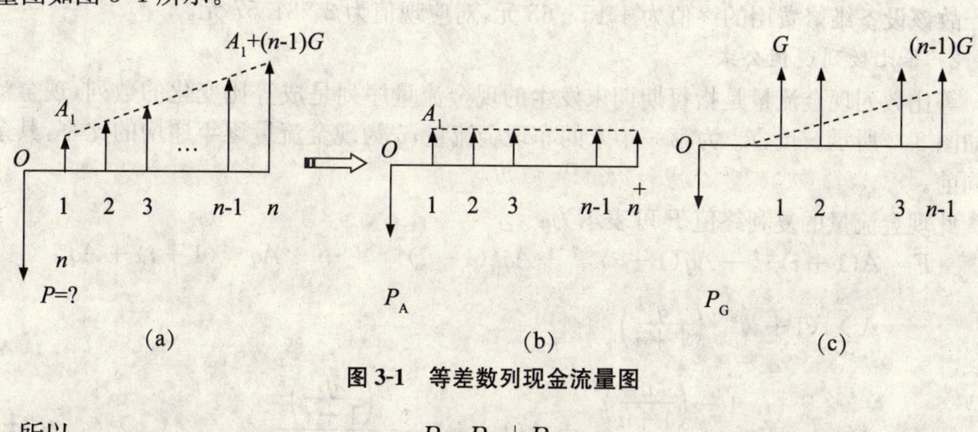

图 3-1　等差数列现金流量图

所以 $$P=P_A+P_G$$

又 $$P_A=A_1(P/A,i,n)$$

$$P_G = G\left[\frac{1}{(1+i)^2}+\frac{2}{(1+i)^3}+\cdots+\frac{n-1}{(1+i)^n}\right] \quad ①$$

式①两边同乘$(1+i)$，得：

$$P_G(1+i) = G\left[\frac{1}{(1+i)}+\frac{2}{(1+i)^2}+\cdots+\frac{n-1}{(1+i)^{n-1}}\right] \quad ②$$

式②一式①，得：

$$\begin{aligned} P_G i &= G\left[\frac{1}{(1+i)}+\frac{1}{(1+i)^2}+\cdots+\frac{1}{(1+i)^{n-1}}-\frac{n-1}{(1+i)^n}\right] \\ &= G\left[\frac{1}{(1+i)}+\frac{1}{(1+i)^2}+\cdots+\frac{1}{(1+i)^{n-1}}+\frac{1}{(1+i)^n}\right]-\frac{Gn}{(1+i)^n} \\ &= G\left[\frac{(1+i)^n-1}{i(1+i)^n}\right]-\frac{Gn}{(1+i)^n} \end{aligned}$$

所以 $P_G = G\left\{\frac{1}{i}\left[\frac{(1+i)^n-1}{i(1+i)^n}-\frac{n}{(1+i)^n}\right]\right\} = G(P/G,i,n)$

故

$$P = \left(\frac{A_1}{i}+\frac{G}{i^2}\right)\left[1-\frac{1}{(1+i)^n}\right]-\frac{G}{i}\left[\frac{n}{(1+i)^n}\right] \quad (3-20)$$

由整付复利公式 $F=P(1+i)^n$ 可推导出等差现金流量的终值：

$$F = \left(A+\frac{G}{i}\right)\left[\frac{(1+i)^n-1}{i}\right]-\left(\frac{nG}{i}\right) \quad (3-21)$$

【例 3-12】 某企业引进一台生产设备，使用期 5 年，维修费用在第 1、2、3、4、5 年年末金额预计为 500 元、600 元、700 元、800 元、900 元。若年利率以 10%计，试计算该设备维修费用的终值和现值。

【解】 由题意，由式(3-21)得：

$$\begin{aligned} F &= \left(A+\frac{G}{i}\right)\left[\frac{(1+i)^n-1}{i}\right]-\left(\frac{nG}{i}\right) \\ &= \left(500+\frac{100}{10\%}\right)\times\frac{(1+10\%)^5-1}{10\%}-\frac{5\times100}{10\%}=4\ 157.65(\text{元}) \end{aligned}$$

对应的现值为：

$$P = F(1+i)^{-n} = 4\ 157.65\times(1+10\%)^{-5} = 2\ 581.57(\text{元})$$

故该设备维修费用的终值为 4 157.65 元，对应现值为 2 581.57 元。

2) 等比数列现值公式

等比数列现金流量是指每期期末发生的现金流量序列是成等比变化的数列，现金流量图如图 3-2 所示。设：A_1 为第一年末的净现金流量，q 为现金流量逐年递增的比率，其余符号同前。

此现金流量的复利终值 F 可表示为：

$$\begin{aligned} F &= A(1+i)^{n-1}+Aq(1+i)^{n-2}+Aq^2(1+i)^{n-3}+\cdots+Aq^{n-1}(1+i)+Aq^{n-1} \\ &= A\sum_{k=1}^{n}(1+i)^{n-1}\left(\frac{q}{1+i}\right) \\ &= A(1+i)^{n-1}\frac{1-\left(\frac{q}{1+i}\right)^n}{1-\frac{q}{1+i}} = A(1+i)^n\frac{1-\left(\frac{q}{1+i}\right)^n}{1+i+q} \end{aligned} \quad (3-22)$$

令 $q=1+s$，则式(3-22)可变为：

$$F=A\left(\frac{1}{i-s}\right)(1+i)^n\left[1-\left(\frac{1+s}{1+i}\right)^n\right] \quad (3-23)$$

同理可求得 P 和 A。

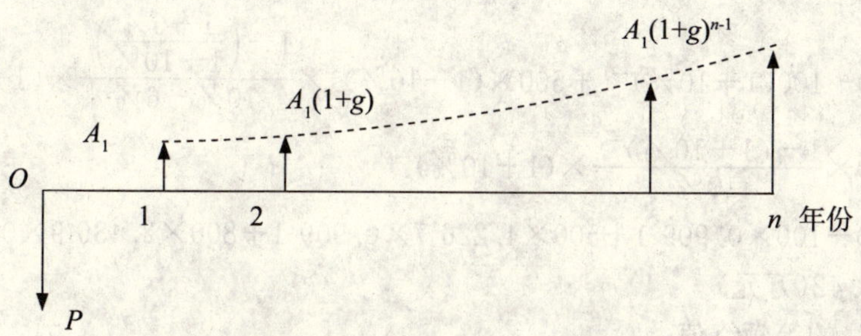

图 3-2 等比数列现金流量图

3.3.4 综合应用

【例 3-13】 某企业投资某项目，第 1 年年初投资 700 万元，第 2 年初追加投资 100 万元，第 2 年收益 500 万元，至第 6 年收益逐年递增 6%，第 7 年至第 9 年的每年收益为 800 万元，若年利率为 10%，求该项目现金流量的等值现值和终值。若该项目每年成本为 350 万元，预测该项目可否实现盈利。

【分析】 本题现金流量折现时，将每一年的现金单独折现后累加的方法比较繁琐。仔细观察之后我们发现，该现金流量序列由 3 种类型组合而成，第 2～6 年现金流量可用变额等差现金流量公式折现，第 7～9 年现金流量可用等额年金流量类型折现。前两年年初投入资金可单独计算折现。折现之后可利用整付终值复利计算求得此现金流量的终值 P，再利用等额分付现值公式求得年值 A，最后将年值与每年成本比较，判断该项目可否实现盈利。由题意，该企业在 1～9 年内现金流量如图 3-3 所示。

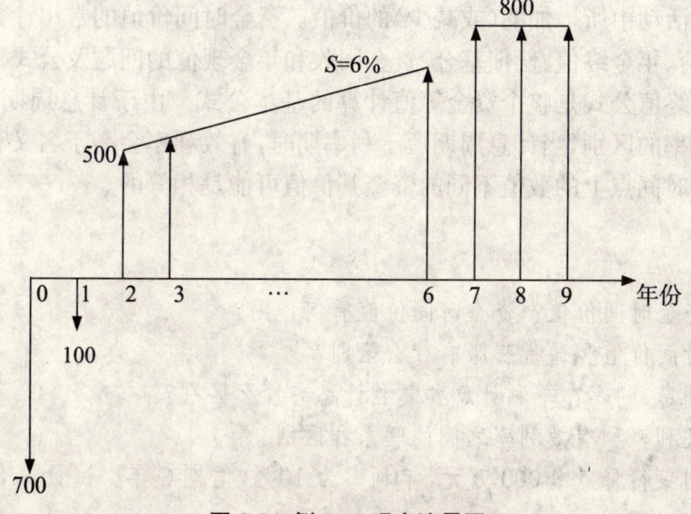

图 3-3 例 3-13 现金流量图

【解】 该现金流量序列的现值：

$$P=-700-100(P/F,i,n)+500\times(1+i)^n\frac{1-\left(\frac{1+s}{1+i}\right)^n}{i-s}(P/F,i,n)+$$

$$800\times(P/A,i,n)\times(P/F,i,n)$$

$$=-700-100(1+10\%)^{-1}+500\times(1+10\%)^5\times\frac{1-\left(\frac{1+6\%}{1+10\%}\right)^5}{10\%-6\%}\times(1+10\%)^{-6}$$

$$+800\times\frac{1-(1+10\%)^{-3}}{10\%}\times(1+10\%)^{-6}$$

$$=-700-100\times0.909\ 1+500\times4.226\ 7\times0.909\ 1+800\times2.486\ 9\times0.564\ 5$$

$$=2\ 253.42(万元)$$

该现金流量的等额终值：

$$F=P(F/P,i,n)=P(1+i)^n=2\ 253.42\times(1+10\%)^9$$

$$=2\ 253.42\times2.358=5\ 313.56(万元)$$

该现金流量的等值年值：

$$A=P(A/P,i,n)=P\frac{i(1+i)^n}{(1+i)^n-1}$$

$$=2\ 253.42\times\frac{10\%\times(1+10\%)^9}{(1+10\%)^9-1}$$

$$=2\ 253.42\times0.173\ 6=391.193\ 7(万元)$$

因为该投资收益等值年值 $A=391.193\ 7>350$ 万元，所以该项目可实现盈利。

本章小结

本章主要学习资金的时间价值、等值的概念及应用。资金的时间价值是指资金随着时间的推移在生产活动中所增加的(或减少)的价值。资金时间价值的常用计算有一次支付终值、一次支付现值、年金终值、偿债基金、资金回收和年金现值的问题及公式。其中一次支付终值公式和年金终值公式是整个资金等值计算的基本公式。由于计息周期不同，出现了名义利率和有效利率的区别，当计息周期短于利率期时，有效利率会高于名义利率。资金等值计算是指在不同时间点上的数值不同的资金其价值可能是相等的。

复习思考题

1. 什么是资金时间价值？资金时间价值有何作用？

2. 资金的时间价值和通货膨胀有什么区别？

3. 什么是利息、利率？单利计息和复利计息有什么区别？

4. 试述名义利率和有效利率之间的联系和区别。

5. 某企业向银行贷款 8 000 万元，年利率为 10%，借期 8 年。试计算 8 年后该企业应偿还的本利和。

6. 年利率为 8%，每年年末借款 500 元，连续借款 10 年，求等额支付的年金的终值和现值各为多少？

7. 某公司 10 年后需要对工厂内的设备进行大修，预计维修费用为 200 万元，如果年利率为 5%，那么从现在开始该公司每年末需要存入多少资金才能满足要求？

8. 某公司希望在未来 10 年内每年末拿出 15 万元作为员工的福利发放，在年利率为 6%的前提下，现在需要存入多少资金？

9. 某集团公司以 1 000 万元购得某商业大厦的经营权，预计该商业大厦使用期限为 20 年。为保证该大厦的良好运转，在期初进行一次装修，总共花费 200 万元。预计每 4 年进行一次大修，每 2 年进行一次小修。大修所花费用为 50 万元，小修所花费用为 15 万元。问该公司的等值费用为多少？现在应准备多少资金才能保证今后 20 年的正常维修之用？（假设折现率为 20%，维修费用发生在各年年末）

4 工程项目经济评价的基本方法

4.1 工程项目经济评价概述

4.1.1 工程项目经济评价

工程项目经济性评价的核心内容是经济效果的评价，由于工程项目的复杂性，使项目实施的经济效果体现在多个方面，为了系统全面地反映项目的经济效果，必须正确选择经济评价指标和方法，这也是项目经济评价工作成功与否的关键。

按是否考虑资金的时间价值，项目经济评价指标可以划分为静态评价指标和动态评价指标两大类。静态指标的特点是计算简便、直观，因而广泛用于投资效果的粗略估计。它的主要缺点是没有考虑资金的时间价值和不能反映项目整个寿命期的全面情况。因此在对项目进行经济性评价时应以动态指标为主，必要时可另加某些静态评价指标进行辅助分析。

项目的经济性一般表现在项目投资的回收速度、投资的盈利能力和资金的使用效率3个方面。与此相对应，可将评价指标划分为时间性评价指标、价值性评价指标和比率性评价指标。本章将主要对按照经济性质划分的三大类指标进行介绍和分析。常用的经济指标见表4-1。

表4-1 经济评价指标分类

指标类型	具体指标	备 注
时间性指标	投资回收期	静态、动态
	借款偿还期	静态
价值性指标	净现值、费用现值、费用年值	动态
比率性指标	投资利润率、投资利税率、资本金利润率	静态
	内部收益率、外部收益率	动态
	净现值率	动态
	效益费用比	动态

4.1.2 工程项目经济评价基本方法分类

项目经济性评价的基本方法包括确定性评价方法和不确定性评价方法两类。对同一个项目必须同时进行确定性评价和不确定性评价。

按是否考虑资金时间价值,经济效果评价方法又可分为静态评价方法和动态评价方法。静态评价方法是不考虑资金时间价值,其最大特点是计算简便,适用于方案的初步评价,或对短期投资项目进行评价,以及对于逐年收益大致相等的项目进行评价。动态评价方法考虑时间价值,能较全面地反映投资方案整个计算期的经济效果。因此,在进行方案比较时,一般以动态评价方法为主。常用的经济评价基本方法见表 4-2。

表 4-2 经济评价基本方法

确定性评价方法	静态评价方法	静态投资回收期法、借款偿还期法、投资收益率法等
	动态评价方法	动态投资回收期法、净现值法、费用现值法、费用年值法、内部收益率法、外部收益率法等
不确定性评价方法	风险评价方法	盈亏平衡分析法、敏感性分析法
	完全不确定性评价方法	概率分析法

4.2 时间性评价方法

时间性评价指标是反映技术方案投资回收建设的经济效益指标。以这类指标的分析评价为核心,形成了一组技术经济分析方法,主要有投资回收期法和借款偿还期法。

4.2.1 投资回收期法

投资回收期是指投资回收的期限,也就是用投资方案所产生的净现金收入回收初始全部投资所需的时间。对于投资者来讲,投资回收期越短越好,从而减少投资的风险。投资回收期从工程项目开始投入之日算起,即包括建设期,单位通常用“年”表示。计算投资回收期时,根据是否考虑资金的时间价值,可分为静态投资回收期和动态投资回收期。

1) 静态投资回收期法

静态投资回收期(P_t)是不考虑资金的时间价值条件下计算的投资回收期。

(1) 计算公式

$$\sum_{t=0}^{P_t}(CI-CO)_t=0 \tag{4-1}$$

式中:P_t——静态投资回收期;

$(CI-CO)_t$——第 t 年的净现金流量(=现金流入-现金流出)。

如果投资项目每年净收入相等,静态投资回收期可以用直接计算法计算,其计算公式为:

$$P_t=\frac{K_0}{NB}+m \tag{4-2}$$

式中:K_0——项目投入的全部资金;

NB——每年的净现金流量;

m——项目建设期。

如果投资项目每年净收入不相等，静态投资回收期可以用累计计算法计算，其计算公式为：

$$P_t = \text{累计净现金流量出现正值的年份数} - 1 + \frac{|\text{上一年的累计净现金流量}|}{\text{当年的净现金流量}} \tag{4-3}$$

【例 4-1】 某公司拟投资新增一条流水线，预计初始投资 90 万元，使用期为 5 年，新增流水线可使公司每年销售收入增加 513 万元，运营费用增加 300 万元，第 5 年末的残值为 200 万元。公司确定的基准收益率为 10%。试计算该方案的静态投资回收期。

【解】 本题采用累计计算法计算，表 4-3 是累计净现金流量的计算过程。

表 4-3

年　末	0	1	2	3	4	5
净现金流量	−900	213	213	213	213	413
累计净现金流量	−900	−687	−474	−261	−48	365

根据式(4-3)，可计算出

$$P_t = 5 - 1 + \frac{|-48|}{413} = 4.12(\text{年})$$

该方案静态投资回收期为 4.12 年。

(2) 评价准则

将静态投资回收期与所确定的基准投资回收期(P_c)进行比较，判断项目的可行性。

① 若 $P_t \leqslant P_c$，表明项目投资的全部资金能在规定的时间内收回，则项目在经济上可以考虑接受。

② 若 $P_t > P_c$，则项目在经济上是不可行的。

基准投资回收期 P_c 可以是国家或部门制定的标准，也可以是企业自己的标准，其确定的主要依据是全社会或全行业投资回收期的平均水平，或者是企业根据自己的目标期望的投资回收期水平。

静态投资回收期在一定程度上显示了资金的周转速度和投资风险，资金周转速度越快，回收期越短，风险就越小，盈利越多。静态投资回收期经济概念明确、直观，分析计算简便，易于为投资决策者所理解和接受。但由于其只考察了投资回收期之前的方案盈利能力，而不能反映投资方案整个计算寿命期内的盈利情况，也没有考虑资金的时间价值。所以，一般认为该指标只能作为一个重要的辅助性经济分析指标，而不能直接作为方案唯一的取舍标准。

2) *动态投资回收期法*

动态投资回收期(P'_t)是指考虑资金时间价值，在给定的基准收益率 i_c 下，方案各年净收益的现值来回收全部投资的现值所需要的时间。

(1) 计算公式

$$\sum_{t=0}^{P'_t} (CI - CO)_t (1 + i_c)^{-t} = 0 \tag{4-4}$$

计算中，通常采用下面的实用公式来计算。

$$P'_t = \text{累计净现金流量现值出现正值的年份数} - 1 + \frac{|\text{上一年的累计净现金流量现值}|}{\text{当年的净现金流量现值}} \tag{4-5}$$

【例 4-2】 计算例 4-1 方案的动态投资回收期。

【解】 本题采用实用公式计算，表 4-4 是累计净现金流量现值的计算过程。

表 4-4

年　末	0	1	2	3	4	5
净现金流量	−900	213	213	213	213	413
净现金流量现值	−900	193.6	176	160	145.5	256.4
累计净现金流量现值	−900	−706.4	−530.4	−370.4	−224.9	31.5

根据式(4-5)，可计算出

$$P'_t = 5 - 1 + \frac{|-224.9|}{256.4} = 4.8(\text{年})$$

该方案动态投资回收期为 4.8 年。

(2) 评价准则

将动态投资回收期与方案的计算寿命期(n)进行比较，判断项目的可行性。

① 当 $P'_t \leqslant n$ 时，表明方案在计算寿命期(n)内可以收回投资并取得了预定的收益率，所以可认为方案在经济上是可以接受的。

② 当 $P'_t > n$ 时，表明方案在计算寿命期(n)内没有能取得预定的收益率，甚至没有能收回投资。

动态投资回收期考虑了资金时间价值，但计算较为复杂。在实际应用中，由于动态投资回收期与其他动态盈利性指标在方案评价方面是等价的，所以，在现行投资项目经济评价方法中没有将动态投资回收期作为评价指标。

(3) 基准收益率

基准收益率(i_c)也称基准折现率，是企业或行业或投资者以动态的观点所确定的，可接受的投资方案最低标准收益水平。它表明投资决策者对项目资金时间价值的估价，是投资资金应当获得的最低盈利率水平，是评价和判断投资方案在经济上是否可行的依据，是一个重要的经济参数。基准收益率的确定一般以行业的平均收益率为基础，综合考虑资金成本、投资风险、通货膨胀以及资金限制等影响因素。对于国家投资项目，进行经济评价时使用的基准收益率是由国家组织测定并发布的行业基准收益率；非国家投资项目，由投资者自行确定基准收益率。

4.2.2 借款偿还期法

借款偿还期是指在国家财政规定及项目具体的财务条件下，项目投产后可以用作还款的利润、折旧以及其他收益来偿还建设投资借款本金和利息所需要的时间，它是反映项目财务清偿能力的重要指标。流动资金借款在生产经营期内并不偿还，每年只支付利息，直到项目计算期末才把回收的流动资金归还借出一方，因此，在计算借款偿还期不考虑流动资金的借款。

$$I_d = \sum_{t=1}^{P_d} R_t \tag{4-6}$$

式中：I_d——建设投资本金与建设期利息之和；

P_d——借款偿还期(从借款开始年计算，若从投产年算起时应予注明)；

R_t——第 t 年可用于还款的最大资金额。

在实际应用中，借款偿还期可由借款还本付息计划表直接推算，以年表示，其计算公式为：

$$P_d = \text{借款偿还后开始出现盈余的年份数} - \text{开始借款年份} + \frac{\text{当年应还借款额}}{\text{当年可用于还款的资金}} \tag{4-7}$$

当项目没有约定借款偿还期限，常用计算借款偿还期来衡量项目的偿债能力。计算出借款偿还期后，要与贷款机构要求的还款期限进行对比，满足贷款机构提出的要求期限时，即认为项目是有清偿能力的，否则认为项目没有清偿能力。

4.3 价值性评价方法

价值性评价指标反映一个项目的现金流量相对于基准投资收益率所能实现的盈利水平。最常用的价值性指标是净现值、净年值和净终值。

4.3.1 净现值法

净现值(*NPV*)是将投资方案在整个计算期内各年所发生的净现金流量按预定的基准收益率 i_c(或设定的折现率)都折算到计算期起点的现值代数和。

1) 计算公式

$$NPV = \sum_{t=0}^{n} (CI - CO)_t (1 + i_c)^{-t} \tag{4-8}$$

式中：*NPV*——净现值；

$(CI-CO)_t$——第 t 年的净现金流量；

n——方案计算期；

i_c——基准收益率。

【例 4-3】 计算例 4-1 方案的净现值。

【解】 该投资方案的现金流量如图 4-1(a)所示，并得出其净现金流量图(图 4-1(b))。

该投资方案的净现值为：

$$NPV = -900 + 213(P/A, 10\%, 4) + 413(P/F, 10\%, 5) = 31.5(\text{万元})$$

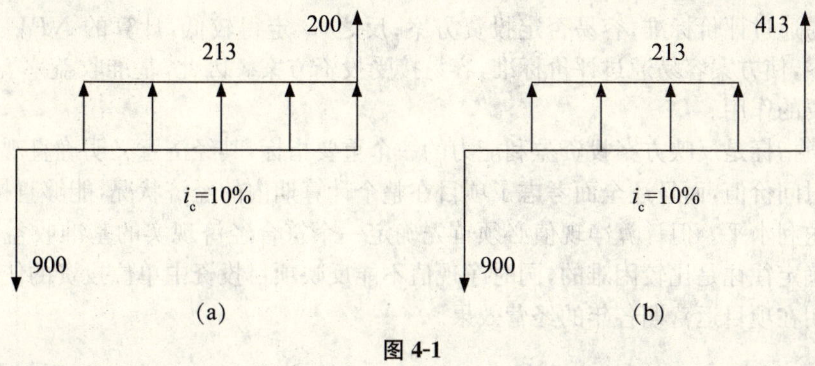

图 4-1

2）评价准则

(1) 方案的 $NPV=0$,说明该方案收回投资资金,恰好达到基准收益率要求的盈利水平。

(2) 方案的 $NPV>0$,说明该方案不仅收回投资,而且超出预定的基准收益率要求的盈利水平,其超额部分的现值就是 NPV 值。

(3) 方案的 $NPV<0$,表明该方案不能达到基准收益率要求的盈利水平,甚至不能收回投资,没有收益。

因此,净现值评价准则是:若 $NPV \geqslant 0$ 时,方案在经济上是可行的;若方案的 $NPV<0$,则可认为方案在经济上是不可行的。例 4-3 的 $NPV=31.5$ 万元>0,可判断其方案在经济上是可行的。

3）净现值函数

净现值函数 $NPV_{(i)}$ 是关于折现率 i 的递减函数,表示式如下:

$$NPV_{(i)} = \sum_{t=0}^{n} (CI-CO)_t \frac{1}{(1+i)^t} \tag{4-9}$$

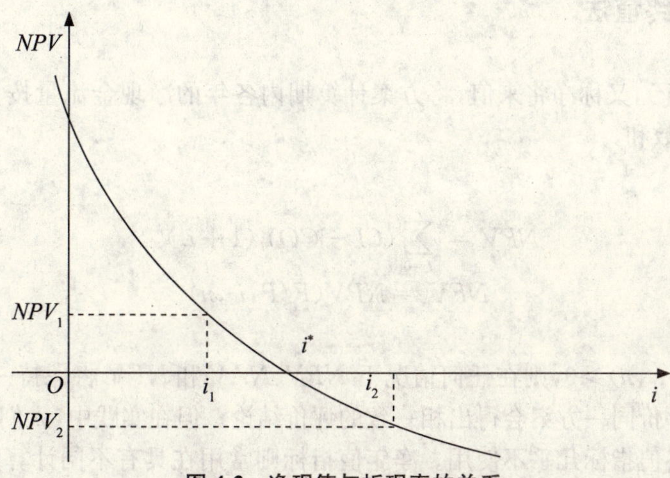

图 4-2　净现值与折现率的关系

净现值函数 $NPV_{(i)}$ 是递减函数,是因为一般投资项目正的现金流入(如收益)总是发生在负的现金流出(如投资)之后,使得随着折现率的增加,正的现金流入折现到期初的时间长,其现值减小得多,而负的现金流出折现到期初的时间短,相应现值减小得少,这样现值的代数和就随着 i 的增大而不断减小。

从净现值与折现率的关系可以看出,i_c 定得较高,计算的 NPV 比较小,容易小于零,使方案不容易通过评价标准,容易否定投资方案;反之,i_c 定得较低,计算的 NPV 比较大,不容易小于零,使方案容易通过评价标准,容易接受投资方案。因此,基准收益率 i_c 对方案的评价起重要的作用。

净现值指标是反映方案投资盈利能力的一个重要指标,其经济意义明确直观,不仅考虑了资金的时间价值,而且还全面考虑了项目在整个计算期内的经济状况,能够直接以金额表示项目的盈利水平。但计算净现值必须首先确定一个符合经济现实的基准收益率,而基准收益率的确定往往是比较困难的,同时净现值不能反映项目投资中单位投资的使用效率,不能直接说明在项目运营期各年的经营效果。

4.3.2 净年值法

净年值(NAV),又称年值或年金,将方案计算期内的净现金流量按基准收益率换算到各年的等额年值。

1) 计算公式

$$NAV = \sum_{t=0}^{n}(CI - CO)_t(1+i_c)^{-t}\frac{i_c(1+i_c)^n}{(1+i_c)^n - 1} \tag{4-10}$$

或

$$NAV = NPV(A/P, i_c, n) \tag{4-11}$$

2) 评价准则

由于$(A/P, i_c, n)>0$,NAV 和 NPV 的计算结果的正负号保持一致,其评价结果是等价的。即当 $NAV\geqslant 0$ 时,方案在经济上是可行的;若方案的 $NAV<0$,则可认为方案在经济上是不可行的。

4.3.3 净终值法

净终值(NFV),又称净将来值,将方案计算期内各年的净现金流量按基准收益率折算到计算期末的代数和。

1) 计算公式

$$NFV = \sum_{t=0}^{n}(CI - CO)_t(1+i_c)^{n-t} \tag{4-12}$$

或

$$NFV = NPV(F/P, i_c, n) \tag{4-13}$$

2) 评价准则

同理,$(F/P, i_c, n)>0$,则在任何情况下 NPV、NAV 和 NFV 将保持一致的正负符号,因此,用它们来评价同一方案会得出相一致的评价结论。但在实践中,人们多习惯于使用净现值指标,而净终值指标几乎不使用。净年值指标则常用在具有不同计算期的技术方案经济比较中。

4.3.4 费用现值法与费用年值法

1) 费用现值法

费用现值(PC)是指将方案逐年的投资与计算期内各年的经营费用按基准收益率折算

到计算期起点的现值代数和。费用现值的计算式为：

$$PC=\sum_{t=0}^{n}CO_t(1+i_c)^{-t} \tag{4-14}$$

2) 费用年值法

费用年值(AC)，是指将方案逐年的投资与计算期内各年的经营费用按基准收益率换算到各年的等额年值。费用年值的计算式为：

$$AC=\sum_{t=0}^{n}CO_t(1+i_c)^{-t}\frac{i_c(1+i_c)^n}{(1+i_c)^n-1} \tag{4-15}$$

费用现值和费用年值用于多个方案的比选。在对多方案比较选优时，如果各方案的产出价值相同，或者各方案能够满足同样的需要，但其产出效果难以用价值形态(货币)计量时，如环保效果、教育效果等，可以通过对各方案费用现值或费用年值的比较进行选择。其判别准则是：费用现值或费用年值最小的方案为优。

4.4　比率性评价方法

比率性指标反映资金的使用效率，与反映资金使用绝对效果的价值性指标互为补充。因此，比率性指标在评价投资方案的经济性方面也是十分重要的。

4.4.1　静态比率性评价方法

投资收益率是指项目在正常生产年份的净收益与投资总额的比值。其一般表达式为：

$$R=\frac{NB}{I} \tag{4-16}$$

式中：R——投资收益率；

NB——正常生产年份的年平均净收益，根据不同的分析目的，NB 可以是利润，可以是利润税金总额，也可以是年净现金流量等；

I——投资总额，$I=\sum_{t=0}^{m}I_t$，I_t 为第 t 年的投资额，m 为建设期，根据分析目的不同，I 可以是全部投资额(即固定资产投资、建设期借款利息和流动资金之和)，也可以是投资者的权益投资额(如资本金)。

因此，由于 NB 与 I 的含义不同，投资收益率常用的具体形式有：

(1) 投资利润率

它是考察项目单位投资盈利能力的静态指标，计算公式为：

$$投资利润率=\frac{年利润总额或年平均利润总额}{项目总投资}\times 100\% \tag{4-17}$$

其中　年利润总额=年销售收入－年销售税金及附加－年总成本费用

(2) 投资利税率

它是考察项目单位投资对国家积累的贡献水平，其计算公式为：

$$投资利税率 = \frac{年利税总额或年平均利税总额}{项目总投资} \times 100\% \tag{4-18}$$

其中 年利税总额=年销售收入－年总成本费用

或 年利税总额=年利润总额＋年销售税金及附加

(3) 资本金净利润率

它反映投入项目的资本金的盈利能力，计算公式为：

$$资本金利润率 = \frac{年净利润或年平均净利润}{资本金} \times 100\% \tag{4-19}$$

投资收益率指标主要反映投资项目的盈利能力，经济意义明确、直观，计算简便，但没有考虑资金的时间价值，一般用于项目技术经济数据尚不完整的初步研究阶段。用投资收益率评价投资方案的经济效果，需要与本行业的平均水平(行业平均投资收益率)对比，以判别项目的盈利能力是否达到本行业的平均水平。

4.4.2 动态比率性评价方法

1) 净现值率法

净现值率($NPVR$)是项目净现值与项目投资总量现值 I_p 之比，其经济含义是单位投资现值所能带来的净现值，是考察项目单位投资盈利能力的比率型指标。由于净现值不直接考虑项目投资额的大小，故为考察资金的利用效率，人们通常用净现值率($NPVR$)作为净现值的辅助指标。

(1) 计算公式

$$NPVR = \frac{NPV}{I_p} = \frac{\sum_{t=0}^{n}(CI - CO)_t(1 + i_c)^{-t}}{\sum_{t=0}^{n} I_t(1 + i_c)^{-t}} \tag{4-20}$$

式中：I_t——第 t 年的投资额。

(2) 评价准则

对于单一方案评价而言，若 $NPV \geqslant 0$，则 $NPVR \geqslant 0$(因为 $I_p > 0$)；若 $NPV < 0$，则 $NPVR < 0$(因为 $I_p > 0$)，故净现值率与净现值是等效评价指标。

2) 效益—费用比法

采用净现值或者内部收益率等指标评价工程项目的经济效果时，都要求达到或超过基准收益率。这对于以盈利为目的的营利性企业或投资者来说，是方案经济决策的基本前提。但是，对于一些非营利性的机构或投资者，投资的目的是为公众创造福利或效果，并非一定要获得直接的超额收益。例如，不以盈利为目的的公路建设，对使用该公路的公众产生的效果可以包括：由于汽车速度的加快和公交设施的建设而节省运输时间；由于路线变得更直而缩短运输距离；由于路面的平整而节省汽车维修费用和燃料费用；由于达到安全标准而减少车祸等等。对于这些非盈利性的公用事业投资项目，评价其经济效果，一般采用效益－费用比法。

(1) 计算公式

$$效益-费用比(B/C)=\frac{净效益(现值或年值)}{净费用(现值或年值)} \tag{4-21}$$

计算净效益和净费用的现值或年值时，折现率常采用公用事业资金的基准收益率。式中净效益是指投资方案对承办者和社会带来的收益，并减去方案实施给公众带来的损失；净费用是指方案投资者的所有费用支出，并扣除方案实施对投资者带来的所有节约。

(2) 评价准则

当 $B/C>1$ 时，方案净效益大于净费用，这个方案在经济上认为是可以接受的；当 $B/C<1$ 时，则认为该方案是不能接受的。

3) 内部收益率

内部收益率(*IRR*)是指使方案在整个计算期内各期净现金流量现值累计之和为零时的折现率，或者说是使得方案净现值为零时的折现率。

(1) 计算公式

$$NPV(IRR)=\sum_{t=0}^{n}(CI-CO)_t(1+IRR)^{-t}=0 \tag{4-22}$$

通过式(4-22)求解 *IRR*，需要解高次方程，不易求解。在实际工作中，一般是通过计算机求解，手算时可用试算法近似求解 *IRR*。

试算法的基本原理如图 4-3 所示，通过一系列试算，首先找到 i_1，使 $NPV(i_1)>0$；再找到 i_2，使 $NPV(i_2)<0$。当 i_1 和 i_2 之间的差距控制在一定范围内时，i' 就可以近似代替 *IRR*，即用线性内插法计算 *IRR*。计算公式为：

$$IRR\approx i'=i_1+\frac{NPV(i_1)}{NPV(i_1)+|NPV(i_2)|}\times(i_2-i_1) \tag{4-23}$$

为保证 *IRR* 足够的计算精度，通常规定 $|i_2-i_1|\leqslant 2\%$，最大不要超过 5%。

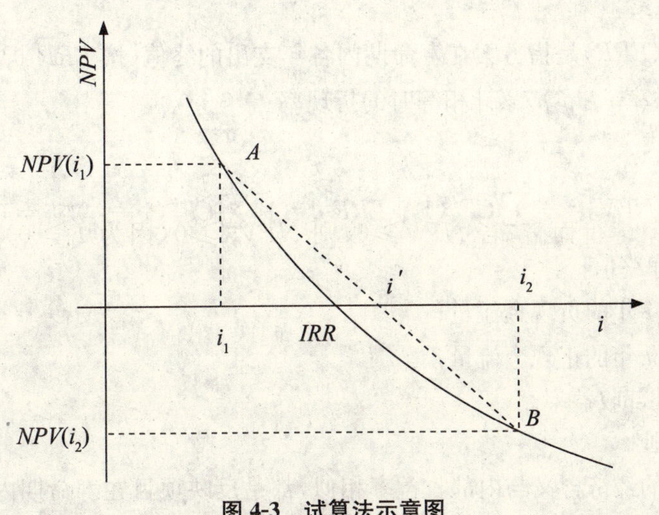

图 4-3 试算法示意图

【例 4-4】 对例 4-1 中的方案，用试算法计算其 *IRR*。

【解】 分别取 $i_1=11\%$，$i_2=12\%$，代入下式计算：

$$NPV(i)=-900+213\times\frac{(1+i)^4-1}{i(1+i)^4}+\frac{413}{(1+i)^5}$$

得出 $NPV(11\%)=5.92$ 万元，$NPV(12\%)=-18.7$ 万元，则

$$IRR=11\%+\frac{5.92}{5.92+|-18.7|}\times(12\%-11\%)=11.24\%$$

需要说明的是：采用试算法计算 IRR 只适用于具有常规现金流量（指计算期内所有负现金流量都出现在正现金流量之前，而且净现金流量的正负号只变化一次）。而对具有非常规现金流量的方案，由于其内部收益率的存在可能不是唯一的，因此，线性内插法就不适用。

(2) 评价准则

在项目计算期内，项目始终处于"偿付"未被收回投资的状况，内部收益率指标正是项目占用的尚未回收资金的获利能力，能反映项目自身的盈利能力，其值越高，方案的经济性就越好。同时，它也反映了方案对贷款利率的最大承受能力。因此，在工程经济分析中内部收益率是考察项目盈利能力的主要动态评价指标。

内部收益率计算出来后，与基准收益率进行比较。当方案的 $IRR\geqslant i_c$ 时，认为方案在经济上是可接受的；当方案的 $IRR<i_c$ 时，认为方案在经济上是不可行的。例 4-4 的 $IRR=11.24\%>i_c=10\%$，可判断其方案在经济上是可行的。

内部收益率指标的优点是考虑了资金的时间价值以及项目在整个计算期内的经济状况。由于其大小完全取决于方案本身的初始投资规模和计算期内各年的净收益的多少，而不用考虑其他外部影响，因此，不需要事先确定基准收益率，只需要知道基准收益率的大致范围即可。当要对一个项目进行开发，而未来的情况和未来的折现率都带有高度的不确定性时，采用内部收益率对项目进行评价，往往能取得满意的效果。内部收益率的不足是计算比较麻烦，对于非常规现金流量的项目来讲，内部收益率往往不是唯一的，在某些情况下甚至不存在。

4) 外部收益率

外部收益率（ERR）是指方案在寿命期内各年支出的终值（按 ERR 折算）与各年收入的终值（按基准收益率 i_c 折算）累计相等时的折现率。

(1) 计算公式

$$NFV=-\sum_{t=0}^{n}CF'_t(1+ERR)^{n-t}+\sum_{t=0}^{n}CF''_t(1+i_c)^{n-t}=0 \tag{4-24}$$

式中：NFV——净终值；

CF'_t——第 t 年的负现金流量；

CF''_t——第 t 年的正现金流量；

ERR——外部收益率。

(2) 评价准则

外部收益率的经济含义与内部收益率相似，都是反映项目在寿命期内的盈利能力。只不过 ERR 假设所回收的资金是以相当于基准收益率 i_c 进行再投资的，而 IRR 假设所回收的资金仍以 IRR 进行再投资的。

若 $ERR\geqslant i_c$ 项目在经济上是可行的；若 $ERR<i_c$ 项目在经济上是不可行的。外部收益率的特点是不会出现多个解的情况，可以用代数方法直接求解。外部收益率目前使用不普遍，但对于非常规现金流量的项目评价有优越之处。

4.5 方案的经济比较与选择

工程经济评价中多方案的比较和选择是从多个满足技术、经济、社会、环保等方面要求的方案中，通过比较，优选出一个技术先进、经济合理并能满足其他方面要求的最佳方案或满意方案。在技术方案经济评价的实践中，由于方案之间关系的复杂性及资源状况等客观条件的限制，往往不能简单地用前述的指标来决定方案的取舍，应建立在对资源状况和方案相互关系认识及正确评价的基础上。

4.5.1 方案经济比较与选择概述

对于任何投资项目，往往都有许多备选方案，投资决策就要进行多方案的比较和选优。为了正确进行方案的比较和评选，首先要明确方案间的相互关系，然后再采用适宜的指标和方法进行比较选优。按方案之间的经济关系，可分为互斥方案、独立方案、互补型方案、现金流量相关型方案和混合方案等。

(1) 互斥方案

互斥方案是指在经济上互相排斥的方案，在多方案比选时，接受其中之一，就要放弃其他所有方案，方案不能同时存在。如一座建筑物或构筑物有砖混结构、钢筋混凝土结构和钢结构等多种结构设计类型，选择其中一个设计方案，则必须舍弃其他设计方案，这时方案之间的关系为互斥关系。

(2) 独立方案

独立方案指经济上互不相关的方案，即接受或舍弃某个方案，并不影响其他方案的取舍，方案可同时存在。如在企业没有资金限制的条件下，可以开发新产品、改造老产品、进行设备更新等活动，这些项目之间就是独立关系。

(3) 互补型方案

在多方案中，出现技术经济互补的方案称为互补型方案。根据互补方案之间相互依存的关系，互补方案可能是对称的，如建设一个大型电站，必须同时建设铁路、电厂，它们无论在建成时间、建设规模上都要彼此适应，缺少其中任何一个项目，其他项目就不能正常运行，它们之间是互补的，又是对称的。此外还存在着大量不对称的经济互补，如建造一座建筑物A和增加一个空调系统B，建筑物A本身是有用的，增加空调系统B后使建筑A更有用，但不能说采用方案A的同时一定要采用方案B。

(4) 现金流量相关型方案

现金流量相关是指各方案的现金流量之间存在着相互影响。方案间不完全互斥，也不完全互补，但如果若干方案中任一方案的取舍会导致其他方案现金流量的变化，那么这些方案之间也具有相关性。例如一个过江项目，有两个考虑方案，一个是建桥方案A，一个是轮渡方案B，两个方案都是收费的，此时任一方案的实施或放弃都会影响另一方案的现金流量。

(5) 混合方案

在方案众多的情况下，方案间的相关关系可能包括多种类型，称之为混合方案。

在经济效果评价前，分清工程项目方案属于何种类型是非常重要的，因为方案类型不同，其评价方法、选择和判断的尺度不同，否则会带来错误的评价结果。

4.5.2 互斥方案比选

1) 互斥方案比选概述

在关于建设项目工程技术方案的经济分析中，较多的是互斥型方案的比较和选择问题。由于技术的进步，为实现某种目标可能形成众多的工程技术方案。这些方案或是采用不同的技术工艺和设备，或是有着不同的规模和坐落位置，或是利用不同的原料和半成品等等。当这些方案在技术上都是可行的，经济上也是合理的时候，项目经济评价的任务就是从中选择最好的方案。

互斥方案经济效果评价包括两部分内容：一是考察各个方案自身的经济效果，即进行绝对经济效果检验；二是考察方案的相对最优性，即进行相对经济效果检验。两种检验的目的和作用不同，通常缺一不可，这样确保所选方案不但最优而且可行。在进行互斥方案相对经济效果检验时，一般按投资大小由低到高进行两个方案的比选，然后淘汰较差的方案，以保留较好方案再与其他方案比较，直至所有的方案都经过比较，最终选出经济性最优的方案。

2) 计算期相同的互斥方案比选

互斥方案的选择根据各方案寿命期是否相同分为两部分：一是各方案寿命期相等；二是各方案寿命期不同。对于计算期相同的互斥方案，常用的经济效果评价方法有净现值法、差额净现值法和差额内部收益率法。

(1) 净现值法

对互斥方案评价，首先分别计算各个方案的净现值，剔除 $NPV<0$ 的方案，即进行方案的绝对效果检验；然后对所有 $NPV\geqslant 0$ 的方案比较其净现值，选择净现值最大的方案为最佳方案，净现值评价互斥方案的判断准则，即 $NPV\geqslant 0$ 且为最大的方案是最优可行方案。

净现值法是对计算期相同的互斥方案进行相对经济效果评价最常用的方法。有时我们在采用不同的评价指标对方案进行比选时会得出不同的结论，这时往往以净现值指标为最后衡量的标准。

(2) 差额净现值法

在比较分析多方案时，有时每个方案的现金流量情况较难确定，但方案之间差异的相关数据却较容易获得，如设备更新问题，新、老设备各自的现金流量，特别是方案的收益较难确定，但可以较容易地确定用新设备代替老设备而引起的现金流量的变化。对于这类方案比选可采用差额净现值法分析。

差额净现值(ΔNPV)就是两方案各年净现金流量的差额的现值之和，其表达式为：

$$\Delta NPV = \sum_{t=0}^{n}(A_{1t} - A_{2t})(1 + i_c)^{-t} \tag{4-25}$$

式中：ΔNPV——差额净现值；

$A_{1t}=(CI-CO)_{1t}$——初始投资大的方案第 t 年年净现金流量；

$A_{2t}=(CI-CO)_{2t}$——初始投资小的方案第 t 年年净现金流量。

利用差额净现值对两个方案中选优时，首先要计算这两个方案的现金流量之差，形成一个差额现金流量，然后考虑投资大的方案比投资小的方案所增加的投资在经济上是否合算，即计算新形成的差额现金流量的净现值 ΔNPV。如果 $\Delta NPV \geqslant 0$ 时，表明由投资增额所引起的收益按基准收益率计算的现值大于所增加的投资的现值，说明投资的增加是合算的，差额现金流量所形成的方案在经济上是可行的，这时，应选择投资大的方案；反之，如果 $\Delta NPV<0$，则应选择投资小的方案。对 3 个或 3 个以上的一组互斥方案进行比选时，也可采用差额净现值法，具体计算步骤如下：

① 将互斥方案按投资额从小到大的顺序排序。

② 增设 0 方案。0 方案又称为不投资方案或基准方案，其投资为 0，净收益也为 0。在一组互斥方案中增设 0 方案可避免选择一个经济上并不可行的方案作为最优方案。

③ 将顺序第一的方案与 0 方案以 ΔNPV 法进行比较，以两者中较优的方案作为当前最优方案。

④ 将排列第二的方案再与当前最优方案以 ΔNPV 法比较，以两者中较优的方案替代为当前最优方案。

⑤ 以此类推，将排列于第三、第四……的方案分别与各步的当前最优方案比较，直至所有的方案比较完毕。

⑥ 最后保留的当前最优方案即为一组互斥方案中在经济上最优的方案。

【例 4-5】 现有 3 个互斥方案，其净现金流量如表 4-5 所示。设基准收益率为 10%，试用差额净现值比选方案。

表 4-5 互斥方案净现金流量表

方案	净现金流量(万元)	
	0	1~10
方案 A	−50	10
方案 B	−60	12
方案 C	−70	13

【解】 ①增设 0 方案，将方案按投资额从小到大的顺序排列为：0，A，B，C。

② 将 A 方案与 0 方案进行比较，有

$$\Delta NPV_{A-O}=NPV_A=-50+10\times(P/A,10\%,10)=11.44(\text{万元})>0$$

则 A 为当前最优方案。

③ 将 B 方案与当前最优方案比较，有

$$\Delta NPV_{B-A}=-10+2\times(P/A,10\%,10)=2.29(\text{万元})>0$$

则 B 为当前最优方案。

④ 将 C 方案与当前最优方案比较，有

$$\Delta NPV_{C-B}=-10+1\times(P/A,10\%,10)=-3.86(\text{万元})<0$$

则 B 仍然为当前最优方案，而所有的方案已比较完毕，所以 B 为当前最优方案。

(3) 差额内部收益率法

内部收益率指标是项目经济评价中经常使用的指标之一，也是衡量项目综合能力的重要指标。但是在进行多方案比选时，直接按各个方案内部收益率的高低来评选方案，有时会得出错误的结论。因为内部收益率不是项目初始投资的收益率，而且内部收益率受现金流量分布的影响很大，净现值相同的两个分布状态不同的现金流量，会得出不同的内部收益率。因此，直接按各互斥方案的内部收益率的高低来选择方案并不一定能选出净现值（基准收益率下）最大的方案。

【例 4-6】 现有两互斥方案，其净现金流量如表 4-6 所示。设基准收益率为 10%，试用净现值和内部收益率评价方案。

表 4-6 两互斥方案净现值流量表

方案	净现金流量（万元）				
	0	1	2	3	4
方案 1	−7 000	1 000	2 000	6 000	4 000
方案 2	−4 000	1 000	1 000	3 000	3 000

【解】 ①计算净现值 NPV

$$NPV_{(1)} = -7\,000 + 1\,000 \times (P/F,10\%,1) + 2\,000 \times (P/F,10\%,2) + 6\,000 \times (P/F,10\%,3) + 4\,000 \times (P/F,10\%,4) = 2\,801.7\text{(万元)}$$

$$NPV_{(2)} = -4\,000 + 1\,000 \times (P/F,10\%,1) + 1\,000 \times (P/F,10\%,2) + 3\,000 \times (P/F,10\%,3) + 3\,000 \times (P/F,10\%,4) = 2\,038.4\text{(万元)}$$

② 计算内部收益率 IRR

$$NPV(IRR_1) = -7\,000 + 1\,000 \times (P/F,IRR_1,1) + 2\,000 \times (P/F,IRR_1,2) + 6\,000 \times (P/F,IRR_1,3) + 4\,000 \times (P/F,IRR_1,4) = 0$$

得：$IRR_1 = 23.67\%$

$$NPV(IRR_2) = -4\,000 + 1\,000 \times (P/F,IRR_2,1) + 1\,000 \times (P/F,IRR_2,2) + 3\,000 \times (P/F,IRR_2,3) + 3\,000 \times (P/F,IRR_2,4) = 0$$

得：$IRR_2 = 27.29\%$

从以上计算结果可知，方案 1 的内部收益率低，净现值高；而方案 2 则内部收益率高，净现值低，如图 4-4 所示。

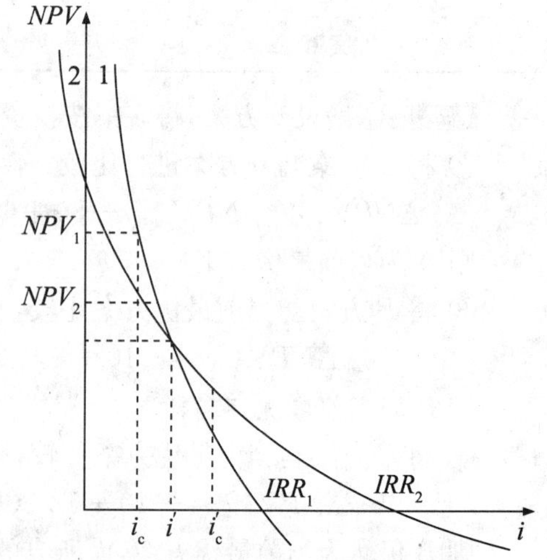

图 4-4 互斥方案净现值函数示意图

从结果可知 IRR_1 和 IRR_2 均大于基准折现率 i_c(10%)，故两个方案均是可行的方案。如果按照内部收益率最大的原则来评选方案，方案 2 为最优方案，这一结论和按净现值法得出的结论是矛盾的。因此，不能直接用内部收益率的大小来比选方案，但是可通过计算差额内部收益率来比选方案。

差额内部收益率（ΔIRR）是两方案各年净现金流量的差额的现值之和等于零时的折现率，其表达式为：

$$\Delta NPV(\Delta IRR)=\sum_{t=0}^{n}(A_{1t}-A_{2t})(1+\Delta IRR)^{-t}=0 \tag{4-26}$$

式中：ΔIRR——差额内部收益率；

$A_{1t}=(CI-CO)_{1t}$——初始投资大的方案第 t 年年净现金流量；

$A_{2t}=(CI-CO)_{2t}$——初始投资小的方案第 t 年年净现金流量。

采用差额内部收益率指标对互斥方案进行比选的基本步骤和差额净现值的做法基本相同，只是取舍方案的标准不一样。差额内部收益率评选方案的标准是：若 $\Delta IRR \geqslant i_c$ 时，则说明投资大的方案优于投资小的方案，保留投资大的方案；反之，若差额内部收益率 $\Delta IRR < i_c$ 时，则保留投资小的方案。例 4-6 中差额内部收益率 $\Delta IRR=18.80\%>10\%$，故投资大的方案 1 优于方案 2。

差额内部收益率只能说明增量投资部分的经济合理性，并不能说明全部投资的经济效果，所以在采用差额内部收益率进行方案的比选时，首先应评价每个备选方案的可行性，只有可行的方案才能参加方案的评选。

3）计算期不同的互斥方案比选

当各备选方案具有不同的计算期时，不能直接采用净现值、差额内部收益率等评价方法对方案进行比选，需要采取一些方法，使备选方案比较的基础相一致。为了满足这种要求，就需要对各备选方案的计算期和计算公式作适当的调整，使得各方案在相同的条件下进行比较。通常采用最小公倍数法、研究期法、净年值法对寿命期不同的方案进行比选。

(1) 最小公倍数法

最小公倍数法是以各备选方案的服务寿命的最小公倍数作为方案进行比选的共同的计算期，并假定各个方案均在这样一个共同的计算期内反复实施，对各个方案分析期内各年的净现金流量进行重复计算，直到计算期结束。计算各个方案在共同的计算期内的净现值，以净现值最大的方案为最佳方案。

【例 4-7】 现有两互斥方案，其净现金流量如表 4-7 所示。设基准收益率为 10%，试用最小公倍数法评价方案。

表 4-7 两互斥方案净现值流量表

方案	净现金流量(元)						
	0	1	2	3	4	5	6
方案 1	−5 000	3 000	3 000	3 000	3 000	—	—
方案 2	−4 000	2 000	2 000	2 000	2 000	2 000	2 000

【解】 将方案 1、2 计算期延长到最小公倍数 12 年。方案 1 重复实施 2 次，方案 2 重复实施 1 次，现金流量如图 4-5 所示。

计算净现值 NPV：

$$\begin{aligned}NPV_{(1)}&=-5\,000-5\,000\times(P/F,10\%,4)-5\,000\times(P/F,10\%,8)+\\&\quad 3\,000\times(P/A,10\%,12)=9\,693.15(\text{元})\end{aligned}$$

$$\begin{aligned}NPV_{(2)}&=-4\,000-4\,000\times(P/F,10\%,6)+2\,000\times(P/A,10\%,12)\\&=7\,369.28(\text{元})\end{aligned}$$

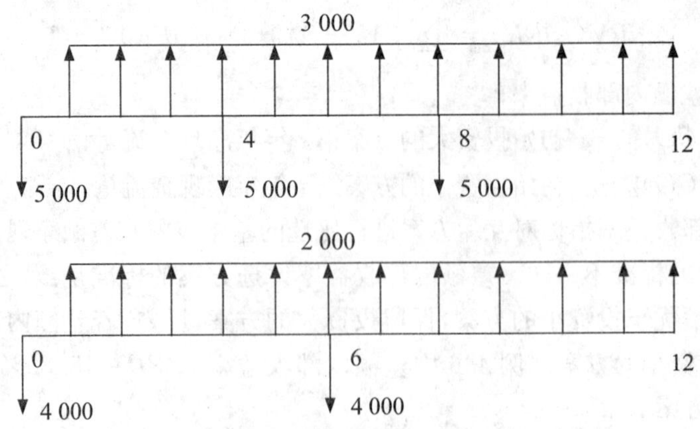

图 4-5 最小公倍数法现金流量图

由于 $NPV_{(1)} > NPV_{(2)}$，所以方案 1 优于方案 2。

利用最小公倍数法有效地解决了计算期不等的方案之间净现值的可比性问题，但这种方法也有局限性：对于某些不能再生的资源开发性项目，方案可重复的假设是不成立的；对于更新较快的产品和设备，假设方案在共同的计算期间反复使用旧产品和设备，显然不符合实际；此外，如果用最小公倍数法求得的计算期过长，那么项目进行经济分析的意义不大。

(2) 研究期法

研究期法是针对寿命期不同的互斥方案，直接选取一个适当的分析期作为各个方案共同的计算期，通过比较各个方案在该计算期内的净现值来对方案进行比选，以净现值最大的方案为最佳方案。研究期的选择一般以各方案中寿命最短者为研究期，计算最为简便，而且完全可以避免重复性假设。利用研究期法评价方案时，涉及寿命期末结束方案的未使用价值的处理问题。其处理方式有 3 种：第一种承认方案未使用价值；第二种不承认方案未使用价值；第三种预测方案未使用价值在研究期末的价值并作为现金流入量。在实际应用中，只有合理估算未使用价值，才能保证比选结论的合理性。

【例 4-8】 试用研究期法评价例 4-7 方案。

【解】 以方案 1 的计算期 4 年为研究期，估计方案 2 研究期末的未使用价值为 1 500 元。

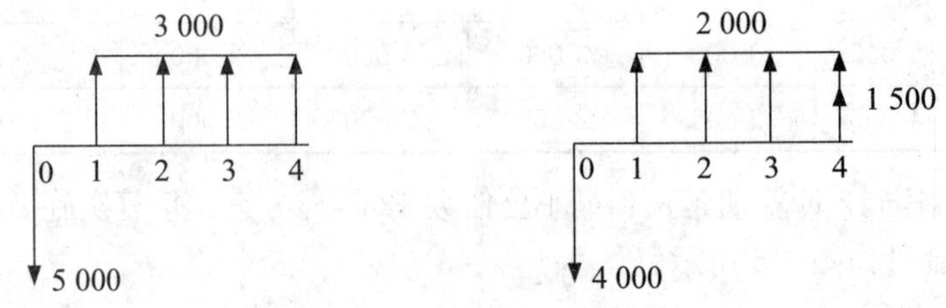

图 4-6 研究期法现金流量图

$$NPV_{(1)} = -5\,000 + 3\,000 \times (P/A, 10\%, 4) = 4\,506.7(\text{元})$$

$$NPV_{(2)} = -4\,000 + 2\,000 \times (P/A, 10\%, 4) + 1500 \times (P/F, 10\%, 4) = 3\,364.1(\text{元})$$

由于 $NPV_{(1)} > NPV_{(2)}$，所以方案 1 优于方案 2。

(3) 净年值法

在对寿命期不等的互斥方案进行比选时，净年值法是最为简便的方法，当参加比选的方案数目众多时，尤其如此。它是通过分别计算各备选方案净现金流量的等额年值 NAV，并进行比较，以 $NAV \geqslant 0$，且 NAV 最大者为最优方案。

【例 4-9】 试用净年值法评价例 4-7 方案。

【解】 $NAV_{(1)} = -5\ 000 \times (A/P, 10\%, 4) + 3\ 000 = 1\ 422.50$(元)

$NAV_{(2)} = -4\ 000 \times (A/P, 10\%, 6) + 2\ 000 = 1\ 081.55$(元)

由于 $NAV_{(1)} > NAV_{(2)}$，所以方案 1 优于方案 2。

4.5.3 独立方案选择

1) 独立方案选择概述

对于独立方案，如果资金对所有项目不构成约束，则其中任何方案只要是可行的，那么就可以接受；如果资金不足以分配到全部可行的方案时，就需要独立方案进行优化组合，取得最佳的经济效益。常用的在资金约束条件下独立方案的比选方法有两种，即构建互斥方案组法和内部收益率排序法。

2) 构建互斥方案组法

构建互斥方案组法是工程经济分析的传统方法，它是指在有资金约束的条件下，将相互独立的方案组合成总投资额不超过投资限额的组合方案，这样各个组合方案之间的关系就变成了互斥的关系，利用前述互斥方案的比较方法，就可以选择出最优的组合方案。

【例 4-10】 有 3 个独立的方案 A、B 和 C，寿命期皆为 10 年，现金流量如表 4-8 所示。基准收益率为 8%，投资资金限额为 12 000 万元。要求选择最优方案。

表 4-8 独立方案现金流量表

方案	初始投资(万元)	年净收益(万元)
A	3 000	600
B	5 000	850
C	7 000	1 200

【解】 ①列出所有可能的组合方案。

② 对每个组合方案内的各独立方案的现金流量进行叠加，作为组合方案的现金流量，并按叠加的投资额从小到大的顺序对组合方案进行排列，排除投资额超过资金限制的组合方案($A+B+C$)。

③ 按组合方案的现金流量计算各组合方案的净现值。

④ ($A+C$)方案净现值最大，所以($A+C$)为最优组合方案，故最优的选择应是 A 和 C。计算过程见表 4-9 所示。

表 4-9　各组合方案的净现值计算表

序号	组合方案	初始投资(万元)	年净收益(万元)	净现值(万元)
1	0	0	0	0
2	A	3 000	600	1 026
3	B	5 000	850	704
4	C	7 000	1 200	1 052
5	$A+B$	8 000	1 450	1 730
6	$A+C$	10 000	1 800	2 078
7	$B+C$	12 000	2 050	1 756
8	$A+B+C$	15 000	—	—

当比选方案个数较少时,这种方法简便实用,并保证得到已知条件下最优的方案组合;但当方案个数较多时,其组合方案数将成倍增加,计算繁琐。

3) 内部收益率排序法

内部收益率排序法是日本学者千住重雄教授和伏见多美教授提出的一种独特的方法。现以例 4-10 为例说明这种方法的选择过程。

(1) 计算各方案的内部收益率。分别求出 A、B、C 3 个方案的内部收益率为 $IRR_A=15.10\%$,$IRR_B=11.03\%$,$IRR_C=11.23\%$。

(2) 这组独立方案按内部收益率从大到小的顺序排列,将它们以直方图的形式绘制在以投资为横轴、内部收益率为纵轴的坐标图上(如图 4-7 所示),并标明基准收益率和投资的限额。

(3) 排除 i_c 线以下和投资限额线右边的方案。由于方案的不可分割性,所以方案 B 不能选中,因此最优方案应为 A 和 C。

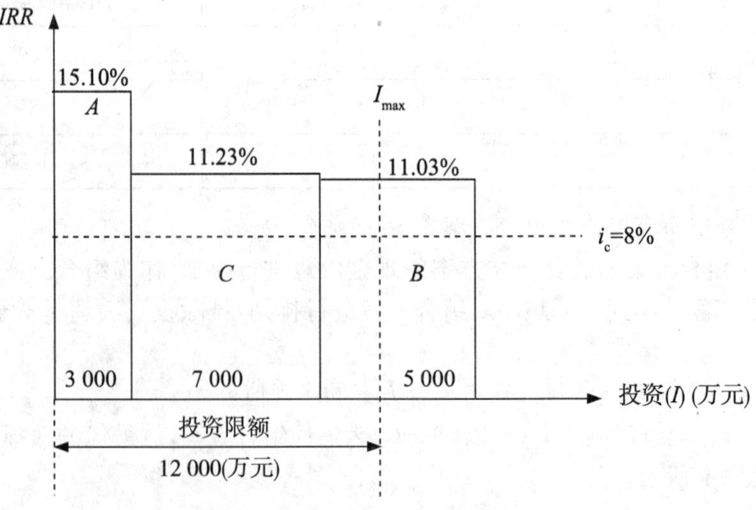

图 4-7　*IRR* 排序法选择独立方案

内部收益率排序法存在一个缺陷，即可能会出现投资资金没有被充分利用的情况。如上述例子中，假如有个独立的 D 方案，投资额为 2 000 万元，内部收益率为 10%，显然，再入选 D 方案，并未突破投资限额，且 D 方案本身也是有利可图的，而用这种方法，有可能忽视了这一方案。当然，在实际工作中，如果遇到一组数目很多的独立方案，利用内部收益率排序法是相当方便的。

4.5.4 混合方案选择

1）混合方案选择概述

混合方案的选择与独立方案的选择一样，可以分为资金无限制和资金有限制两类。如果资金无限制，只要从各独立项目中选择互斥型方案中净现值（或净年值）最大且不小于零的方案加以组合即可。当资金有限时，选择方法比较复杂，可采用差额投资效率指标排序法选择方案。

2）差额投资效率指标排序法

差额投资效率指标排序法是利用各方案现金流量的差额（增量）的效率指标，把投资方案的效益依次排序，并按此顺序选择最佳方案组合。

【例 4-11】 某企业下属 3 个工厂 A、B、C，分别提出各自的技术改造方案。A、B、C 是相互独立的，各厂又提出了若干互斥投资方案见表 4-10，各方案的寿命期均为 8 年，基准收益率为 15%。试投资 600 万元、800 万元和 400 万元时分别选择最佳方案组合。

表 4-10 各方案初始投资和净收益情况表

工厂	方案	初始投资 I（万元）	年末净收益 R（万元）
A	A_1	100	38
	A_2	200	69
	A_3	300	88
B	B_1	100	19
	B_2	200	55
	B_3	300	75
	B_4	400	92
C	C_1	200	86
	C_2	300	109
	C_3	400	154

【解】 增量效率指标评选法的具体分析步骤如下：

① 为了减少比较计算工作量，首先可根据静态数据淘汰无资格方案。无资格方案是指在投资额递增的 N 个方案中，若第 j 个方案对第 $j-1$ 个方案的增量投资收益率低于第 $j+1$ 个方案对第 j 个方案的增量投资收益率，则第 j 个方案即为无资格方案。本例中无资格方案为 B_1 和 C_2，应淘汰，然后重新计算除去无资格方案后的 $\Delta R/\Delta I$，具体计算结果如表 4-11 所示。

表 4-11 增量效益计算

工厂	方案	初始投资 I（万元）	年末净收益 R（万元）	$\Delta R/\Delta I$	无资格方案	重算 $\Delta R/\Delta I$
A	A_1	100	38	0.38		0.38
	A_2	200	69	0.31		0.31
	A_3	300	88	0.17		0.17
B	B_1	100	19	0.19	B_1	—
	B_2	200	55	0.36		0.28
	B_3	300	75	0.20		0.20
	B_4	400	92	0.17		0.17
C	C_1	200	86	0.43		0.43
	C_2	300	109	0.23	C_2	—
	C_3	400	154	0.45		0.34

② 计算有资格互斥方案的 ΔIRR，并按 ΔIRR 由大到小排序绘图，见图 4-8 所示。

A 工厂：$\Delta IRR_{0A_1}=35\%$，$\Delta IRR_{A_1A_2}=26\%$，$\Delta IRR_{A_2A_3}=10\%$；

B 工厂：$\Delta IRR_{0B_2}=22\%$，$\Delta IRR_{B_2B_3}=12\%$，$\Delta IRR_{B_3B_4}=7\%$；

C 工厂：$\Delta IRR_{0C_1}=40\%$，$\Delta IRR_{C_1C_3}=30\%$。

③ 将资金约束条件及资金成本率标注在图中。

④ 按资金约束条件比较最优方案组合。

当 $I''_{max}=600$ 万元时，应选择方案组合 $A_2+B_0+C_3$（B_0 方案表示“0”投资，“0”收益）；

当 $I'''_{max}=800$ 万元时，应选择方案组合 $A_2+B_2+C_3$；

当 $I'_{max}=400$ 万元时，应选择方案组合 $A_2+B_0+C_1$，这是因为 400 万元资金约束 $C_1\to C_3$ 增量投资方案不能选中，剩余资金可投放于 $A_1\to A_2$ 的增量投资。

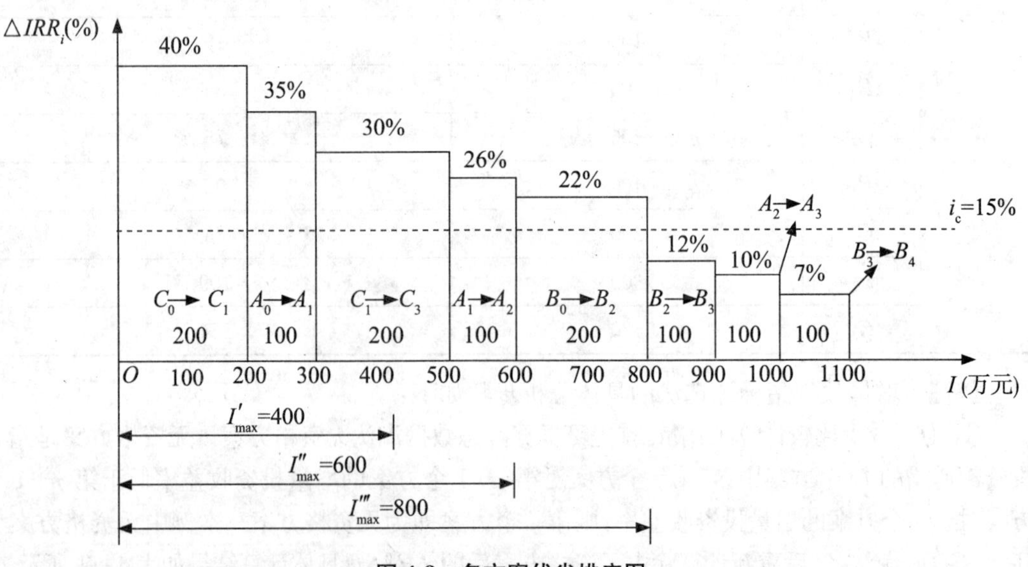

图 4-8 多方案优劣排序图

当方案的全部投资正好分配完或基本分配完时，差额投资效率指标排序法能保证获得最优组合方案，否则，有时不能保证选取的方案组合是最优组合；同时，被排除的方案在有些场合下可能是最优组合方案之一。

本章小结

工程项目经济性评价的核心内容是经济效果的评价，由于工程项目的复杂性，使项目实施的经济效果体现在多个方面，为了系统全面地反映项目的经济效果，必须正确选择经济评价指标。本章着重介绍了时间性指标(投资回收期、借款偿还期)，价值性指标(净现值、净年值、净终值)和比率性指标(投资收益率、投资利润率、净现值率、内部收益率、外部收益率)的概念、计算公式、评价准则和经济含义。

在多方案比较与选择的实践中，除了要正确选择经济评价指标，还应在对资源状况和方案相互关系认识及正确评价的基础上选择适宜的评价方法。本章首先介绍了多方案间的经济关系类型，分为互斥方案、独立方案、互补型方案、现金流量相关型方案和混合方案等；然后重点探讨了寿命期相同的互斥方案的净现值法、差额净现值和差额内部收益率法以及寿命期不同的互斥方案的最小公倍数法、研究期法和净年值法；最后介绍了独立方案的互斥方案组法、内部收益率排序法以及混合方案的差额投资效率指标排序法。

复习思考题

1. 某项目现金流量如表 4-12 所示。如果基准收益率为 10%，求净现值、静态投资回收期和动态投资回收期。

表 4-12 某项目现金流量表

项　目	0	1	2	3～6
净现金流量(万元)	－100	－80	40	60

2. 拟购一块未用的城市居住用地，地价为 16 000 元，如果拥有该地 8 年，则到时可以 25 600 元售出，这笔资金中要减去 6%的售出手续费，并支付保险费 384 元。8 年中无产权收入。产权所有期中每年支出地产税估计为 480 元。问该投资方案内部收益率是多少?

3. 加工某零件有两个设计方案。第一个方案为普通机床流水线，总投资为 45 万元，年经营费用为 20 万元，期末残值为 2 万元；第二个方案为专用机床流水线，总投资为 60 万元，年经营费用为 10 万元，期末残值为 3 万元。两个方案的生产量相同，若寿命期均为 5 年，基准收益率为 12%，问应该选择哪个方案?

4. 某建筑公司为了大体积土方基础开挖，拟采购铲斗容量为 0.5m^3 的正铲挖掘机，经查询可以 55 万元在市场上直接购得，但也可以 65 万元从生产厂购得新型的此种设备。根据生产厂介绍，新型机的特点是第一年的运营费用可比旧型的节省 1.5 万元，其后各年由于油耗及维修费用的增大，运营费用的节约会以 750 元逐年递减。已知该种机械的规定耐用年限为 16 年，期末残值为零，公司的基准收益率为 15%，问公司应采购哪种机械?

5. 某公司打算购置使用25年的泵，市面有两种泵可以选择。T泵投资30 000元，并且估计抽水用的电费每年22 000元。M泵投资25 500元，由于该泵的效率较低，抽水用的电费要比T泵每年高出600元，估计每年所得税要比T泵多210元。可以预料两泵其他的费用没有差别，也没有残值。试求购买T泵超额投资的预期投资收益率为多少？

6. 两种疏通灌溉渠道的技术方案，一种是用挖泥机清除渠底淤泥，另一种在渠底铺设混凝土板，数据见表4-13，基准收益率为5%，试比较两个方案的优劣。

表 4-13

方案 A	费用(元)	方案 B	费用(元)
购买挖泥设备(寿命10年)	65 000	河底混凝土板(寿命20年)	450 000
挖泥设备残值	7 000	年维护费	1 000
挖泥作业年经营费	22 000	混凝土维修(5年一次)	10 000
控制水草年度费用	12 000		

7. 某工程考虑3个投资方案。在5年寿命期内，3个投资方案的现金流量如表4-14所示。基准收益率为10%。

表 4-14

方案	投资(元)	年净收入(年末)(元)	残值(元)
A	65 000	18 000	12 000
B	58 000	15 000	10 000
C	93 000	23 000	15 000

(1) 假设这3个方案是独立的，且资金没有限制，那么应如何选择方案？

(2) 在(1)中假设资金限制在160 000元，试选出最好的方案。

(3) 假设3个方案是互斥的，试用差额内部收益率法选出最合适的投资方案。

5　工程项目的风险与不确定性分析

5.1　项目风险分析概述

5.1.1　风险的概念与分类

1) 风险的概念

早在1901年,美国学者H. A. 威利特指出风险是关于不愿发生的不确定性之客观体现。1921年,美国经济学家F. H. 奈特又进一步指出风险是“可测定的不确定性”,不确定性才是真正不可测定的,将风险与不确定性进行了重要区分。若一种决策会产生多种可能的结果,则认为此决策有风险,所以风险是指由于随机原因所引起的项目总体的实际价值和预期价值之间的差异。根据定义可知风险构成的条件包括两个方面:一是不确定性;二是产生损失的后果,即实际价值与预期价值之间的差异。肯定发生损失后果的事件不是风险,没有损失后果的不确定性事件也不是风险。

2) 风险的分类

风险可从不同的角度进行分类,常见的风险分类方式有:

(1) 按风险的后果分

按风险所造成的后果,可分为纯风险和理论风险。纯风险是指只会造成损失而不会带来收益的风险。例如自然灾害,一旦发生,将会导致损失,甚至人员伤亡;如果不发生,只是不造成损失而已,但不会带来额外的收益。理论风险则是指既可能造成损失也可能创造额外收益的风险。例如高新技术开发和证券投资活动往往包含理论风险。

(2) 按风险与行为人的关系分

按风险与行为人的关系,可分为主观风险和客观风险。主观风险是指由于主观决策上的原因所构成的风险,它是由主观认识的局限性造成的。客观风险是指由于客观原因的影响所构成的风险。客观风险不以行为人的主观意志为转移,如地震、洪水等自然灾害。

(3) 按风险产生的原因分

按风险产生的不同原因,可分为政治风险、社会风险、经济风险、技术风险和自然风险等。需要注意的是,除了技术风险和自然风险是相互独立的之外,政治风险、社会风险和经济风险之间存在一定的联系,有时难以截然分开。

5.1.2　不确定性与风险的关系

风险与不确定性是两个既有区别又有联系的概念。风险来源于不确定性,它们两者往往相伴而生，由于信息获取的不完备性和事物本身具有不确定性，导致项目活动的实际结果具有不确定性，进而使经济主体可能得到的实际价值低于预期价值，造成风险；然而两者又有区别，不确定性的结果可能高于预期目标，也可能低于预期目标，而通常将结果低于预期目标的不确定性称为风险。两者未知的程度也有所不同，风险是指不知道确切的实际结果，但知道各种结果发生的可能性；而不确定性是指连实际结果发生的可能性都不知道。

5.1.3 风险分析的作用与内容

1）风险分析的作用

（1）有助于项目投资决策者对工程项目各因素的影响趋势和影响程度有一个定量的估计，使得项目的实施对关键因素和重要因素予以充分的考虑和控制，以保证项目真正取得预期的经济效益。

（2）有助于对工程项目的不同方案做出正确的选择，而不会只注重各方案对项目因素正常估计后求得的效果，其选择是既要比较各方案的正常效果，也要比较各方案在项目因素发生变化和波动后的效果，然后从中选出最佳方案。不仅要比较方案的经济性，还需要研究其风险性。

2）风险分析的内容

风险分析是指通过识别不确定因素可能出现的各种状态及其可能性，求得对方案各种结果影响的可能性，判断方案的风险程度，进而采取不同的风险对策。其过程可分为 3 个阶段：风险识别、风险估计和风险评价。

（1）风险识别

建设工程项目多为一个复杂系统，因而影响它的风险因素很多。这些风险因素之间的关系错综复杂，有直接的，也有间接的。在进行风险分析时，首先要分析该工程项目可能面临的风险是什么，可能造成的风险事故和风险损失有多大。

风险识别主要是通过调查、分解、讨论等定性地判断所有可能存在的风险因素，并且分析和剔除那些影响微弱、作用不大的因素，然后研究各因素之间的关系。在识别过程中，可根据具体的风险识别对象进行各种因素权衡，选择合适的风险识别方法，这些因素一般包括工程项目特点、风险环境、项目进展阶段和现有风险管理资源等。识别出来的风险可以通过风险目录清单来表达，如表 5-1 所示。

表 5-1 风险目录清单范例表

<table>
<tr><td colspan="3">（项 目 名 称）</td></tr>
<tr><td>评 述</td><td>日 期</td><td>负 责 人</td></tr>
<tr><td></td><td></td><td></td></tr>
<tr><td colspan="3">风险事件：</td></tr>
<tr><td colspan="3">风险事件摘要：</td></tr>
<tr><td colspan="3">风险条件变量：</td></tr>
</table>

(2) 风险估计

在风险识别的基础上要开展风险估计工作。风险估计就是对识别出的风险进行测量，得到某一风险发生的概率。概率估计的方法有客观概率统计法和主观概率估计法。客观概率统计法就是根据大量的实验，用统计的方法进行计算，这种方法所得数值是客观存在的，不以人的主观意志为转移。但在实际可行性研究工作中，并不是所有的风险都能够用客观实验来模拟，对未来事件不能做出较为准确的分析，很难计算出客观概率。于是需要专家对未来发生事件的概率做出一个合理的估计，即主观概率估计。一般情况下，通过调查、专家咨询等主观方法对建设项目得到一个总体的定性判断，然后再选择评估变量的公式，确定各个变量的表达形式，进行定量的分析。

(3) 风险评价

在风险估计过程中，建设项目风险被量化为关于风险发生概率和损失严重性的函数，但是在做决策之前，还需要对建设项目风险量做出相对比较，以确定建设项目风险的相对严重程度，这就需要进行下一步风险评价工作。

风险评价是指根据风险识别和风险估计的结果，依据项目风险判别标准，找出影响项目成败的关键风险因素，进一步找出各风险之间的相互影响、相互作用及其对方案的总体影响，经济主体对风险的承受能力等进行评价。

3) 风险对策

最后，需要根据决策主体的风险偏好，制定风险对策。大体上有风险回避、风险化解、风险防范、风险转移、风险补偿等对策。

5.2　盈亏平衡分析

5.2.1　单一方案盈亏平衡分析

各种不确定性因素(如投资、成本、销售量、销售价格等)的变化会影响方案的经济效果，可能会导致原来盈利的项目变为亏损项目。盈亏平衡分析就是在一定的市场、生产能力的条件下，研究成本与收益的平衡关系的方法。通过寻找由盈利到亏损的临界点，判断项目的抗风险能力，为项目决策提供依据。

1) 盈亏平衡分析点

进行盈亏平衡分析首先需要确定盈亏平衡点(*BEP*)，来判断项目风险的大小。对于一个投资项目而言，项目盈利与亏损之间一般至少有一个转折点，它反映了在达到一定的生产经营水平时，该项目的收益与成本的平衡关系。盈亏平衡点可以用产量来表示，也可以用生产能力利用率、销售收入或产品单价来表示。

由定义可知，在盈亏平衡点处，项目处于不盈不亏的状态，即：

$$TR = TC \tag{5-1}$$

式中：TR——项目的总收益；

TC——项目的总成本。

由于销售收入与产品销售量之间存在着线性和非线性两种关系，因而盈亏平衡点也有两种不同形式，即线性平衡点和非线性平衡点。

2）线性盈亏平衡分析

线性盈亏平衡分析一般基于下述3个假设条件：

(1) 产品的产量等于销售量。

(2) 单位产品的价格保持不变。

(3) 项目正常生产年份的总成本由可变成本与固定成本构成，其中固定成本与产量无关，保持不变，可变成本与产品成正比例关系，单产品可变成本为一常数，总可变成本是产量的线性函数。

根据现行盈亏平衡分析的3个假设，有

$$TR = (p - t)Q \tag{5-2}$$

式中：p——单位产品价格；

t——单位产品销售税金及附加；

Q——产品产量(销售量)。

$$TC = F + VQ \tag{5-3}$$

式中：F——固定成本；

V——单位产品可变成本。

根据 $TR=TC$ 得盈亏平衡产量，即当 $Q=Q^*$ 时，有 $(p-t)Q^*=F+VQ^*$，解得：

$$Q^* = \frac{F}{p - t - V} \tag{5-4}$$

用盈亏平衡分析图5-1表示。图中，横坐标表示产品产量，纵坐标表示销售收入与总成本。销售收入与总成本的交点即为盈亏平衡点 BEP。在 BEP 的左边，总成本大于销售收入，方案亏损；在 BEP 的右边，销售收入大于总成本，方案盈利；在 BEP 点上，销售收入等于总成本，方案不盈不亏。

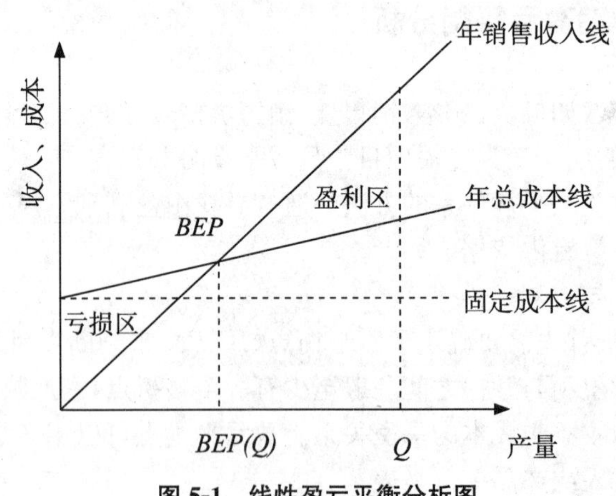

图5-1　线性盈亏平衡分析图

盈亏平衡点越低，达到此点的盈亏平衡产量和收益与成本也就越少，因而项目的盈利机会就会越大，亏损的风险就越小。

除了用产量表示盈亏平衡点外，还可以用销售收入、生产能力利用率、销售价格和单位产品可变成本等来表示。

关于销售收入的盈亏平衡点为：

$$TR^* = (p-t)Q^* = (p-t)\left(\frac{F}{p-t-V}\right) \tag{5-5}$$

设方案设计生产能力为 Q_0，盈亏平衡生产能力利用率为：

$$E^* = \frac{Q^*}{Q_0} \times 100\% = \frac{F}{(p-t-V)Q_0} \times 100\% \tag{5-6}$$

关于销售价格的盈亏平衡点为：

$$p^* = \frac{TR}{Q_0} + t = \frac{TC}{Q_0} + t = \frac{F}{Q_0} + V + t \tag{5-7}$$

关于单位产品可变成本的盈亏平衡点为：

$$V^* = \frac{TC-F}{Q_0} = \frac{TR-F}{Q_0} = p - t - \frac{F}{Q_0} \tag{5-8}$$

【例 5-1】 某生产性建设项目的年设计生产能力为 5 000 件，每件产品的销售价格为 1 500 元，单位产品的变动成本为 900 元，每件产品的税金为 200 元，年固定成本为 120 万元。试求该项目建成后的年最大利润、盈亏平衡点和生产负荷率。

【解】 当达到设计生产能力时年利润最大，因而最大利润为：

$$\begin{aligned} R &= pQ - (F + QV) \\ &= 1\,500 \times 1\,500 - [1\,200\,000 + 5\,000 \times (900 + 200)] = 800\,000(\text{元}) \end{aligned}$$

盈亏平衡点产量可按式(5-4)求得：

$$Q^* = \frac{F}{p-t-V} = \frac{1\,200\,000}{1\,500 - 900 - 200} = 3\,000(\text{件})$$

$$E^* = \frac{Q^*}{Q_0} \times 100\% = \frac{3\,000}{5\,000} \times 100\% = 60\%$$

3) 非线性盈亏平衡分析

在实际工作中，影响盈亏平衡的不确定性因素如产品价格、单位产品可变成本等可能随产量的增加而变化，从而使产量、成本与利润的关系为非线性，相应的分析称为非线性盈亏平衡分析。常见的是二次曲线型盈亏分析，如图 5-2 所示。

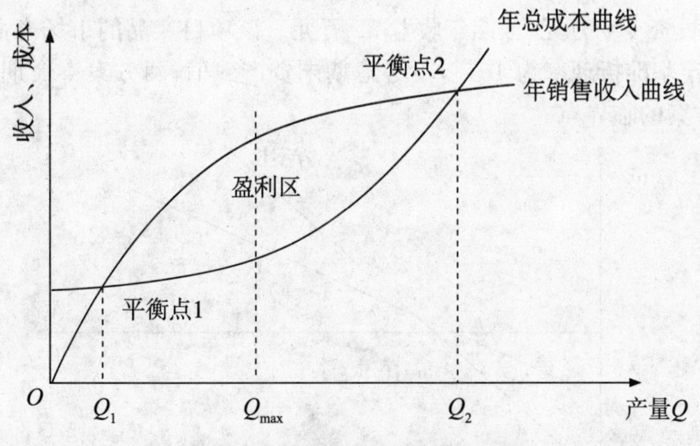

图 5-2 非线性盈亏平衡分析图

当产量小于 Q_1 或大于 Q_2 时，项目都处于亏损状态，只有当产量介于 $Q_1 \leqslant Q \leqslant Q_2$ 时，项目才处于盈利区域，因此项目有两个盈亏平衡点。在实际生产经营活动中，需要根据实际销售收入与成本情况，运用销售收入等于总成本的盈亏平衡原理来得到多个盈亏平衡点，进而判断各区间的盈亏情况。

【例 5-2】 设某企业的年销售收入 TR 与产量 Q（吨）的关系为 $TR=300Q-0.03Q^2$（元），总固定成本 $F=180\ 000$ 元，总可变成本为 $VQ=100Q-0.01Q^2$。试对该项目进行盈亏平衡分析。

【解】 依据题意，总成本为：

$$TC=F+VQ=180\ 000+100Q-0.01Q^2\text{（元）}$$

盈利函数 M 为：

$$M=TR-TC=200Q-0.02Q^2-180\ 000\text{（元）}$$

达到盈亏平衡时，$M=0$，解上式得：

$$Q_0^1=1\ 000\text{（吨/年）}$$

$$Q_0^2=9\ 000\text{（吨/年）}$$

即该企业的年产量要控制在 1 000～9 000 吨/年之间方可盈利。如要获得最大利润额，则：

$$\frac{\mathrm{d}M}{\mathrm{d}Q}=200-0.04Q_{\mathrm{opt}}=0 \Rightarrow Q_{\max}=5\ 000\text{（吨/年）}$$

此时的盈利额为：

$$M^*=200\times 5\ 000-0.02\times(5\ 000)^2-180\ 000=320\ 000\text{（元）}$$

5.2.2 多方案的盈亏平衡分析

除了对单一方案进行盈亏平衡分析之外，项目评价中所面临的问题多数是多方案的比较和选择。如有某个共同的不确定性因素影响互斥方案的取舍时，可先求出两两方案的盈亏平衡点（BEP），再根据 BEP 进行取舍。

【例 5-3】 某产品有两种生产方案，方案 A 初始投资为 70 万元，预期年净收益 15 万元；方案 B 初始投资 170 万元，预期年收益 35 万元。该项目产品的市场寿命具有较大的不确定性，如果给定基准折现率为 15%，不考虑期末资产残值，两方案寿命期相同，试就项目寿命期分析两方案的临界点。

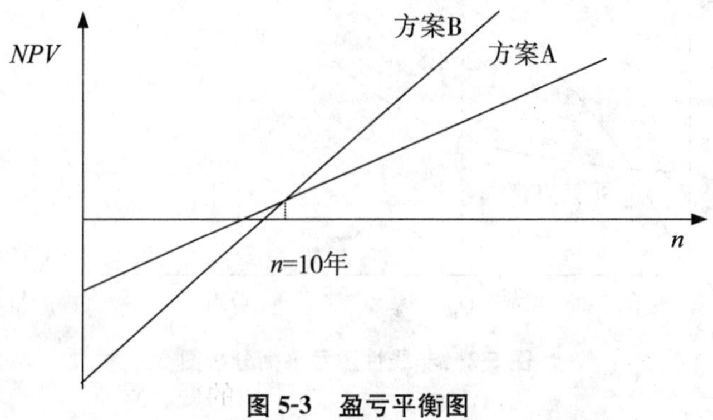

图 5-3 盈亏平衡图

【解】 设项目寿命期为 n，则两方案的净现值为：

$$NPV_A = -70 + 15(P/A, 5\%, n)$$

$$NPV_B = -170 + 35(P/A, 5\%, n)$$

当 $NPV_A = NPV_B$ 时，有

$$-70 + 15(P/A, 5\%, n) = -170 + 35(P/A, 5\%, n)$$

$$(P/A, 5\%, n) = 5$$

查复利系数表得 $n \approx 10$ 年。

此题就是以项目寿命期为共有变量时，求方案 A 与方案 B 的盈亏平衡点。由于方案 B 年净收益比较高，项目寿命期延长对方案 B 有利。故可知：如果根据市场预测项目寿命期小于 10 年，应采用方案 A；如果寿命期在 10 年以上，则应采用方案 B。

综上所述，盈亏平衡分析通过对项目的一些主要变量因素（如销售价格、生产成本、销售量）与利润间的关系进行计算分析，可以预先估计项目对市场需求的适应能力和承担风险的能力，有利于确定合理的经济规模和选择合适的工艺技术方案等。但是这种分析方法也存在不足：首先，假定产量等于销售量，在项目寿命周期内市场变化纷繁复杂，项目产品的产量完全等于销售量的可能性有，但不是很大；其次，所采用的数据须是正常生产年份的数据，而投产后各年情况不尽相同，正常生产年份数据不易选定；最后，只能对各不确定性因素对项目的盈利水平进行分析，而不能就各不确定性因素对项目经济效益指标和投资方案影响的敏感性程度进行分析。

5.3 敏感性分析

不确定性因素的变化会影响方案的经济效果，但是各种不确定性因素对方案经济效果的影响程度是不一样的，有的因素可能对项目经济的影响较小，而有的因素可能会对项目经济带来大幅度的变动，我们就称这些对项目经济效果影响较大的因素为敏感性因素。

敏感性分析是指通过分析这些不确定性因素单独变化或多因素变化对经济效果评价指标的变化幅度，了解各种因素的变化对实现预期目标的影响程度，分析方案风险的大小。

5.3.1 敏感性分析的一般步骤

敏感性分析一般按以下步骤进行：

(1) 确定分析指标

建设工程项目有各种经济评价指标，如净现值、内部收益率、投资回收期等。由于敏感性分析是在确定性分析的基础上进行的，因此一般不能超出确定性分析所用的指标范围另外选择。当确定性分析中使用的指标较多时，敏感性分析可选择其中一个或多个最重要的指标进行。

(2) 选择需要分析的不确定性因素，并设定这些因素的变动范围

主要考虑以下两条原则：一是预计这些因素在可能的变化范围内，对经济评价指标影响

较大；二是这些因素发生变化的可能性较大，如项目总投资、经营成本等。

(3) 计算各个不确定性因素对经济评价指标的影响程度

首先，对所选定的不确定性因素，应根据实际情况设定这些因素的变动幅度，其他因素固定不变。因素可以按照一定的变化幅度(如±5%、±10%、±15%等)变化。

其次，计算不确定性因素每次变动对经济评价指标的影响程度。

最后，将其与该指标的原始数值相比较，得出该指标的敏感度系数。

用公式表示为：

$$\text{敏感度系数}(\beta) = \frac{|\text{评价指标变化幅度}|}{|\text{变量因素变化幅度}|} = \frac{(\Delta A/A)}{(\Delta F/F)} \tag{5-9}$$

式中：$\Delta F/F$——不确定性因素 F 的变化率(%)；

$\Delta A/A$——不确定性因素 F 发生 ΔF 变化时，评价指标 A 的相应变化率(%)。

具体确定因素敏感性大小的方法有两种：一种是相对测定法，另一种是绝对测定法。相对测定法即根据不同因素相对变化对经济评价指标影响的大小，可以得到各个因素的敏感性程度排序。β 实际上就是敏感性系数，其值越大，表示评价指标 A 对于不确定性因素 F 越敏感；反之，则不敏感。据此可以找出哪些因素是最关键的因素。绝对测定法即通过临界点来判断方案的风险情况，临界点指不确定性因素的变化使项目由可行变为不可行的临界数值。它可采用不确定性因素相对基本方案的变化率或其对应的具体数值表示。

方案能否接受的判据是各经济评价指标是否超过临界点。如果某不确定性因素可能出现的变化幅度超过最大允许变化幅度，则表明该因素是方案的敏感因素。

(4) 绘制敏感性分析图，并对方案进行选择

敏感性分析结果通常汇总编制敏感性分析表。根据该表，以某个评价指标为纵坐标，以不确定性因素的变化率为横坐标绘制敏感性分析图，最终确定敏感性因素。一般选择敏感性程度小、抗风险能力强的项目或方案。

5.3.2 单因素敏感性分析

单因素敏感性分析是指针对单个不确定性因素的变动对方案经济效果影响所做的分析。假定计算其他因素固定不变，计算单个因素的变化对经济评价指标的影响。

【例 5-4】 某项目方案的基本数据估算值如表 5-2 所示，试就年销售收入 B、年经营成本 C 和建设投资 I 对内部收益率进行单因素敏感性分析(基准收益率 $i_c=8\%$)。

表 5-2 方案的基本数据估算表

因素	建设投资 I(万元)	年销售收入 B(万元)	年经营成本 C(万元)	期末残值 L(万元)	寿命 n(年)
估算值	1500	600	250	200	6

【解】 (1)计算方案的内部收益率 IRR

$$-I(1+IRR)^{-1}+(B-C)\sum_{t=2}^{5}(1+IRR)^{-t}+(B+L-C)(1+IRR)^{-6}=0$$

$$-1\ 500(1+IRR)^{-1}+350\sum_{t=2}^{5}(1+IRR)^{-t}+550(1+IRR)^{-6}=0$$

采用试算法，计算得：

$$NPV(i=8\%)=31.08(\text{万元})>0$$

$$NPV(i=9\%)=-7.92(\text{万元})<0$$

所以有
$$IRR=8\%+\frac{31.08}{31.08+7.92}\times(9\%-8\%)=8.79\%$$

(2) 分析销售收入、经营成本和建设投资变化对 IRR 的影响(见表 5-3)

表 5-3 各因素变化对内部收益率的影响

不确定性因素 \ 内部收益率(%) \ 变化率	−10%	−5%	基本方案	+5%	+10%
销售收入	3.01	5.94	8.79	11.58	14.30
经营成本	11.12	9.96	8.79	7.61	6.42
建设投资	12.70	10.67	8.79	7.06	5.45

内部收益率的敏感性分析图见图 5-4。

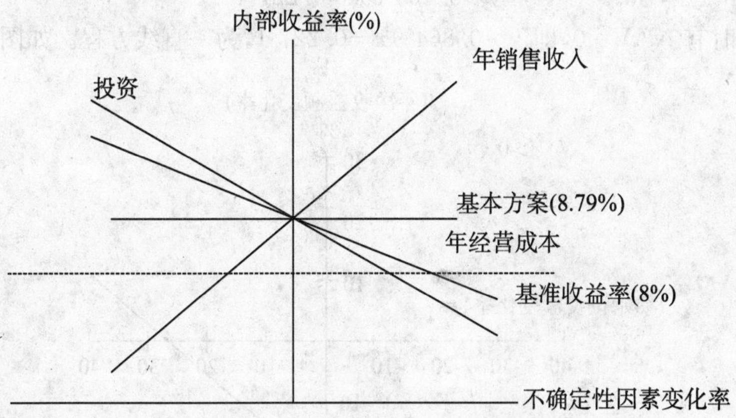

图 5-4 单因素敏感性分析图

(3) 计算方案对各因素的敏感度系数

根据敏感度的计算公式(5-9)，得：

$$\text{年销售收入平均敏感度系数}=\frac{14.30-3.01}{20}=0.56$$

$$\text{年经营成本平均敏感度系数}=\frac{|6.42-11.12|}{20}=0.24$$

$$\text{建设投资平均敏感度系数}=\frac{|5.45-12.70|}{20}=0.36$$

可见，敏感性强弱依次为年销售收入、建设投资和年经营成本。

5.3.3 多因素敏感性分析

单因素敏感性分析在计算特定的不确定性因素对项目经济效益影响时，须假定其他因素不变,实际上这种假定很难成立。实际情况中往往有多个因素同时变化,因素之间的变化也可能存在相互关联,这时单因素敏感性分析就存在一定的局限性,所以应同时考虑多种因素变化的可能性,使敏感性分析更接近实际过程。

1)双因素敏感性分析

保持方案现金流量中其他因素不变,仅考虑两个因素变化对项目技术经济指标的影响。具体做法是先通过单因素敏感性分析确定出两个关键因素,然后作出两个因素同时变化的分析图,最后对投资效果的影响进行分析。

【例 5-5】 某投资方案初始投资为 100 万元,预计项目寿命为 5 年,每年可提供净收益 28 万元,基准收益率为 8%,项目期末残值为 20 万元。试分析初始投资额和年净收益额同时变化时净年值的变化情况。

【解】 设初始投资额的变化率为 x,年净收益变化率为 y,则净年值为:

$$
\begin{aligned}
NAV=(x,y) &= 28(1+y)+20(A/F,8\%,5)-100(1+x)(A/P,8\%,5) \\
&= 6.36+28y-25.05x
\end{aligned}
$$

项目要盈利,必须使 $NAV \geqslant 0$,即:

$$y \geqslant 0.864\,9x-0.227\,1$$

盈亏平衡时有 $NAV=0$,即 $y=0.864\,9x-0.227\,1$,为一直线方程。如图 5-5 所示。

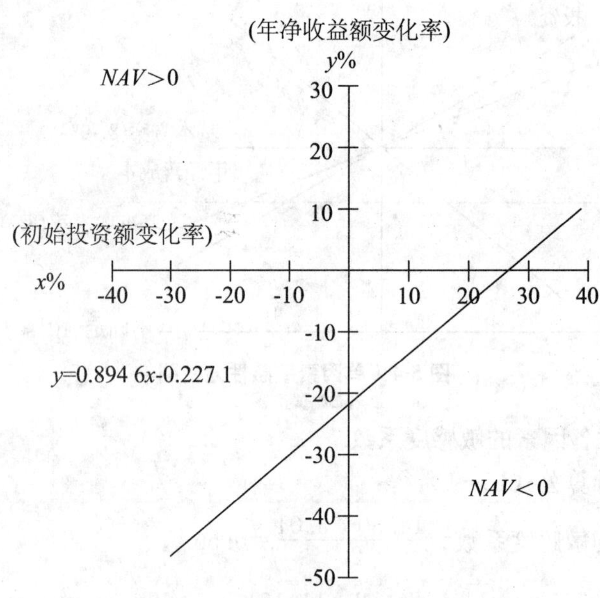

图 5-5 双因素敏感性分析图

由图 5-5 可见,当初始投资 I、年净收益 CF 同时变化范围位于斜线上方区域时,$NAV>0$;当处于直线下方区域时,$NAV<0$。此外,还可看出,NAV 对年净收益额的敏感性高于初始投资额。

2)多因素敏感性分析

当同时变化的因素超过 2 个时,称为多因素敏感性分析。

【例 5-6】 根据例 5-5 的数据,若同时考虑基准收益率 i 为可变因素,试分析这 3 个因素对净年值的影响。

【解】 根据题意,净年值为:

$$NAV = 28(1+y) + 20(A/F,i,5) - 1\,000(1+x)(A/P,i,5)$$

分别写出 i=6%、8%、10%、12%、15%和20%时的临界曲线公式,并画在一张图上,见图 5-6。

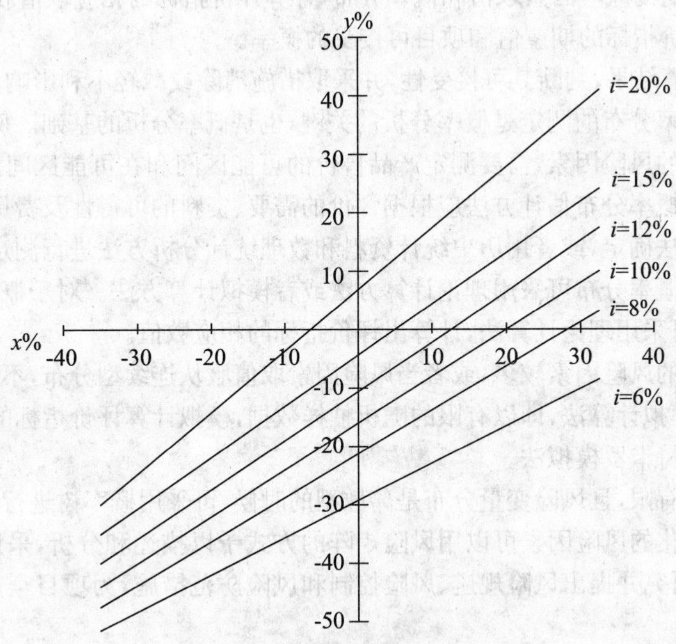

图 5-6　多因素敏感性分析图

从图 5-5 中可以看出,基准收益率 i 上升,将导致临界线向上方移动,使净年值 $NAV>0$ 的区域缩小;反之,基准收益率 i 下降,将导致临界线向下移动,使净年值 $NAV>0$ 的区域扩大。通过这 3 个因素的分析,可以让我们直观地了解投资额、年净收益和基准收益率这 3 个因素同时变化对项目经济效益的影响,以帮助做出正确的决策。

5.4　项目风险的概率分析

5.4.1　概率分析

概率分析是运用概率论和数理统计原理,对风险因素的概率分布和风险因素对评价指标的影响进行定量分析。概率分析的一般做法是,首先预测风险因素发生各种变化的概率,将风险因素作为自变量,预测其取值范围和概率分布,再将选定的经济评价指标作为因变量,测算评价指标的相应取值范围和概率分布,计算评价指标的期望值以及项目成功的概率。

概率分析一般按以下步骤进行:

(1) 选定一个或几个评价指标,通常是将 IRR 和 NPV 等作为评价指标。

(2) 选定需要进行概率分析的风险因素,通常有产品价格、销售量、主要原材料价格、投资额以及外汇汇率等。针对项目的不同情况,通过敏感性分析,选择最为敏感的因素作为概率分析的风险因素。

(3) 预测风险因素变化的取值范围及概率分布。

(4) 根据测定的风险因素取值和概率分布,计算评价指标的相应取值和概率分布。

(5) 计算评价指标的期望值和项目可接受的概率。

(6) 分析计算结果,判断其可接受性,并采取措施消除或减轻不利影响。

风险因素概率分布的测定是概率分析的关键,也是概率分析的基础。例如,若将产品售价作为概率分析的风险因素,需要测定产品售价的可能区间和在可能区间内各价位发生的概率。风险因素概率分布估计方法应根据评价的需要、资料的可得性及费用条件来选择,或者通过专家调查法确定,或者用历史统计资料和数理统计分析方法进行测定。

评价指标的概率分布可采用理论计算方法或者模拟计算方法。对于概率服从离散型分布的风险因素,可采用理论计算法,计算出评价指标的相应数值。

当随机变量的风险因素较多,或者当风险因素取值服从连续型分布,不能用理论计算法计算时,可采用模拟计算法,即以有限的随机抽样数据,模拟计算评价指标的概率分布,其中应用较多的是蒙特卡罗模拟法。

当风险因素有限,且风险变量分布是离散型的时候,可采用概率树进行分析。

对于难以量化的风险因素可以用风险矩阵的方式予以描述和分析,采用综合风险等级作为判别标准,研究并提出风险规避、风险控制和风险防范措施,为项目全过程风险管理提供参考依据。

5.4.2 概率树分析法

概率树分析法是通过构造概率数来估计项目风险的一种方法。

1) 项目净现值的概率描述

通常项目的现金流会受到很多已知或未知的不确定性因素的影响,可以看成是多个独立的随机变量之和,近似服从正态分布。描述随机变量的主要参数是期望值和方差。

假定 A、B、C 是影响项目现金流的不确定性因素,它们分别有 l、m、n 种可能出现的状态,且相互独立,则项目现金流有 $k=l\cdot m\cdot n$ 种可能的状态。根据各种状态所对应的现金流,可计算出相应的净现值。设在第 j 种状态下项目的净现值为 $NPV(j)$,第 j 种状态发生的概率为 P_j,则项目净现值的期望值与方差分别为:

$$E(NPV)=\sum_{j=1}^{k}NPV^{(j)}\cdot P_j \tag{5-10}$$

$$D(NPV)=\sum_{j=1}^{k}\left[NPV^{(j)}-E(NPV)\right]^2\cdot P_j \tag{5-11}$$

【例 5-7】 某商品住宅小区开发项目现金流量的估计值如表 5-4 所示,根据经验推断,销售收入和开发成本为离散型随机变量,其值在估计值的基础上可能发生的变化及其概率见表 5-5。试确定该项目净现值大于等于零的概率。基准收益率 $i_c=12\%$。

表 5-4 基本方案的参数估计　单位:万元

年　份	1	2	3
销售收入	857	7 143	8 800
开发成本	5 888	4 873	6 900
其他税费	56	464	1 196
净现金流量	－5 087	1 806	9 350

表 5-5 不确定性因素的变化范围

概率 变幅 / 因素	－20%	0	＋20%
销售收入	0.2	0.6	0.2
开发成本	0.1	0.3	0.6

【解】 ① 项目净现金流量未来可能发生的 9 种状态见图 5-7。

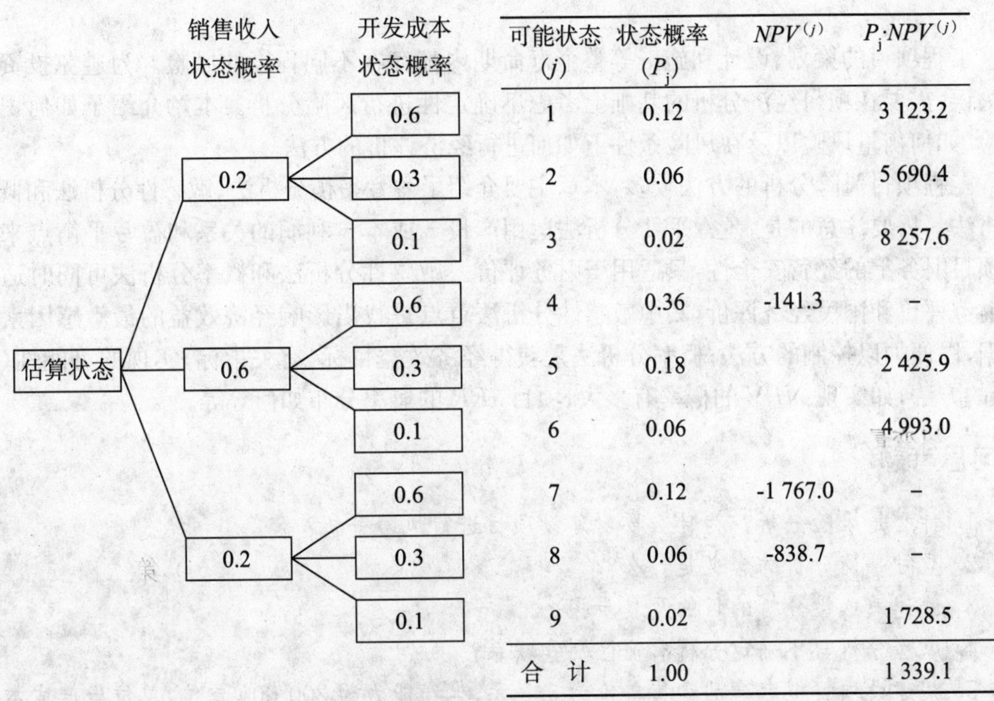

可能状态 (j)	状态概率 (P_j)	$NPV^{(j)}$	$P_j \cdot NPV^{(j)}$
1	0.12		3 123.2
2	0.06		5 690.4
3	0.02		8 257.6
4	0.36	-141.3	–
5	0.18		2 425.9
6	0.06		4 993.0
7	0.12	-1 767.0	–
8	0.06	-838.7	–
9	0.02		1 728.5
合　计	1.00		1 339.1

图 5-7 概率树分析图

② 分别计算项目净现金流量各种状态的概率 $P_j(j=1,2,\cdots,9)$:

$P_1=0.2\times0.6=0.12$

$P_2=0.2\times0.3=0.06$

$P_3=0.2\times0.1=0.02$

……

③ 分别计算项目各状态下的净现值 $NPV^{j}(j=1,2,\cdots,9)$

$$NPV^{(1)}=\sum_{t=1}^{3}(CI-CO)_{t}^{(1)}(1+12\%)^{-t}=3\ 123.2(\text{万元})$$

④ 计算项目净现值的期望值：

$$\begin{aligned}E(NPV)=&0.12\times3\ 123.2+0.06\times5\ 690.4+0.02\times8\ 257.6\\&+0.36\times(-141.3)+0.18\times2\ 425.9+0.06\times4\ 993.0\\&+0.12\times(-1\ 767)+0.06\times(838.7)+0.02\times1\ 728.5\\=&1\ 339.1(\text{万元})\end{aligned}$$

⑤ 计算净现值大于等于零的概率：

$$P(NPV\geqslant0)=1-0.36-0.12-0.06=0.46$$

结论:该项目净现值的期望值大于零,是可行的。但净现值大于零的概率不够大,说明项目存在一定的风险。

本章小结

工程项目的策划、设计和施工等整个寿命期内都存在不同程度的风险。为避免投资决策失误,需要在项目经济分析的基础上考虑不确定性进行风险分析。本章介绍了如何识别风险、如何衡量风险以及在风险条件下如何进行经济评价的方法。

工程项目风险分析的方法较多,本章主要介绍了盈亏平衡分析法、敏感性分析法和概率分析法。需要注意的是,盈亏平衡分析法运用产量－成本－利润的关系和盈亏平衡点来分析项目财务上的经营安全性,只适用于财务评价。敏感性分析法和概率分析法可同时适用于财务评价和国民经济评价,其中敏感性分析法重点是找出影响经济效益的最敏感因素和数据,以便加以控制的方法;概率分析法是获得经济效益目标(有关指标)实现的可能性(概率)的方法,如实现 NPV 的概率有多大、项目 IRR 的概率分布如何等等。

复习思考题

1. 什么是风险分析？为什么要对建设项目进行风险分析？

2. 盈亏平衡分析的含义是什么？

3. 试述敏感性分析的目的及其步骤。

4. 风险分析与不确定分析有何区别和联系？

5. 某建设项目拟定产品销售单价为 6.5 元,生产能力为 200 000 单位,单位生产成本中可变成本为 3.5 元,总固定成本为 3280 000 元,试用产量、销售收入、生产能力利用率表示盈亏平衡点并求出具体数值。

6. 某企业生产工业原料,设计生产能力为年产 7.2 万吨,产品售价为 1 380 元/吨,每年的固定成本为 1 740 万元,单位产品变动成本为 930 元/吨,单位产品销售税金及附加为 70 元/吨,单位产品增值税为 10 元/吨。试分别画出固定成本、年变动成本、单位产品固定成本、单位产品变动成本与年产量的关系曲线,并求出以年产量、销售收入、生产能力利用率、销售价格、单位产品变动成本表示的盈亏平衡点。

7. 某项目方案预计在计算期内的支出、收入如下表所示，基准折现率为10%，试以净现值为分析指标对方案进行敏感性分析。(单位:万元)

年份	0	1	2	3	4	5	6
投资	100	200	80				
年经营成本				160	210	210	210
年销售收入				300	410	410	410

8. 某项目建设期2年，生产运营期8年，现金流量如下表所示。设基准折现率为12%，不考虑所得税，试就投资、销售收入、经营成本等因素的变化对投资回收期、内部收益率、净现值的影响进行单因素敏感性分析，画出敏感性分析图，并指出敏感因素。(单位:万元)

年份	0	1	2	3	4	5	6	7	8	9
投资	1 600	2 600								
销售收入			2 600	4 200	4 200	4 200	4 200	4 200	4 200	4 200
经营成本			1 800	3 000	3 000	3 000	3 000	3 000	3 000	3 000
期末资产残值										600
净现金流量	−1 600	−2 600	800	1 200	1 200	1 200	1 200	1 200	1 200	1 800

9. 某工业项目建设期需要1年，第二年可开始生产经营，但项目初始投资总额、投产后每年的净收益以及产品的市场寿命期是不确定的，各不确定因素的各种状态及其发生的概率和估计值见下表。设各不确定因素之间相互独立，最低希望收益率为20%，试用概率树法进行风险评估。

	发生概率	初始投资(万元)	寿命期(年)	年净收益(万元)
乐观状态	0.17	900	10	500
最可能状态	0.66	1 000	7	400
悲观状态	0.17	1 200	4	250

6 设备更新的经济分析

设备是建设项目运营的物质基础，设备的质量、技术水平和运行效率是一个国家经济发展水平的重要标志，也是衡量一个企业技术创新能力、产品研发能力、市场竞争力的重要指标。在有形和无形磨损客观存在的基础上，如果因设备暂时出现故障而草率作出报废的决定，或片面追求现代化，一味购买最新式设备，都会造成资本的流失；而如果延缓设备更新，失去设备更新的最佳时机，同时竞争对手又积极利用现代化设备降低产品成本和提高产品质量时，那么企业必定会丧失竞争力。因此，为了保证项目经济运行，需要对设备运行情况进行分析和研究，解决设备是否应该更新、何时更新、如何更新等运行管理问题。

6.1 设备更新概述

设备更新就是用经济性更好、性能更完善、技术更先进和使用效率更高的设备去更换已陈旧过时的设备或用先进的技术对原有设备进行局部改造。这些被更换的设备可能是在技术上已经不能继续使用，也可能是在经济上不宜继续使用的设备。

6.1.1 设备更新的概念与目的

广义的设备更新是指补偿设备的综合磨损，包括设备大修、设备更换、设备更新和设备现代化改装。

就实物形态而言，设备更新是用新设备替换陈旧落后的设备；就价值形态而言，设备更新是指使设备的价值或功能得到恢复。

设备更新的主要目的是为了维持或提高企业的现代化水平，尽快形成新的生产能力，提高企业的经济效益。进行设备更新方案的经济性分析，首先要分析设备的寿命、磨损及其补偿等问题。

6.1.2 设备磨损

设备磨损是指随着时间的流逝，设备在使用（或闲置）过程中均会发生磨损，其价值和使用价值会逐渐降低。磨损可以分为两大类：有形磨损和无形磨损。

1）有形磨损

设备在使用或闲置过程中所发生的实体的磨损称为有形磨损或物质磨损，亦称为物理磨损或物质磨损。有形磨损有两种形式：第Ⅰ种有形磨损和第Ⅱ种有形磨损。

（1）设备在使用过程中，由于外力的作用（如摩擦、受到冲击、超负荷或交变应力作用、受热不均匀等)使零部件发生摩擦、振动和疲劳等现象,导致机器设备的实体发生磨损,这种磨损称为第Ⅰ种有形磨损。通常表现为:设备零部件的原始尺寸甚至形状发生变化;公差配合性质改变,精度降低;零部件损坏。

(2) 设备在闲置过程中,由于自然力(如日照、潮湿和腐蚀性液体或气体等)的作用而使其丧失了工作精度和使用价值,称为第Ⅱ种有形磨损。通常表现为:设备生锈、橡胶或塑料件的老化、零部件的腐蚀。

有形磨损导致设备性能下降,生产效率降低,运行费用和日常维修费用增加。

2) *无形磨损*

所谓设备的无形磨损是指由于技术进步而不断出现性能更加完善、生产效率更高的设备,使原有设备的价值降低,或者同样结构设备的价值不断降低使原有设备贬值。无形磨损不产生设备实体的变化和损坏。无形磨损亦称为经济磨损或精神磨损。无形磨损有两种形式:第Ⅰ种无形磨损和第Ⅱ种无形磨损。

(1) 第Ⅰ种无形磨损是指相同结构设备由于技术进步、生产成本的降低而导致现有设备的市场价格下降,造成现有设备的价值相对贬低。第Ⅰ种无形磨损不改变设备的结构性能,只是由于科技进步和劳动生产率的提高而使设备贬值,但并不影响设备的使用价值,不存在更新设备的问题。

(2) 第Ⅱ种无形磨损是指由于不断出现技术上更加完善、经济上更加合理的设备,使原有设备显得陈旧落后,现有设备价值相对降低。第Ⅱ种无形磨损的出现,不仅使原有设备的价值相对贬值,而且使用价值也降低,这就存在设备是否需要更新的问题。

无形磨损并没有改变现有设备的技术性能,其本身使用价值没有变化。但价格更低或性能更加优越的新设备的产生,导致现有设备使用价值相对降低,产生了继续使用现有设备经济上不一定合算的问题。

6.1.3 设备磨损的补偿

设备磨损的类型、程度不同,磨损补偿方式也不相同。设备磨损的补偿方式有设备修理、原型设备更新、新型设备更新和设备技术改造四种。

一般而言,针对不同的设备磨损有以下补偿对策:

(1) 当设备发生可消除的有形磨损,可以通过设备修理予以局部补偿措施恢复其功能,也可以进行原型设备更新予以完全补偿。

(2) 当设备发生不可消除的有形磨损,修理没有价值,只能进行原型设备更新。

(3) 当设备发生第Ⅰ种无形磨损,不产生提前更换现有设备更新的问题。

(4) 当设备发生第Ⅱ种无形磨损,可以对现有设备进行现代化技术改造,使现有设备磨损得以补偿,也可以通过新型设备更新。

图 6-1 所示为设备磨损的形式与其补偿方式的关系图,可以看出,同一种磨损形式有不同的补偿方式,如何选择经济合理的补偿方式必须通过设备更新的经济分析才能得出答案。

值得注意的是,一种设备完全可能同时存在有形磨损和无形磨损两种情况,即由于科学技术进步,加速了现有设备的无形磨损;在运行过程中使用强度提高了,加速了设备的有形磨损。两种情况磨损并存,称为综合磨损。

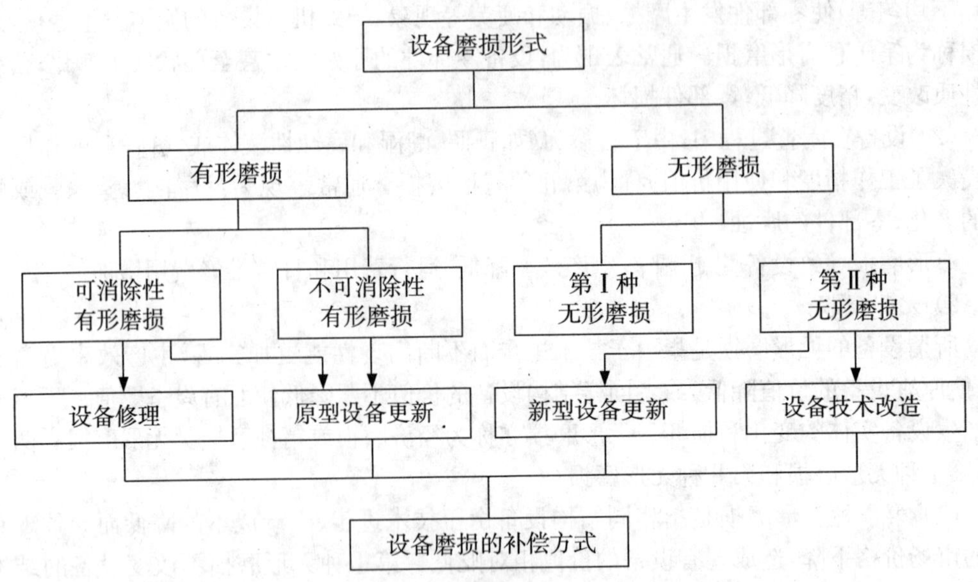

图 6-1 设备磨损的形式与其补偿方式的关系图

6.1.4 设备寿命

由于磨损的存在，设备的使用价值和经济价值逐渐消失，因而设备具有一定的寿命。设备的寿命，由于研究角度的不同，其含义也不同，一般有以下几种不同的概念：

(1) 自然寿命

自然寿命又称物理寿命，它是指设备从全新状态下开始使用，直到报废的设备的全部时间过程。自然寿命的长短主要取决于设备有形磨损的速度。正确使用、按期维护保养可以延长设备的自然寿命，但未必经济。

(2) 技术寿命

技术寿命是指设备开始使用到因技术落后被淘汰所延续的时间。技术寿命的长短主要取决于无形磨损的速度，显然，某领域技术进步越快，其设备的技术寿命越短。例如，由于科学技术的进步，使电子产品(手机、电脑)的技术寿命已变得越来越短。

(3) 经济寿命

经济寿命是指设备开始使用到其年平均成本最低的年份所延续的时间。经济寿命是由有形磨损和无形磨损共同决定的。在设备更新分析中，经济寿命是确定设备最佳更新时期的主要依据。一般而言，经济寿命小于自然寿命。

(4) 折旧寿命

折旧寿命是指设备开始使用到其投资通过折旧的方式全部收回所延续的时间。影响设备折旧寿命的因素除应考虑设备自然寿命、技术寿命外，还应考虑国家技术政策、产业政策以及财政税收状况，通常由国家有关部门定期公布各类设备计提折旧费的年限。折旧寿命一般小于自然寿命、技术寿命和经济寿命。

6.2 设备修理的经济分析

6.2.1 设备修理的基本概念

设备是由不同材质的众多零部件组成的，这些零部件遭受的有形磨损是非均匀性的。通常，在设备的实物构成中总有一部分是相对耐久的，而另外的有些部分则易于损坏。在实践中，通常把为保持设备在平均寿命期限内的完好使用状态而进行的局部更换或修复工作称为设备维修或修理。

设备修理可分为以下 4 种形式：

(1) 日常维护。是指与拆除和更换设备中被磨损的零部件无关的一些维修内容，诸如设备的润滑与保洁、定期检验与调整、消除部分零部件的磨损等等。

(2) 小修理。是工作量最小的计划修理，指设备使用过程中为保证设备工作能力而进行的调整、修复或更换个别零部件的修理工作。

(3) 中修理。是进行设备部分解体的计划修理，其内容有：更换或修复部分不能用到下次计划修理的磨损零件，通过修理、调整，使规定修理部分基本恢复到出厂时的功能水平以满足工艺要求，修理后应保证设备在一个中修间隔期内能正常使用。

(4) 大修理。是工作量最大的一种计划修理，它是在原有实物形态上的一种局部更新。它是通过对设备全部解体，修理耐久的部分，更换全部损坏的零部件，修复所有不符合要求的零部件，全面消除缺陷，以使设备在大修理之后，无论在生产率还是在精确度、速度等方面达到或基本达到原设备的出厂标准。

由于大修理是上述 4 种形式中规模最大、费用最多的一种修理，因此进行设备经济分析时应对其进行重点分析。

6.2.2 设备大修理的经济分析

设备虽然通过大修理可以修复设备磨损，延长其使用寿命，但是这种延长，无论是在技术上还是在经济上都不是没有限度的。现有设备即使通过大修理也不可能完全修复其出厂的技术性能。每经过一个大修理周期，都会导致设备性能的低劣化。大修理的周期会随着设备使用延续而越来越短，即大修理的间隔时间呈现边际递减的现象。当修理达到一定的次数后，其综合性能指标特别是经济性能指标再也无法达到继续使用的要求或超过了一定的经济界限，就不应该再修理了。因此，在决策设备大修理时，有必要与设备更新的经济效果进行比较。

设备大修理时应当满足以下两个经济条件：

条件 1：大修理费用不能超过购置同类型新设备的重置价值 P 与现有设备被替换后的净残值 L 之差。即：

$$R \leqslant P - L \tag{6-1}$$

这是因为大修理费用如超过购置同类型新设备重置价值与现有设备净残值之差，就不如直接利用大修理费用和现有设备净残值之和购置新设备。从理论上讲，设备在大修理后的效能水平与同类型新设备相同，但实际上大修理后的设备效能大多有所下降。所以，$R \leqslant P-L$ 仅是设备大修理的必要条件。

条件 2：现有设备大修理后的年单位产品生产成本费用 C_P 不能高于同类型新设备的年单位产品生产成本费用 C_N。即：

$$C_P \leqslant C_N \tag{6-2}$$

其中：

$$C_P = \frac{(R+\Delta V_P)(A/P,i,T_P)+C_{OP}}{Q_{AP}} \tag{6-3}$$

$$C_N = \frac{\Delta V_N(A/P,i,T_N)+C_{ON}}{Q_{AN}} \tag{6-4}$$

式中：ΔV_P，ΔV_N——分别为现有设备、新型设备运行到下一次大修期间的价值损耗现值；

T_P，T_N——分别为现有设备、新型设备运行到下一次大修的间隔年数；

Q_{AP}，Q_{AN}——分别为现有设备、新型设备到下一次大修期间的年均产量；

C_{OP}，C_{ON}——分别为现有设备、新型设备到下一次大修期间的产品经营成本。

【例 6-1】 某公司有一台设备已使用 5 年，市场价值 4 000 元，需要进行第一次大修，预计大修费 6 000 元，大修后设备增值为 7 000 元，平均每年加工产品 45 吨，年平均运行成本费用 2 500 元。设备经大修后可继续使用 3 年，届时设备价值为 2 000 元。现市场新设备价值为 35 000 元，平均每年加工产品 65 吨，年平均运行成本费用 2 300 元，预计使用 4 年进行第一次大修，大修时设备价值 8 000 元。基准收益率为 10%，请对设备大修理进行经济分析。

【解】 (1)已知现有设备大修费为 6 000 元，新设备更换所需净费用为：

$$35\,000-4\,000=31\,000(\text{元})$$

说明大修理费用小于新设备更换所需净费用，满足大修理条件 1。

(2) 由已知条件，有：

$$C_P = \{[6\,000+4\,000-2\,000(P/F,10\%,3)](A/P,10\%,3)+2\,500\}\div 45$$
$$=131.40(\text{元})$$

$$C_N = \{[35\,000-8\,000(P/F,10\%,4)](A/P,10\%,4)+2\,300\}\div 65 = 178.53(\text{元})$$

即现有设备大修理后的年单位产品生产成本费用 C_P 小于同类型新设备的年单位产品生产成本费用 C_N，满足大修理条件 2。

综上所述，该企业应选择对设备进行大修理。

6.3 设备更新经济分析

设备更新可以分为原型设备更新和新型设备更新两种形式。原型更新又称简单更新，是指用相同结构、性能、效率的同型号设备来代替原有设备。这种更新主要是用来更换已经损坏的或陈旧的设备。新型更新是以技术更先进、性能更佳、生产效率更高的新设备代替现有设备，这种更新主要用来更换遭到第二种无形磨损、在经济上不宜继续使用的设备。

6.3.1　原型设备更新分析

有些设备在其整个使用期内并不过时，即在一定时期内还没有更先进、功能更完全、性能更优越的设备出现，不存在第二种无形磨损，但是设备在使用过程中仍然存在着有形磨损。由于设备性能低劣化速度越来越快，大修理费用和设备运行费用不断增加，达到一定程度后，用新的原型设备更换在经济上更合算。对于设备原型更新的问题，最佳更新时机为设备的经济寿命。按照是否考虑资金是时间价值，设备的经济寿命可以分为静态经济寿命和动态经济寿命，相应的计算方法可分为静态或动态经济寿命计算方法。

1) *静态经济寿命计算方法*

(1) 年平均成本费用法

以 P 为设备的原值，N 代表已使用的年数，L_N 代表设备已使用 N 年后的残差，则每年的设备平均分摊费为 $(P-L_N)/N$。随着 N 的增长，按年平均的设备分摊费用不断减少，则设备使用 N 年的年平均成本费用为：

$$AC_N = \frac{P - L_N}{N} + \frac{1}{N}\sum_{t=1}^{N} C_t \tag{6-5}$$

由经济寿命的定义，可通过计算设备不同使用年限的年平均成本费用 AC_N，来确定设备的静态经济寿命。假设设备的静态经济寿命为 i 年，则应同时满足下列条件：

$$\left.\begin{aligned} AC_{i-1} &\geqslant AC_i \\ AC_i &\leqslant AC_{i+1} \end{aligned}\right\} \tag{6-6}$$

由图 6-2 可以看出，当设备使用年限为设备的静态经济寿命 i 时，年平均成本费用最小。

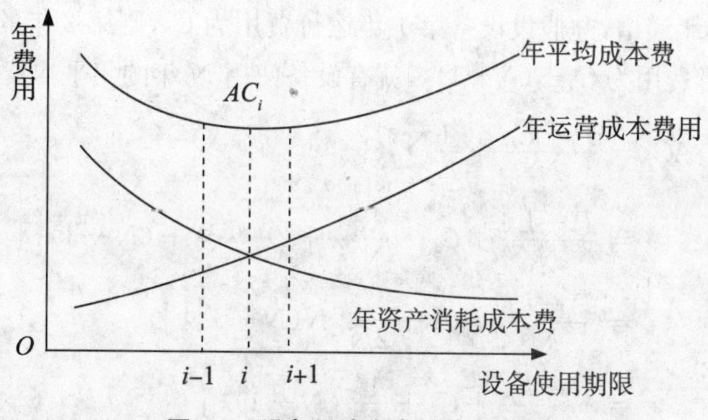

图 6-2　设备经济寿命计算示意图

【例 6-2】　某公司由一设备原值 3 万元，自然寿命 10 年，各年运行费用及年末残值如表 6-1 所示，不考虑资金时间价值，试计算该设备的静态经济寿命。

表 6-1　设备运行费用及年末残值

t,N(年限)	1	2	3	4	5	6	7	8
C_t(运行费用)	5 000	6 000	7 300	8 800	10 800	13 300	16 300	19 800
L_N(残值)	15 000	8 000	5 000	3 000	1 000	500	400	300

【解】 列表计算该设备在不同年限的年平均成本费用,结果见表 6-2。

表 6-2　设备运行费用及年末残值

N(年限)	$P-L_N$	$\frac{P-L_N}{N}$	$\sum_{t=1}^{N}C_t$	$\frac{1}{N}\sum_{t=1}^{N}C_t$	AC_N
1	15 000	15 000	5 000	5 000	20 000
2	22 000	11 000	11 000	5 500	16 500
3	25 000	8 333	18 300	6 100	14 433
4	27 000	6 750	27 100	6 775	13 525
5	29 000	5 800	37 900	7 580	13 380
6	29 500	4 917	51 200	8 533	13 450
7	29 600	4 229	67 500	9 643	13 872
8	29 700	3 713	87 300	10 913	14 626

根据表 6-2 的计算结果,该设备使用 5 年时平均成本费用最低,因此,设备静态经济寿命为 5 年,即隔 5 年进行原型设备更新。

(2) 低劣化数值法

设备投入运行使用后,运行时间越长,该设备的有形磨损就越大,其维护、修理费用及能源消耗等费用就越高,这也称为设备的低劣化。

假设设备运行费用的逐年递增额为 λ(也称之为设备的低劣化值)呈线性变化,则运行费用按等差序列逐年递增,并假设设备第 1 年运行费用为 C_1,则第 2 年的运行费用为 $C_1+\lambda$,第 N 年的年运行费用为 $C_1+(N-1)\lambda$,就有设备使用 N 年的年平均费用为:

$$
\begin{aligned}
AC_N &= \frac{P-L_N}{N}+\frac{1}{N}\sum_{t=1}^{N}C_t \\
&= \frac{P-L_N}{N}+C_1+\frac{1}{N}[\lambda+2\lambda+\cdots+(N-1)\lambda] \\
&= \frac{P-L_N}{N}+C_1+\frac{1}{2N}[N(N-1)\lambda] \\
&= \frac{P-L_N}{N}+C_1+\frac{1}{2}[(N-1)\lambda] \qquad (6-7)
\end{aligned}
$$

为求解使 AC_N 最小的设备使用年数 N^*,令

$$\frac{\mathrm{d}AC_N}{\mathrm{d}N}=-\frac{P-L_N}{N^2}+\frac{\lambda}{2}=0$$

可以得到,设备静态经济寿命 N^*

$$N^* = \sqrt{\frac{2(P-L_N)}{\lambda}} \tag{6-8}$$

实际上,式(6-7)是式(6-5)基于设备的低劣化值λ为常数情况下的特例。

【例 6-3】 某设备的原始价值为10 000元,初始运行费用为500元,设备的低劣化值为350元,残值为零。求解最佳更新期。

【解】 (1)直接利用公式计算。

$$N^* = \sqrt{\frac{2(P-L_N)}{\lambda}} = \sqrt{\frac{2\times 10\,000}{350}} = 7.6(\text{年})$$

即设备的最佳更新期为7.6年。

2) 动态经济寿命计算方法

假设基准收益率为 i,则设备使用 N 年后的年等值费用 AC_N 为:

$$AC_N = P(A/P,i,N) - L_N(A/F,i,N) + \left[\sum_{t=1}^{N} C_t(P/F,i,t)\right]\times(A/P,i,N) \tag{6-9}$$

将 $(A/F,i,n)=(A/P,i,n)-i$ 代入公式(6-9),整理后得:

$$\begin{aligned} AC_N &= (P-L_N)(A/P,i,N) + \sum_{t=1}^{N} C_t(P/F,i,t)(A/P,i,N) + L_N i \\ &= \left[(P-L_N) + \sum_{t=1}^{N} C_t(P/F,i,t)\right](A/P,i,N) + L_N i \end{aligned} \tag{6-10}$$

【例 6-4】 考虑资金时间价值,并设基准收益率为8%,试求例6-2所述情况下设备动态经济寿命。

【解】 根据公式(6-9)计算该设备在不同使用年限的等值年费用 AC_N。计算过程和结果见表6-3。

表 6-3 不同使用年限的等值年费用计算表

t,N	C_t	$C_t(P/F,i,n)$	$\sum_{t=1}^{N} C_t(P/F,i,t)$	$P-L_N$	$[(4)+(5)]\times(A/P,i,N)$	$L_N i$	AC_N
(1)	(2)	(3)=(2)$(P/F,i,n)$	(4)=$\sum_{t=1}^{N}$(3)	(5)	(6)	(7)	(8)=(6)+(7)
1	5 000	4 630	4 630	15 000	21 200	1 200	22 400
2	6 000	5 134	9 764	22 000	17 820	640	18 640
3	7 300	5 795	15 559	25 000	15 737	400	16 137
4	8 800	6 468	22 027	27 000	14 806	240	15 006
5	10 800	7 355	29 382	29 000	14 596	80	14 676
6	13 300	8 379	37 761	29 500	14 528	40	14 568
7	16 300	9 519	47 280	29 600	14 761	32	14 793
8	19 800	10 692	57 972	29 700	15 255	24	15 279

由表6-3可见,该设备动态经济寿命为6年。

6.3.2 新型设备更新分析

现有设备在使用一段时间后，由于已经出现了生产效率更高和经济效果更好的新型设备，即由于第二种无形磨损的作用，这种情况下，即决定继续使用现有设备在经济上有利，还是购置新型设备有利。由此可见，新型设备更新问题就是现有设备方案与新型设备方案的互斥方案比较问题。方案比较常用的方法有：差额投资回收期法和年等值费用法。

差额投资回收期法见前面章节的介绍，在此不再赘述。

年等值费用法是指在考虑资金的时间价值条件下，通过分别计算比较现有设备和新型设备在一定服务期(或经济寿命期)内的年均总费用，决定继续使用现有设备还是购置新型设备。

运用年等值费用法进行设备更新决策时需注意：

(1) 在设备仍需要使用较长时间时，需计算、比较新旧设备在其各自经济寿命期内的费用年值。若新设备费用年值小于旧设备费用年值，则应考虑马上进行设备更新；否则，继续使用旧设备。

(2) 在设备还需要使用的时间是一固定的确切期限时，计算比较新旧设备在该服务年限期内的费用年值。若新设备费用年值小于现有设备费用年值，则应考虑马上进行设备更新，否则继续使用现有设备。

(3) 在计算现有设备费用年值时，因其初始购置费发生在决策之前，与决策事件无关，无论选择设备更新还是继续使用现有设备其均已发生，属于设备更新决策中的沉没成本。计算费用年值时应将设备的现时价值作为“拟制购置费”处理。

【例 6-5】 某设备目前的净残值为 8 000 元，还能继续使用 4 年，保留使用的情况如表 6-4 所示。

表 6-4 资料表 (单位：元)

保留使用年限	0	1	2	3	4
年末设备净残值	8 000	6 500	5 000	3 500	2 000
年运行费用	—	3 000	4 000	5 000	6 000

新设备的原始费用为 35 000 元，经济寿命为 10 年，第 10 年年末的净残值为 4 000 元，平均年使用费为 500 元，基准折现率是 10%，问现有设备是否需要更换，如需更换，何时更换为宜?

【解】 (1)先判断是否需要更换。

继续使用现有设备的情况：

$$AC_O = [8\ 000 + 3\ 000(P/F,10\%,1) + 4\ 000(P/F,10\%,2) + 5\ 000(P/F,10\%,3) + 6\ 000(P/F,10\%,4) - 2\ 000(P/F,10\%,4)](A/P,10\%,4) = 6\ 474.50(\text{元})$$

更新设备的情况：

$$AC_N = [35\ 000 - 4\ 000(P/F,10\%,10)](A/P,10\%,10) + 500 = (35\ 000 - 4\ 000 \times 0.385\ 5) \times 0.162\ 7 + 500 = 5\ 943.617(\text{元})$$

因为 $AC_N < AC_O$，所以应该更换现有设备，使用新设备。再计算合理的更换时间。

(2) 计算更换年限

① 若现有设备保留 1 年,有

$$AC'_O = [8\,000 - 6\,500(P/F,10\%,1) + 3\,000(P/F,10\%,1)](A/P,10\%,1) = 5\,300(元)$$

因为 $AC_N > AC'_O$,所以继续使用现有设备。

② 若现有设备保留 2 年,有

$$AC''_O = [8\,000 - 5\,000(P/F,10\%,2)](A/P,10\%,2) + [3\,000(P/F,10\%,1) + 4\,000(P/F,10\%,2)](A/P,10\%,2) = 5\,704.90(元)$$

因为 $AC_N > AC''_O$,所以继续使用现有设备。

③ 若现有设备保留 3 年,有

$$AC'''_O = [8\,000 - 3\,500(P/F,10\%,3)](A/P,10\%,3) + [3\,000(P/F,10\%,1) + 4\,000(P/F,10\%,2) + 5\,000(P/F,10\%,3)](A/P,10\%,3) = 6\,095.78(元)$$

因为 $AC_N < AC'''_O$,所以保留使用 2 年后就应该更换。若现有设备使用 3 年的话,其年等值费用要比使用新设备高。

6.4 设备租赁与购置经济分析

6.4.1 设备租赁概述

设备租赁是设备使用者(承租方)按照合同规定,按期向设备所有者(出租方)支付一定费用而取得设备使用权的经营活动。

设备租赁的形式主要有两种,一种是经营租赁,另一种是融资租赁。

(1) 经营租赁。经营租赁是由出租者向承租者提供一种特殊服务的租赁,即出租者除向承租者提供租赁物外,还承担租赁设备的保养、维修、老化、贬值以及不再续租的风险。这种方式带有临时性,因而租金较高。承租者往往用这种方式租赁技术更新较快、租期较短的设备,承租设备的使用期往往也短于设备的寿命期;并且经营租赁设备的租赁费计入企业成本,可以减少企业所得税。

(2) 融资租赁。融资租赁是一种融资和融物相结合的租赁方式。它是由双方明确租让的期限和付费义务,出租者按照要求提供规定的设备,然后以租金形式回收设备的全部资金。这种租赁方式是以融资和对设备的长期使用为前提的,租赁期相当于或超过设备的寿命期,租赁对象往往是一些贵重和大型设备。由于设备是承租者选定的,出租者对设备的整机性能、维修保养、老化等不承担责任。对于承租人来说,融资租入的设备属于固定资产,可以计提折旧计入企业成本,而租赁费一般不直接列入企业成本,由企业税后支付。但租赁费中的利息和手续费可在支付时计入企业成本,作为纳税所得额中准予扣除的项目。

对于承租方而言,设备经营租赁较设备购置具有以下优点:

(1) 可在资金不足的情况下,获得生产经营所需设备。

(2) 可有效降低负债水平，有利于企业流动资金的周转。

(3) 可避免通货膨胀和利率波动的冲击，以及技术进步带来的投资风险。

(4) 设备租金计入成本，作为所得税前扣除，能减少企业税费负担。

设备租赁的不足在于：

(1) 对于租用设备无所有权，无权改造设备，也不能用于担保、抵押贷款。

(2) 租赁期内所交押金额高于设备购置费用。因此，有必要对设备经营租赁与设备购置进行经济分析，以提升企业经济效益。

至于融资租赁，是企业应对资金不足，确保生产经营需要的一个融资手段，不是企业自主经营的结果。因此，设备融资租赁与设备购置的经济分析不在本章的范围。

6.4.2 设备租赁与购置经济分析

对于承租方而言，设备租赁与购置经济分析的关键是决定租赁设备还是购置设备，故可归结为设备租赁方案与设备购置方案间的互斥比较问题。

(1) 设备租赁方案的净现金流量

$$\text{第}\,t\,\text{年净现金流量} = \text{销售收入} - \text{销售税金及附加} - \text{经营成本} - \text{租赁费} - (\text{销售收入} - \text{经营成本} - \text{租赁费} - \text{销售税金及附加}) \times \text{所得税率} \tag{6-11}$$

(2) 购置设备的净现金流量

$$\text{第}\,t\,\text{年净现金流量} = \text{销售收入} - \text{销售税金及附加} - \text{经营成本} - \text{设备购置费} - \text{贷款利息} - (\text{销售收入} - \text{经营成本} - \text{折旧费} - \text{贷款利息} - \text{销售税金及附加}) \times \text{所得税率} + \text{设备残值回收} \tag{6-12}$$

需要注意，式(6-11)和式(6-12)中各项现金流量有的发生在第0年(设备寿命期初)，如设备购置费；有的可能发生在设备使用期中每年的年初，如设备租赁费；有的发生在设备使用期中每年的年末，如产品销售收入、销售税金及附加、经营成本和企业所得税；有的发生在设备使用期期末，如设备残值回收。这些应根据实际情况，在经济分析中具体加以考虑。

(3) 差额现金流量

由于设备购置与租赁方案选择的经济比选属于寿命期相同的互斥方案选择，故只需比较它们之间的差额部分。由于租赁与购置设备方案的净现金流量中，销售收入、销售税金及附加、经营成本和所得税税率数额及发生时间完全相同，所以设备购置与设备租赁方案的增量现金流量为：

$$\text{第}\,t\,\text{年增量净现金流量} = -\text{设备购置费} - \text{贷款利息} + \text{租赁费} + (\text{折旧} + \text{贷款利息} - \text{租赁费}) \times \text{所得税率} + \text{设备残值回收} \tag{6-13}$$

根据互斥方案增量分析法，如果设备购置与设备租赁方案的增量净现值大于或等于零，则说明设备购置方案增加的投资在财务上是可行的，应选择设备购置；否则，如果设备购置与设备租赁方案的增量净现值小于零，则说明增加投资不值得，应选择设备租赁。

【例6-6】 某建筑企业因施工需要施工设备，有两个方案可供选择，如购买该设备需购置费100万元,设备采用直线折旧法,使用寿命5年,预期净残值10万元,并且可利用60%的银行贷款,贷款期限3年,按年利率8%等额支付本利和;如租赁,每年租赁费25万元,每年年末支付。企业所得税税率25%,行业基准收益率12%。请帮助企业进行决策。

【解】 (1)折旧费计算

年折旧费=(1 000 000-100 000)÷5=180 000(元)

(2) 贷款利息计算

年还本付息=1 000 000×60%×$(A/P,8\%,3)$=232 800(元)

每年应支付的利息见表6-5。

表6-5 每年支付的利息 单位:元

年份	年初借款本息=上年的[(1)—(2)+(3)]	当年还本利息	当年利息=(1)×8%
	(1)	(2)	(3)
1	600 000	232 800	48 000
2	415 200	232 800	33 216
3	215 616	232 800	17 249.3

(3) 计算增量现金流量

设备购置与设备租赁方案的增量现金流量根据公式(6-13)计算,计算结果见表6-6。

表6-6 增值现金流量表 单位:元

项 目	0	1	2	3	4	5
设备购置费	1 000 000					
折 旧		180 000	180 000	180 000	180 000	180 000
贷款利息		48 000	33 216	17 249.3		
租赁费		250 000	250 000	250 000	250 000	250 000
(折旧+利息-租赁费)×税率		-5 500	-9 196	-13 187.7	-17 500	-17 500
设备残值回收						100 000
净现金流量	-1 000 000	196 500	207 588	219 563	232 500	332 500

(4) 计算增量净现值

$$\begin{aligned}\Delta NPV=&-1\,000\,000+196\,500(P/F,12\%,1)+207\,588(P/F,12\%,2)\\&+219\,563(P/F,12\%,3)+232\,500(P/F,12\%,4)+332\,500(P/F,12\%,5)\\=&-166\,357(\text{元})<0\end{aligned}$$

因为增量净现值小于0,所以应选择投资较小的租赁施工机械方案。

本章小结

设备是企业生产的重要物质条件,也是发展国民经济的物质技术基础。做好设备更新工作是企业经济效益的重要保障。本章主要讲述了设备更新的概念与意义;设备磨损的类型与补偿;设备寿命的概念,设备经济寿命的计算;设备修理的基本概念,设备大修理的经济分析;设备更新的类型,经济寿命的静态和动态计算方法在原型设备更新经济分析中的运用,年等值费用法在新型设备更新经济分析中的运用;设备租赁的概念、特点及形式,设备租赁与购置的比较分析。

复习思考题

1. 试述设备磨损的类型、特点以及补偿的形式。

2. 对同一种设备而言,一般情况下的物理寿命、技术寿命、折旧寿命、经济寿命,按时间长短如何排列?请简单说明理由。

3. 设备更新时机的选择应主要考虑哪些因素?

4. 简述设备折旧的含义,并举例说明各种折旧方法的区别。

5. 简述设备大修理经济界限的概念及其提出的意义。

6. 某企业设备投资额为 300 万元,预计其经营成本为:第 1 年 50 万元,以后逐年以 12%的速度递增;设备的残值第 1 年年末为 200 万元,以后逐年残值为前一年的 70%。该设备预计原型更新,自然寿命 10 年,基准收益率 $i_c=12\%$。问该设备每隔多少年更新有利?此时年等值费用为多少?

7. 某企业需要安装某种设备,现有两种方案。方案 A:购置设备 20 万元,每年运行费用为 8 万元,寿命为 10 年。方案 B:购置设备需投资 40 万元,其运行费前 10 年为 3 万元,后 9 年每年为 4 万元。该设备的寿命为 20 年,两种设备的残值均为 5%,基准收益率为 10%,哪个方案较优?

8. 某公司需用某种设备,若购置该设备需花费 3 万元,期末残值为 1 000 元,寿命 10 年。若在市场租赁,每年的租赁费为 5 000 元。设备运行费均为 1 800 元/年,基准收益率 10%,所得税税率 25%,年末纳税,按年限平均法折旧。试为该公司进行经济分析。

9. 某企业 4 年前以 22 000 元购得设备甲,尚可使用 6 年,预计使用期末残值 2 000 元,年度运行费 7 000 元。现市场上出现设备乙,价格 24 000 元,估计可使用 10 年,残值 3 000 元,年度使用费 4 000 元。如选择购买设备乙,出售设备甲可得到 6 000 元。已知基准收益率 10%,试决定是否进行机器设备更新。

7 价值工程

7.1 价值工程概述

7.1.1 价值工程的概念

1) 价值工程的概念

价值工程(Value Engineering,VE),也称价值分析(Value Analysis,VA),是研究对象的功能和成本之间的关系,通过有组织的创造性活动,提供对象价值的活动。价值工程最早是美国为了适应军事工业的需要创立和发展起来的,目的在于确保军事装备的技术性能(功能),并最大限度地节省采购费用(成本),降低军费开支。二战期间,美国市场原材料供应十分紧张,美国通用电器 GE 急需石棉板,但该产品的货源不稳定,价格昂贵,工程师麦尔斯通过引入防火纸替代石棉板,达到同样的作用,并且成本低廉,容易买到,取得很好的经济效益。随后,价值工程在工程设计和施工、产品研究开发、工业生产、企业管理等方面取得了较快的发展,给企业和社会带来了巨大的经济效益和社会效益。

2) 价值、功能和成本

(1) 价值(Value)

价值工程中的价值有别于传统经济学中所讲的价值概念,后者反映出商品中社会必要劳动,前者则是一种评价标准,它更接近于人们日常生活中所说的“物有所值”的意思,反映出成本和功能的关系。

价值、功能与成本三者的关系可以用公式(7-1)来表示:

$$V=\frac{F}{C} \tag{7-1}$$

式中:V——价值;

F——功能;

C——成本。

(2) 功能(Function)

功能也称为效能、作用或用途等,是指产品(作业或系统)的用途或为产品所承担的职能,如手机的功能是通话等。价值工程就是以恰当的功能水平来满足用户的需求,来提升产品的价值。

功能包括多种属性,一般可将其分为如下几类:

① 基本功能和辅助功能

产品功能中有着该产品之所以能存在的本质性功能,即基本功能,如手机的通话功能。

此外，为了能更好地实现基本功能，在产品功能中还有着附加的辅助功能，如手机的拍照功能。这些功能可根据用户的需要进行调整。

② 使用功能和美观功能

使用功能是提供的使用价值和实际用途，如建筑物的居住功能；而美观功能是指外观装饰功能，如建筑物的造型、颜色等。也有些产品纯属欣赏的，应追求美观功能，如工艺品和装饰品等。

③ 必要功能和不必要功能

必要功能是为满足使用者的要求而必须具备的功能；而不必要功能是对象所具有的、与满足使用者需求无关的功能。

④ 不足功能和过剩功能

功能过剩或功能不足均是针对标准功能水平而言。不足功能是指对象尚未满足使用者的需求的必要功能；而过剩功能是对象所具有的、超过使用者的需求的功能。

在实际生活中，产品功能存在着两种情况，一是具有相同功能的不同产品存在着功能水平的差异。功能水平是指产品的功能实现程度，它由一系列指标所表示，如产品的规格、性能指标、质量指标、安全指标、能耗指标、寿命指标、外观包装等。二是在产品的功能中，存在着功能过剩或功能不足现象。

(3) 成本

价值工程中的成本是寿命周期成本的概念，是指从研制、生产、销售直到报废的各周期间所发生的各项费用之和，它包括生产成本和使用成本。

$$C = C_1 + C_2 \tag{7-2}$$

式中：C_1——生产成本；

C_2——使用成本。

功能和成本之间存在如下关系：产品的功能越高，生产成本也越高，但其使用过程中所需的使用成本会越少；而产品的功能较差，生产成本较低，但其使用成本则较高。两者关系如图 7-1 所示。

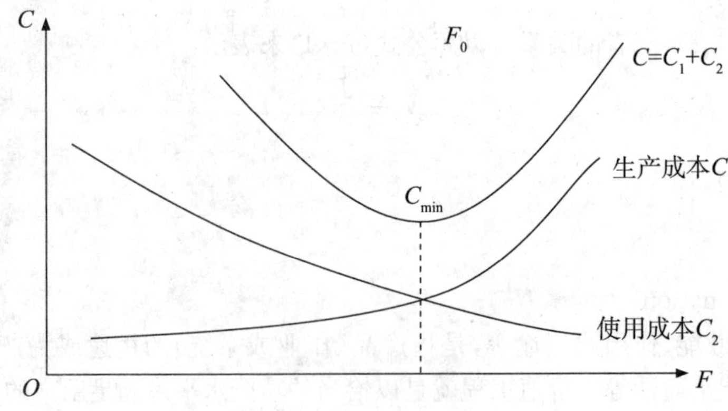

图 7-1 产品功能和产品成本的关系图

由图 7-1 可知，产品寿命周期成本有一个最低点 C_{min}，与此相对应的有一个最适宜水平的产品功能 F_0。对于建设工程项目，在投资决策阶段，应正确处理成本与功能的关系。既不能盲目地追求功能的最大而导致生产成本的急剧上升，也不能为节省材料、降低成本而偷工减料、降低质量要求，导致工程建成后不能发挥正常作用，造成维修成本的增加和额外的能耗费用。从经济的角度说，设计阶段是确定工程造价的决定性阶段。

7.1.2 价值工程的特点

从价值工程的定义，价值工程的特点有以下 3 个方面：

(1) 价值工程的目的是以对象的最低寿命成本可靠地实现使用者所需功能，以获取最佳的综合效益。对象的寿命周期成本是指从策划、设计、施工、运营维护全过程的总成本。

(2) 价值工程的核心是对对象进行功能分析，即按用户的需求，对价值工程对象的功能和成本进行综合的定量与定性分析，发现问题，寻求解决办法，找出功能与成本的合理匹配。

(3) 价值工程是一种有组织的创造性的智力活动，需要各方面的专家、有经验的设计人员和用户的参与，运用多学科的知识，努力提高产品的价值。

7.1.3 提高价值的途径

价值的大小取决于功能和成本两个方面，提高价值可以通过表 7-1 所示的途径来实现。

表 7-1 价值工程提高价值途径表

序列	特征	结果	F	C	V
1	功能不变，成本降低	提高价值	—	↓	↑
2	功能提高，成本不变	提高价值	↑	—	↑
3	功能提高，成本降低	大大地提高价值	↑	↓	↑↑
4	功能大大提高，成本略有提高	适当地提高价值	↑	↑	↑
5	功能略有降低，成本大大减少	适当地提高价值	↓↓	↓↓	↑

7.2 价值工程工作程序与方法

7.2.1 价值工程工作程序与内容

一般可以将价值工程的程序分为 4 个阶段，即准备阶段、分析阶段、创新阶段和实施阶段。各阶段的工作内容如表 7-2 所示。

表 7-2　价值工程工作程序和内容

<table>
<tr><th rowspan="2">工作阶段</th><th rowspan="2">设计程序</th><th colspan="2">工作步骤</th><th rowspan="2">对应问题</th></tr>
<tr><th>基本步骤</th><th>详细步骤</th></tr>
<tr><td rowspan="2">准备阶段</td><td rowspan="2">制定工作计划</td><td rowspan="2">确定目标</td><td>1. 选择对象</td><td rowspan="2">1. 价值工程的研究对象是什么?</td></tr>
<tr><td>2. 信息资料搜集</td></tr>
<tr><td rowspan="5">分析阶段</td><td rowspan="5">功能评价</td><td rowspan="2">功能分析</td><td>3. 功能定义</td><td rowspan="2">2. 这是干什么用的?</td></tr>
<tr><td>4 功能整理</td></tr>
<tr><td rowspan="3">功能评价</td><td>5. 功能成本分析</td><td>3. 成本是多少?</td></tr>
<tr><td>6. 功能评价</td><td rowspan="2">4. 价值是多少?</td></tr>
<tr><td>7. 确定改进范围</td></tr>
<tr><td rowspan="5">创新阶段</td><td>初步设计</td><td rowspan="5">制定创新方案</td><td>8. 方案创造</td><td>5. 有无其他方法实现同样功能?</td></tr>
<tr><td rowspan="3">评价各设计方案,对方案进行改进与优化</td><td>9. 概略评价</td><td rowspan="3">6. 新方案的成本是多少?</td></tr>
<tr><td>10. 调整完善</td></tr>
<tr><td>11. 详细评价</td></tr>
<tr><td>方案书面化</td><td>12. 提出方案</td><td>7. 新方案能满足功能的要求吗?</td></tr>
<tr><td rowspan="3">实施阶段</td><td rowspan="3">检查实施情况并评价活动成果</td><td rowspan="3">方案实施与成果评价</td><td>13. 方案审批</td><td rowspan="3">8. 偏离目标了吗?</td></tr>
<tr><td>14. 方案实施与检查</td></tr>
<tr><td>15. 成果评价</td></tr>
</table>

由于价值工程的应用范围广泛,其程序和形式不完全相同,因此在实际应用中,可参照这个工作程序,根据对象的具体情况,应用价值工程的基本原理和思想方法,考虑具体的实施措施和方法步骤。但是对象选择、功能分析、功能评价和方案创新与评价是工作程序的关键内容,体现了价值工程的基本原理和思想,是不可缺少的。

7.2.2　对象选择

价值工程对象的表现形式是多种多样的,可以是一件产品、一个项目,也可以是其中的某些组成部分。为了节省资金,提高效率,只能选择其中一部分来实施价值分析。

选择对象的方法有很多,常用的有经验分析法、ABC 分类法、强制确定法和寿命周期分析法。

1) 经验分析法

经验分析法也称因素分析法,是指凭经验对设计、加工、制造、销售和成本等方面存在的问题进行综合分析,找出关键因素,并把存在这些关键问题的产品或零部件作为研究对象。由于主观性较强,该法适用于时间比较紧迫或者资料不齐全的情况。

一般选择的对象具有下面一些特点：

(1) 产品设计年代已久，技术已显陈旧。

(2) 重量、体积很大，增加材料用量和工作量的产品。

(3) 质量差、用户意见大或销售量大、市场竞争激烈的产品。

(4) 成本高、利润低的产品。

(5) 组件或加工工序复杂，影响产量的产品。

(6) 成本占总费用比重大、功能不重要而成本较高者。

结合建筑产品的特点，在选择价值工程对象时可以考虑以下方面：

(1) 投资额大、结构复杂或稀缺材料用量多的工程项目。

(2) 技术指标差、能耗大或能量转换率低的工程项目。

(3) 污染严重或用户有较多意见的工程项目。

(4) 对企业生产经营影响较大的工程项目。

(5) 社会需求量较大或影响深远的工程项目。

2) ABC 分类法

ABC 分类法又称成本比重分析法，与经验分析法不同的是，ABC 分类法是一种定量分析方法，将对象按照"关键的少数，次要的多数"的客观规律进行分类。ABC 分类法一般将对象分为 A、B、C 三类，A 类占对象总数的 20%左右，而成本占总成本的 70%左右；B 类占对象总数的 40%左右，而成本占总成本的 20%左右；C 类占对象总数的 40%左右，而成本占总成本的 10%左右。需要对 A 类对象重点进行价值分析，如果时间和人力许可可一般分析 B 类对象，C 类则不作分析。

3) 强制确定法

强制确定法也称 FD(Force Decision)法。通过计算对象的功能重要性系数和成本系数，得出价值系数，然后根据价值系数的大小判断对象的价值，选取价值系数低的对象作为价值工程分析的对象。其中功能评价系数是通过一对一的比较后，给各功能或零部件打分而求得的，这些将在后面予以说明。当一个产品或项目由多种部件或分部分项工程组成且其重要程度各不相同时常采用这种方法。

4) 寿命周期分析法

产品从研发、投放市场到被淘汰的整个过程为产品的寿命周期，具体可细分为投产期、成长期、成熟期和衰退期 4 个阶段。每个阶段产品的营销和获利能力都有很大区别，致使价值工程对象的选择也有很大区别。以投产期为例，处在这个阶段的产品投入成本大，技术不成熟，性能也不完善，价值工程的重点是改进产品功能，降低成本。

7.2.3 资料收集

根据研究对象的特点，价值工程需要搜集的资料是多方面的，主要包括以下方面：

1) 使用方面

用户对产品性能、外观、价格和服务等使用条件和使用环境方面的信息，用于掌握用户对产品的要求。

2）销售方面

销售量、销售特点、竞争产品的产量、质量、价格、成本、利润和市场划分等情况，用于掌握产品在市场中的占有情况。

3）技术方面

相关科研成果、技术发明、专利、新材料、新结构、新工艺、新技术，国内外同类产品的发展趋势和技术资料；设计及制造方面的施工方法、工艺，使用的设备、工器具等方面的资料，主要用于设计和改进产品，更好地满足用户的需求。

4）生产方面

企业原材料的供应与外协情况，劳动定额及行业水平等生产中存在的问题，用于掌握工程活动的客观限制条件，目的是使创造出的方案既先进又可行。

5）经济方面

经济方面的资料是必不可少的，它是价值计算的依据，因此要充分掌握经济方面的资料，通过实际成本与计划成本的比较，分析差额，努力降低成本，提高价值。

6）社会其他方面

了解国家和社会方面的政策、法规等资料，是为了使价值工程活动与国民经济的发展方向相一致，做到有的放矢。

7.2.4 功能定义

功能定义是根据掌握的资料，对价值工程对象及其组成部分的功能所作的明确表述。实际上就是用简明扼要的语言描述对象的本质，一般采用“动宾”结构，即一个动词加一个名词来描述功能，动词要尽量用抽象的词汇，名词要尽量用可测定的词汇。例如，基础的功能是“承受荷载”，其中基础是功能承担体，“承受”这个动词表示功能承担体（基础）发生动作的动词，“荷载”则是作为动词宾语的名词。

7.2.5 功能整理

功能整理是对定义出的功能进行系统分析、整理，明确功能之间的关系，分清功能类别，建立功能系统图。价值工程分析的对象及其组成部分的功能与功能之间存在上下位和同位关系。处于主导地位的功能为目的功能，也称为上位功能；处于从属地位的功能为手段功能，也称为下位功能。上下位关系是指一个功能系统中，功能之间是“目的”与“手段”的关系。同位关系也称并列关系，是指功能相互间彼此独立，不存在“目的”与“手段”的关系。

功能整理的步骤如下：

（1）分析产品的基本功能和辅助功能。

（2）明确功能的上下位和并列关系。

（3）建立功能系统图，如图 7-2 所示。

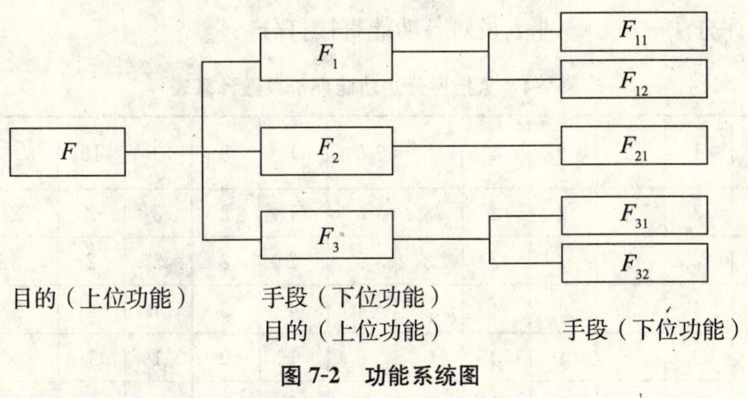

图 7-2 功能系统图

7.2.6 功能评价

1）功能评价的概念

功能评价是在功能分析的基础上，求出实现某种功能的最低成本(或称目标成本)，即功能评价值，并以此作为功能评价的基准。通过与实现该功能的现实成本相比较，求得两者的比值即为功能价值：

$$V=\frac{F}{C} \tag{7-3}$$

其中：F——功能评价值(目标成本)；

C——功能的现实成本；

V——功能价值(价值系数)。

功能的现实成本与功能评价值的差值为成本改善期望值，即成本降低幅度，计算公式为：

$$\Delta C=C-F \tag{7-4}$$

2）评价方法

功能评价是对对象实现的各功能在功能系统中的重要程度进行定量估计。评价方法有：

(1)“01”评分法——重要者得 1 分，不重要者得 0 分。

表 7-3 “01”评分法功能评价系数表

零件功能	一对一比较结果					得分	功能评价系数
	A	B	C	D	E		
A	×	1	0	1	1	3	0.3
B	0	×	0	1	1	2	0.2
C	1	1	×	1	1	4	0.4
D	0	0	0	×	0	0	0
E	0	0	0	1	×	1	0.1
合计						10	1.0

(2) 直接评分法——由专业人员对各功能直接打分

表 7-4　直接评分法功能评价系数计算表

零件功能 \ 评价人员	1	2	3	4	5	6	7	8	9	10	各零件得分	功能评价系数
A	3	3	2	2	3	3	1	2	3	2	24	0.24
B	2	2	2	2	3	2	2	2	2	2	21	0.21
C	4	3	4	4	3	4	4	3	4	4	37	0.37
D	0	1	1	0	0	0	1	0	1	1	5	0.05
E	1	1	1	2	1	1	2	3	0	1	13	0.13
合计	10	10	10	10	10	10	10	10	10	10	100	1.00

(3) "04"评分法

采用"04"评分法进行一一比较时，分为 4 种情况：

① 非常重要的功能得 4 分，很不重要的功能得 0 分。

② 比较重要的功能得 3 分，不太重要的功能得 1 分。

③ 两个功能重要程度相同时各得 2 分。

④ 自身对比不得分。

表 7-5　"04"评分法功能评价系数表

零件功能	一对一比较结果					得分	功能评价系数
	A	B	C	D	E		
A	×	3	1	4	4	12	0.300
B	1	×	3	1	4	9	0.225
C	3	1	×	3	0	7	0.175
D	0	3	1	×	3	7	0.175
E	0	0	4	1	×	5	0.125
合计						40	1.000

(4) 倍比法

表 7-6　倍比法计算功能评价系数表

评价对象	相对比值	得分	功能评价系数
F_1	$F_1/F_2=2$	9	0.51
F_2	$F_2/F_3=1.5$	4.5	0.26
F_3	$F_3/F_4=3$	3	0.17
F_4		1	0.06
合计		17.5	1.00

3）功能评价的过程

(1) 计算功能的现实成本 C

现实成本就是功能的当前成本，它是以功能为对象进行计算，而非产品或对象本身，因此要将产品或对象的各个功能区分开来。

需要注意的是，当一个对象只实现一项功能且这项功能只有这个对象实现时，该对象的成本就是该功能的现实成本；当一项功能由多个对象实现或者一个对象可实现多种功能时，就需要分开计算各种功能的现实成本。首先要将各个对象成本按其对各功能所起作用的比重分配到各项功能上去，然后将各项功能从有关对象分配到的成本相累加，便可得出各功能的现实成本。可编制功能成本分析表来计算功能成本，如表 7-7。

表 7-7 功能现实成本计算表

零部件			功能(或功能领域)					
序号	名称	成本(元)	F_1	F_2	F_3	F_4	F_5	F_6
1	A	3 000	1 000		1 000		1 000	
2	B	2 000		500		1 500		
3	C	2 500	500		500			1 500
4	D	1 500		1 000		500		
5	E	1 000			400		600	
合　计		C 10 000	C_1 1 500	C_2 1 500	C_3 1 900	C_4 2 000	C_5 1 600	C_6 1 500

首先，将与功能相对应的零部件名称及现实成本填入表中；其次，再将功能领域 F_1 至 F_6 填入表中；然后将各零部件的现实成本逐一按其为实现多功能提供的成本分配至各功能领域，例如 C 部件提供了 3 种功能 F_1、F_3、F_6，则将 C 部件现实成本 2 500 元按上述思想分配到 3 种功能中；最后，将每项功能分配的成本相加，即可得到功能的现实成本。

(2) 确定功能的评价值或目标成本 F

根据功能评价方法计算功能评价值，也称功能重要度系数。

若采用 0—1 评分法得到表 7-8。

表 7-8 0—1 评分及功能评价系数

功能	F_1	F_2	F_3	F_4	F_5	得分	修正得分	功能评价系数
F_1	×	0	0	1	1	2	3	0.2
F_2	1	×	1	1	1	4	5	0.33
F_3	1	0	×	1	1	3	4	0.27
F_4	0	0	0	×	0	0	1	0.07
F_5	0	0	0	1	×	1	2	0.13
合　计						10	15	

(3) 计算功能的价值系数 V

各功能的价值系数按下式计算：

$$价值系数 = \frac{功能的评价值(F)}{功能的现实成本(C)}$$

表 7-9 中给出了各功能的现实成本和功能评价系数，如 F_1 的成本系数为 1 500÷6 800 ≈0.22，价值系数为 0.20÷0.22≈0.91。

表 7-9 成本系数与价值系数计算

功能	现实成本(元)①	成本系数②	功能评价系数③	价值系数④=③/②
F_1	1 500	0.22	0.2	0.91
F_2	1 800	0.26	0.33	1.27
F_3	1 300	0.19	0.27	1.42
F_4	1 000	0.15	0.07	0.47
F_5	1 200	0.18	0.13	0.72
合计	6 800	1	1	—

(4) 选择改进对象

价值工程对象经过上述步骤，已经明确了价值的大小，接下来就是确定改进的方向、目标和具体范围。价值系数值共有 3 种可能性：

① 价值系数等于 1

此时评价对象的功能重要程度与成本的比重属合理匹配，可以认为功能的目前成本是比较合理的。

② 价值系数小于 1

此时评价对象的成本比重大于功能的重要程度，表明其目前成本偏高，应将评价对象列为改进对象，改进的目标主要是降低成本。

③ 价值系数大于 1

此时评价对象的成本比重小于其功能的重要程度。其原因可能有 3 个：一是目前成本偏低，不能满足评价对象实现其应有的功能要求，致使对象功能偏低，这种情况应列为改进对象，改进方向是增加成本；二是对象目前具有的功能超过了其应该具有的功能水平，即存在过剩功能，这种情况也应列为改进对象，改进方向是降低功能水平；三是评价对象在技术、经济方面存在某些特殊性，客观上存在着功能很重要而需要耗费的成本却很少，此时可以不列为改进对象。

(5) 功能的目标成本与改进期望值

当确定了评价对象整体的目标成本和功能评价系数之后即可计算功能(或零部件)的目标成本和成本改善的期望值。

$$成本改善期望值(\Delta C) = 功能的现实成本 - 功能评价值 \quad (7-5)$$

成本改善期望值是成本应减低的绝对值。当有多个功能区域的价值系数同样低时，应优先选择成本改善期望值大的功能区域作为重点改进对象。

以表 7-10 为例，若整体功能(或产品)的目标成本为 5 500 元，则 F_1 功能的目标成本=

整体功能(或产品)的目标成本×功能评价系数＝5 500×0.20＝1 100(元)；F_1 的成本改进期望值＝功能的目标成本－功能的现实成本＝1 100－1 500＝－400(元)，意味着改进后该功能的成本有望降低 400 元(见表 7-10)。改进后总成本有望降低 1 300 元。

表 7-10 功能目标成本与改进期望值计算

功能	现实成本(元)①	功能评价系数②	功能目标成本(元) ③＝整体目标成本×②	成本改进期望值(元) ④＝③－①
F_1	1 500	0.20	1 100	－400
F_2	1 800	0.33	1 815	15
F_3	1 300	0.27	1 485	185
F_4	1 000	0.07	385	－615
F_5	1 200	0.13	715	－485
总计	6 800	1	5 500	－1 300

7.3 方案创造与实施

7.3.1 方案的创造

根据功能评价中发现的问题，寻找使得功能和成本相匹配的技术方案，需要运用创造性的思维方法，依靠价值工程团队人员的集体智慧。方案创造常用的方法有以下几种：

1) 头脑风暴法(BS，Brain Storming 法)

以小组开会的方式进行，邀请 5～10 位专业人员参加，事先通知议题，与会人员在会上畅所欲言，提出不同的方案，多多益善，彼此之间互不评价别人的方案，会议记录人员会后对提案进行整理。

2) 哥顿法(Gordon 法)

哥顿法于 1964 年由美国人哥顿所创，特点是：与会人员事先不知道议题，在开会时只是抽象的讨论，不接触具体的实质性问题，以免思想受到限制。

3) 德尔菲法(Delphi 法)

德尔菲法是 20 世纪 60 年代由专家调查法发展而来的，也称为函询调查法。采用不开会的方式，将所要咨询的问题和相关背景资料以信函的方式向专家们提出，征询他们的意见，然后把意见经过综合、归纳和整理后再反馈出去，希望再次补充修改。如此反复多次，直到咨询的问题得到较为满意的结果。

7.3.2 方案的实施与总体效果评价

在方案创造的基础上对新方案进行技术、经济和社会方面的评价，根据评价的详略程度，可以分为概略评价和详细评价。

1）概略评价

概略评价是对方案从技术、经济和社会3个方面进行初步研究。其目的是从众多的方案中进行粗略的选择，降低详细评价的工作量。由于方案的概略评价只是粗略地筛选，因而一般只进行定性的分析即可。

2）详细评价

详细评价是对经过筛选的少数方案再具体化，通过进一步的调查研究和分析，最后选择令人满意的方案。

3）方案评价的内容和方法

无论是概略评价还是详细评价，都包括技术、经济和社会3个方面的评价。

（1）技术评价

方案的技术评价主要是根据用户对产品功能的要求，对反映产品性能的诸方面指标逐一进行分析评定。技术评价的内容包括方案的各种特性参数以及方案的可靠性、适用性、安全性、可保养性、外观、系统的协调性等。

（2）经济评价

方案经济评价的内容包括方案的成本及方案的经济效益。

（3）社会评价

方案的社会评价，主要是考虑方案的实施将给社会带来的影响。包括：是否符合国家有关的法律法规，是否对环境造成污染，是否影响国家和社会的协调发展，对人们的心理、意识形态等有何影响等。

（4）评价方法

评价的方法很多，常用的有综合评分法，具体步骤如下：

① 技术性系数（X）

$$X = \frac{\sum P}{nP_{\max}} \tag{7-6}$$

式中：P——各方案满足功能的得分数；

$P_{\max}$——满足功能的最高得分；

n——需满足的功能数。

② 经济性系数（Y）

$$Y = \frac{H_{理} - H}{H} \tag{7-7}$$

式中：$H_{理}$——理想成本；

H——新方案的预计成本。

③ 综合评价系数（K）

$$K = \sqrt{XY} \tag{7-8}$$

综合评价系数越高，表明方案越优；反之亦然。

7.3.3 检查、评价与验收

通过功能分析、方案创造和实施等一系列工作，价值工程还需要进行后续的检查和验收等工作，以便积累和推广价值工程活动的经验。对整个价值分析活动而言，在实施之后要对价值工程活动的成果的优缺点、经验和教训进行总结，以便今后改进，并可进行经济效果评价和社会效益评价等工作。

经济效益评价常用的计算指标有：

$$\text{成本降低率} = \frac{VE\ \text{后单位成本降低额}}{VE\ \text{前单位成本}} \times 100\% \tag{7-9}$$

$$\text{年节约总额} = VE\ \text{后单件成本降低额} \times \text{年预计销量} \tag{7-10}$$

$$\text{年净节约额} = \text{年节约总额} - \text{实施附加费用} \tag{7-11}$$

$$VE\ \text{投资倍数} = \frac{\text{年净节约额}}{VE\ \text{活动费用}} \tag{7-12}$$

式中，VE 后单位成本降低额是指 VE 前单位成本与 VE 后单位成本之差；VE 活动费用指 VE 人员的工资、实验费、调研费、资料费等。

对于社会效益评价，可以考察填补国内外科学技术或品种发展的空白、满足国家经济或国防建设的需要、节约贵重稀缺物资、节约能源消耗、降低用户购买成本或其他费用、防止或减少污染公害、增加就业效果和外汇等方面的效益。

本章小结

价值工程是一种通过提高功能，降低成本，从而提高经济效益的技术经济分析方法。它依靠的是集体智慧的力量和有组织的创新性活动来实现产品或服务价值的提升。价值工程考虑的是产品寿命周期成本，并且从对产品成本的节约深度来看，能使产品成本得到最大幅度的降低。只有努力提高功能，降低成本，才是价值工程提升价值最理想的途径。

价值工程的工作程序为：选择分析对象；收集信息；功能分析；提出改进方案；分析与评价方案；实施方案；评价活动成果。其中，功能分析是价值工程活动的核心。

复习思考题

1. 什么是价值工程？价值工程有何特点？
2. 简述价值工程的实施步骤。
3. 提高价值工程的主要途径有哪些？
4. 什么是功能？如何进行功能分类？
5. 什么是功能评价？常用的功能评价有哪几种？其基本思想和特点是什么？怎样根据功能评价结果选择价值工程的改进对象？

8 建设项目的可行性研究

8.1 可行性研究概述

8.1.1 可行性研究的含义与作用

可行性研究是指在项目投资决策阶段，运用科学的手段和方法，对拟建工程项目的必要性、可行性和合理性进行全面、系统、综合的分析和论证，并对项目建成后可能取得的财务、经济效益及社会环境影响进行预测和评价，为项目决策提供科学依据的综合论证方法。其基本任务是通过广泛的调查讲究，综合论证一个工程项目在技术上是否先进、实用和可行，在经济上是否合理，在财务上是否盈利，为投资决策提供科学的依据。

在建设项目的整个周期中，前期工作具有决定性意义，而作为建设项目投资前期工作的核心和重点的可行性研究工作，一经批准，在整个项目周期中就会发挥极其重要的作用：

(1) 作为建设项目投资决策的依据。可行性研究从市场、技术、工程建设、经济和社会等多方面对建设项目进行全面综合的分析论证，预测拟建项目的投资经济效果，为科学地投资决策提供依据。

(2) 作为编制设计文件的依据。可行性研究报告一经审批通过，意味着该项目正式批准立项，可以进行初步设计。在可行性研究工作中，对项目选址、建设规模、主要生产流程、设备选型等方面都进行了比较详细的论证和研究，设计文件应严格按照可行性研究报告的内容编制，不得任意修改。

(3) 作为向银行贷款的依据。可行性研究报告对项目的经济效益、偿还能力和风险的全面分析评价，是国际和国内金融组织审批贷款申请的前提条件。

(4) 作为建设单位与各协作单位签订合同和有关协议的依据。可行性研究报告对建设规模、产品方案、技术设备方案等都进行了充分的论证。建设单位与各协作单位签订原材料、燃料、动力、工程建筑、设备采购等方面的协议，尤其是一些技术引进和设备进口项目合同，都应以批准后可行性研究报告为依据。

(5) 作为环保部门、地方政府和规划部门审批项目的依据。建设项目开工前，土地要审批，项目建设要符合城市的整体规划，环境影响要达标，这些方面的分析评价与可行性研究报告中总图布置、环境及生态保护方案的论证密切相关。

(6) 作为施工组织、工程进度安排及竣工验收的依据。

(7) 作为项目后评价的依据。项目经过一段时间的生产经营后，应对项目的实际绩效与可行性研究报告中设定的目标相比较，因此，可行性研究报告是项目后评价数据对比的重要依据。

8.1.2 项目建设的程序

一个工程项目从设想、提出、开发、建设直到建成投产，必须严格遵守项目的建设程序。目前，我国工程项目建设的程序可归纳为3个时期8个阶段，如图8-1所示。可行性研究工作是项目建设前期的构成阶段，要想明确可行性研究的具体过程和阶段，首先必须对项目建设的程序有深入的了解。

1）编制项目建议书

项目建议书是投资者(业主)向国家或主管部门提出要求立项建设的建议性文件，是投资决策前对拟建项目的轮廓性设想。建议书主要是从宏观上分析投资项目建设的必要性，看其是否符合市场需求和国家经济发展长远规划的方针和要求；同时，初步分析项目建设的可能性，看其是否具备建设条件，是否值得投资等。建议书主要阐述工程建设项目申请的理由及主要依据、项目的市场需求情况、建设条件、建设方案、投资概算和经济效益与社会效益分析等。

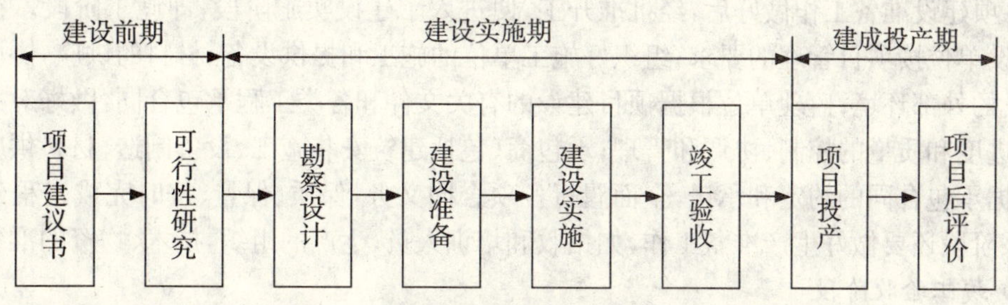

图8-1 项目建设的程序

2）建设项目可行性研究

项目建议书经审查批准后就可开展项目的可行性研究工作。根据审定的项目建议书，对投资项目在技术、工程、经济、社会和外部协作条件等方面的可行性和合理性进行全面的分析论证，作多方案的比选，推荐最佳方案，为项目决策提供可靠的依据。

建设项目的可行性研究论证工作是投资决策的关键，本章将对可行性研究工作阶段相关内容进一步介绍。可行性研究报告一经批准，就标志着该项目立项工作的完成，可以进行勘测设计工作了。

3）勘测设计阶段

勘测是指设计前和设计过程中所要进行的勘察、调查、测量工作。设计是对拟建工程的实施在技术上和经济上所进行的全面而详细的安排。设计工作是分阶段逐步深入地进行的：大中型建设项目一般采用两阶段设计——初步设计、施工图设计；重大或特殊项目可采用三阶段设计，增加技术设计阶段。

初步设计是在已经批准的可行性研究报告的基础上，研究拟建项目在技术上的可靠性和经济上的合理性，对设计的项目作出基本技术决定，并通过编制总概算确定总的建设费用和主要技术经济指标。初步设计包括设计概述、建设规模与产品方案、总体布局、工艺流程及设备选型、主要设备清单和材料、主要技术经济指标、主要建筑物、公共辅助设施、劳动定员、“三废”处理、占地面积及征地数量、建设工期计划、总投资概算的说明和设计图纸。技术设计是对初步设计中需要进一步研究的重大技术问题，利用科研、试验、设备试制取得的可靠数据和资料，具体地确定初步设计中所采用的工艺、土建结构等方面的主要技术问题，并编制修正总概算。施工图设计是对初步设计或技术设计的进一步细化，是工程项目施工放样的依据，设计深度要满足建筑安装施工和非标准设备制造的需要，绘制施工详图，编制施工图预算。

4）建设准备阶段

为保证工程项目建设顺利实施，必须做好各项施工准备工作，具体包括：①征地、拆迁和施工场地平整；②完成施工用的水、电、路、通信等工程；③组织设备、材料订货；④组织监理、施工招标，选定监理单位和施工单位等；⑤制定年度建设计划。

年度建设计划是合理安排分年度施工项目和投资、规定计划年度应完成建设任务的文件。它具体规定各年度应该建设的工程项目和进度要求，应该完成的投资额和投资额的构成，应该交付使用固定资产的价值和新增的生产能力等。只有列入批准的年度建设计划的工程项目，才能进行施工和支取建设用款。

5）建设实施阶段

各项建设准备工作做好后，经批准开工，便进入了建设实施阶段，即施工阶段。在该阶段，建设单位按项目管理的要求，组织好施工单位的施工和提供设备、材料的供应，协调好工程建设的外部环境；监理单位根据项目建设的有关文件和各类工程承包合同，做好对工程的投资、进度和质量的控制、协调和管理；承包商（包括建筑安装施工、设备制造、材料供应等单位）根据承包合同的约定和承诺，全面履行各项合同义务，保质、保量、按时完成工程建设任务。该阶段还要做好生产准备工作，如招收和培训人员，生产的组织，技术、物资的准备等。

6）竣工验收阶段

竣工验收是项目建设全过程的最后一环，是全面考核建设成果、检验设计和施工质量的重要步骤，是确认建设项目能否动工的关键环节，同时也是由基本建设转入生产或使用的标志。竣工验收工作一般可分为单项工程验收和整个项目验收两个阶段进行：每一个单项工程完工后，由建设单位或监理单位组织验收；整个建设项目全部建设完成后，则应根据国家对竣工验收的规定组织验收。

7）项目投产阶段

项目建设完成并交工验收后便进入项目生产经营时期。这一时期涉及的既有生产技术的应用、设备运行与更新改造等技术方面的问题，也有产品销售、税金、生产成本投资回收和利润分配等经济方面的问题。项目投资决策的成败，最终是通过生产经营时期的经济效益体现出来的，因此，该阶段应做好确保和提高产品质量、降低产品成本、加强售后服务的工作。

8）项目后评价

项目经过一段时间的生产经营，应对项目前期工作、实施和运营情况进行全面而具体的审核、总结和评价，评价项目的实际绩效，与预期目标相比较，分析差距，吸取经验或教训，并编写出项目后评价报告。及时有效的后评价工作能为今后改进类似项目的规划设计与投资决策管理工作提供参考，同时也可为新建项目的初选和评价工作提供依据。

8.1.3 建设项目可行性研究工作阶段划分

根据联合国工业发展组织编写的《工业可行性研究手册》规定，建设前期可行性研究工作可分为投资机会研究、初步可行性研究、详细可行性研究和项目综合评价与决策 4 个阶段。

1）投资机会研究

投资机会研究也可称为投资机会鉴定，根据自然资源、市场需求、国家产业政策和国际贸易情况，通过调查、预测和分析研究，寻求和识别有利的投资机会。此阶段主要考察投资是否满足社会的需要和是否具备投资的基本条件。

机会研究相当于我国的项目建议书阶段，受时间和研究费用的限制，分析较为粗略，以能证明项目投资的设想是可行的为目的。这一阶段的研究结论如为可行，则进入下一阶段的研究。

2）初步可行性研究

初步可行性研究又称为预可行性研究，是在机会研究的基础上，对项目进行初步的技术、财务、经济分析和初步的社会、环境评价，对项目是否可行做出初步判断。

可行性研究工作需要足够的资料和时间，如果最终出现不值得投资的结果，势必造成资金和时间上的浪费。因此，在机会研究与详细可行性研究阶段之间增加了初步可行性研究，其研究内容和结构与后续的详细可行性研究基本相同，主要区别在于两者所得资料的详细程度不同，研究深度也不一样。但如果机会研究的程度足以决定进入详细可行性研究阶段时，也可越过初步可行性研究阶段。

3）详细可行性研究

详细可行性研究又称为最终可行性研究。详细可行性研究是指全面深入地对项目的建设规模、产品方案、生产纲领、资源供应、厂址选择、工艺技术、设备选型、资金筹措等方面的技术经济分析和对环境、社会的影响的论证。详细可行性研究是通过对多方案的反复论证分析，选择最佳方案，编制可行性研究报告，作为项目投资决策的基础和重要依据。

4）项目综合评价与决策

评价和决策阶段是由投资决策部门组织和授权建设银行、投资银行、工程咨询公司或有关专家，代表国家对建设项目可行性研究报告进行全面的审核和再评价。其主要任务是对拟建项目的可行性研究报告提出评价意见编制评估报告，最终决策该项目是否可行，确定最佳投资方案。项目评价与决策是在可行性研究报告的基础上进行的，主要内容包括：

(1) 全面审核可行性研究报告中反映的各种情况是否属实。

(2) 分析项目可行性研究报告中各项指标计算是否正确，包括各种参数、基础数据、定额费率的选择。

(3) 从企业、国家和社会等各方面综合分析和判断工程项目的经济效益和社会效益。

(4) 分析判断项目可行性研究的可靠性、真实性和客观性，对项目作出最终的投资决策。

(5) 编写项目评估报告。

可行性研究各个工作阶段的研究目的和内容不同，是逐步深入和详尽的过程，投资与成本估算的精度要求也随之提高。表 8-1 就各阶段的研究性质、目的和内容、工作成果、估算精度、研究费用和工作时间作一比较分析。

表 8-1 可行性研究各阶段比较

研究阶段	机会研究	初步可行性研究	详细可行性研究	评价和决策
研究性质	项目设想	项目初步选择	项目拟定	项目决策
目的和内容	(1)鉴别投资方向; (2)寻找投资机会; (3)确定初步可行性研究的范围; (4)确定辅助研究的关键方面	(1)鉴定项目的选择标准; (2)确定项目暂定的可行性; (3)评价是否应当开始可行性研究; (4)辅助研究	(1)确定项目选择标准; (2)进行深入技术经济论证和效益分析; (3)多方案比较; (4)详细调查研究; (5)确定可行性	(1)综合分析各种效益; (2)评估可行性研究的真实性和可靠性,做出最终决策
工作成果	项目建议书	初步可行性研究报告	可行性研究报告	评估报告
估算精度	±30%	±20%	±10%	±10%
研究费用(占总投资的百分比)	0.2%~1.0%	0.25%~1.25%	小项目 1.0%~3.0% 大项目 0.8%~1.0%	
需要时间	1~3 个月	4~6 个月	6~12 个月或更长	

8.2 可行性研究报告编制

8.2.1 可行性研究报告的编制依据

(1) 项目建议书(或初步可行性研究报告)及其批复文件。

(2) 国家和地方的经济和社会发展规划,行业部门发展规划。

(3) 国家的进出口贸易政策和关税法规政策,国家、地方经济建设的方针、政策,以及地方的法规。

(4) 国家矿产储量委员会批准的矿产储量报告及矿产勘探最终报告。

(5) 有关机构发布的工程建设方面的标准、规范、定额。

(6) 中外合资、合作项目各方签订的协议书和意向书。

(7) 编制可行性研究报告的委托合同。

(8) 拟建项目厂址的自然、经济、文化、社会等基础资料。

8.2.2 可行性研究报告编制要求

(1) 可行性研究报告应能充分反映项目可行性研究工作的成果,内容齐全,结论明确,数据客观准确,论据充分,杜绝弄虚作假。

(2) 可行性研究报告选用主要设备的规格、参数应能满足预订货的要求,引进技术设备的资料应能满足合同谈判的要求。

(3) 可行性研究报告中的重大技术、经济方案，应有两个以上方案的比选。

(4) 可行性研究报告中确定的主要工程技术数据，应能满足项目初步设计的要求。

(5) 可行性研究报告构造的融资方案，应能满足银行等金融部门信贷决策的需要。

(6) 可行性研究报告中应反映在可行性研究过程中出现的某些方案的重大分歧及未被采纳的理由，供委托单位与投资者权衡利弊进行决策。

(7) 可行性研究报告应附有评估、决策(审批)所必需的合同、协议、意向书、政府批件等，这些是可行性研究报告专业科学的保证。

8.3 可行性研究的主要内容

根据我国国家发展计划委员会审定发行的《投资项目可行性研究指南》(2002 年版)中“可行性研究报告编制步骤与要求”的规定，工业项目可行性研究报告的内容见表 8-2 所列。

表 8-2 可行性研究报告内容

序号	内容提要	详细内容
1	总论	(1)项目提出的背景； (2)项目概况； (3)可行性研究报告编制依据； (4)项目建设的条件； (5)存在的问题和建议
2	市场预测	(1)市场现状调查； (2)产品工序预测； (3)价格预测； (4)竞争力与营销策略； (5)市场风险分析
3	资源条件评价	(1)资源可利用量； (2)资源品质情况； (3)资源赋存条件； (4)资源开发价值
4	建设规模与产品方案	(1)建设规模与产品方案构成； (2)建设规模与产品方案比选； (3)推荐的建设规模与产品方案； (4)技术改造项目推荐方案与原企业设施利用情况等
5	场址选择	(1)场址现状及建设条件描述； (2)场址方案比选； (3)推荐的场址方案； (4)技术改造项目场址与原企业的关系
6	技术方案、设备方案和工程方案	(1)技术方案选择； (2)主要设备方案选择； (3)工程方案选择； (4)技术改造项目改造前后的比较

续表 8-2

序号	内容提要	详细内容
7	原材料、燃料供应	(1)主要原材料供应方案； (2)燃料供应方案
8	总图、运输与公用辅助工程	(1)总图布置方案； (2)场内外运输方案； (3)公用工程与辅助工程方案； (4)技术改造项目现有公用辅助设施利用情况
9	节能技术	(1)节能措施； (2)能耗指标分析
10	节水措施	(1)节水措施； (2)水耗指标分析
11	环境影响评价	(1)环境条件调查； (2)影响环境因素分析； (3)环境保护措施； (4)技术改造项目与原企业环境状况比较
12	劳动安全卫生与消防	(1)危险因素和危害程度分析； (2)安全防范措施； (3)卫生保健措施； (4)消防设施； (5)技术改造项目与原企业的比较
13	组织机构与人力资源配置	(1)组织机构设置及其适应性分析； (2)人力资源配置； (3)员工培训
14	项目实施进度	(1)建设工期； (2)实施进度安排； (3)技术改造项目的建设与生产的衔接
15	投资估算	(1)投资估算范围与依据； (2)建设投资估算； (3)流动资金估算
16	融资方案	(1)融资组织形式； (2)资本金筹措； (3)债务资金筹措； (4)融资方案分析
17	财务评价	(1)财务评价基础数据与参数选取； (2)销售收入与成本费用估算； (3)财务评价报表； (4)盈利能力分析； (5)偿债能力分析； (6)不确定性分析； (7)财务评价结论
18	国民经济评价	(1)影子价格及评价参数选取； (2)效益费用范围与数值调整； (3)国民经济评价报表； (4)国民经济评价指标； (5)国民经济评价结论

续表 8-2

序号	内容提要	详细内容
19	社会评价	(1)项目对社会影响分析; (2)项目与所在地互适性分析; (3)社会风险分析; (4)社会评价结论
20	风险分析	(1)项目主要风险识别; (2)风险程度分析; (3)防范风险对策
21	研究结论与建议	(1)推荐方案总体描述; (2)推荐方案优缺点描述; (3)主要对比方案; (4)结论与建议

8.3.1 市场调查和研究

在建设项目建成投产运行后,项目的产品必须投向市场,并且需要不断地开拓市场,因此市场是项目成败的一个重要条件,所以在可行性研究中,分析和评估市场需求是非常必要的。项目的市场研究内容包括:项目市场调查、市场预测和项目合理规模的确定。

1) 市场调查

项目市场调查是认识项目产品的市场,对项目产品市场中的供求情况和竞争情况所进行的数据收集、分析和处理,从而全面了解项目产品的现实市场和潜在市场情况。

(1) 市场调查的内容

项目产品的市场需求调查是项目市场研究的首要任务,其主要内容包括以下几个方面:

① 项目产品的需求者调查

项目首先要调查产品主要面向哪种和哪些消费者。通常不同项目产品都有自己的目标消费群体,因此首先应对目标消费群作全面的调查。

② 项目产品的需求量调查

项目产品的市场需求量调查就是要摸清在既定市场范围内项目产品可能的需求总量。有些项目产品的市场包括国内和国外两个市场,因此要全面分析两个市场的现有需求量和潜在需求量。

③ 项目产品的品种需求调查

项目产品的品种需求调查主要是对项目产品的多样性需求的调查,任何项目产品都可以按一定用途或性能分为不同种类,因此在项目产品市场调查时要按项目产品的分类进行。

④ 项目产品的质量需求调查

项目产品的质量需求调查包括对既定产品用途、特性、寿命、功能等具体要素的调查,主要有产品的内在质量、外观质量和商业质量等方面。

⑤ 项目产品的市场价格调查

项目产品的市场价格也是产品的经济质量,价格高低关系到项目产品的销售总量和市场占有率，所以项目产品市场需求调查还应包括价格调查，其中既包括价格水平的调查，也包括对价格弹性的测定等。

(2) 市场调查的基本程序

市场调查分为调查准备、制定调查计划、实施调查和结果处理4个阶段。

① 调查准备阶段

调查准备阶段要确定调查目标、调查范围，选定调查方式、调查对象，组成调查组等。其中调查方式根据需搜集的资料性质，一般分为间接搜集信息法、直接访问法和直接观察法。

A. 间接搜集信息法

间接搜集信息法，是指调研人员通过各种媒体（互联网、报纸、杂志、统计年鉴、电视、广播、咨询公司的公益性信息等），对现成信息资料进行搜集、分析、研究和利用的活动。间接搜集信息法的特点是获取资料速度快、费用省，并能举一反三。缺点是针对性较差、深度不够、准确性不高，需要采取适当的方法进行处理和验证。间接搜集信息法应遵循以下原则：

a. 先易后难的原则。应先搜集那些比较容易得到的历史资料和公开发表的公益性信息资料，而对那些商业性信息和内部保密信息，只有在现成资料不足时才做进一步的搜集。

b. 由近至远的原则。搜集信息应从最新的近期资料着手，然后采取追踪办法逐期向远期查找。

c. 先内部后外部的原则。在间接搜集信息时，先从本企业、本行业或与本单位有业务往来关系的贸易伙伴着手，然后再到有关单位与行业，搜集相关的信息资料。

B. 直接访问法

直接访问法，就是将拟调查的事项，以面谈、电话或书面形式向被调查者提问，以获得所需资料信息的调查方法。常用的方法主要有以下几种：

a. 面谈调查

面谈调查可以采用个人访谈、小组访问或专家座谈会的形式进行调查。面谈调查法的优点是当面听取被调查者的意见，可以全方位地观察其本身的状况和对问题的反应，信息回收率高，谈话可逐步深入，能获得意想不到的信息；缺点是调查成本高，调查结果受专家水平及调查人员本身素质的影响较大。

面谈调查过程中，调查人员不应对问题的含义发表过多的主观见解，以免限制被调查者的思路；访问的时间不宜太长；问话应尽量清楚而简短。

b. 电话调查

电话调查是调查人员根据抽样规定或样本范围，通过电话询问对方意见。电话调查法的优点是可在短时间内调查较多样本，成本较低；缺点是不易获得对方的合作，不能询问较为复杂的问题。

c. 问卷调查

问卷调查是一种应用较广泛的直接调查方式，它是通过设计调查问卷将调查意图清晰地展现给被调查者的调查方式。问卷调查的优点是调查成本低，能在短时间内使被调查者了解调查意图，由于问卷对每一问题设置有选择项，节省了被调查者思考的时间，消除由于调查人员本身素质的差异造成的调查结果的误差，加强了调查工作的计划性和条理性；缺点是有时回收率低，有时被调查人员不配合，影响调查人员的工作情绪。

设计问卷时，内容不宜太多，问题应具有代表性；问句应词意清楚，不能模棱两可；每个问句后，最好有选择项供被调查人员判断；问题要引起被调查者的兴趣，使其愿意回答问题。

C. 直接观察法

直接观察法是调查人员在调查现场，从旁观察被调查者的行动的一种调查方法。直接观察法有交通量观察、售房量观察和商场观察等。

直接观察法的优点是因被调查者没有意识到自己正在接受调查，一切状况均保持自然，故准确性较高；缺点是观察不到内在因素，有时需要作长时间的观察才能获得结果。

② 制定调查计划

调查准备工作完成后，市场调查人员要制定详细的调查计划。调查计划的内容包括：调查的目的、调查的内容与调查方法、时间的安排和费用预算。

③ 实施调查阶段

在调查工作开始前要组织人员搞好调查技术培训工作，在调查进行过程中要做好监督指导工作，以保证调查工作的顺利展开。

④ 结果处理阶段

对调查出来的资料进行整理，对数据进行处理，通过综合分析写出调查报告，对需进行预测的则做出预测，提出结论性意见。调查报告的内容一般包括调查对象的基本情况、调查问题的事实材料、分析说明、调查结论和建议。

2）市场预测

项目产品市场预测是在项目市场调查的基础上应用科学方法和手段对项目产品未来市场需求和发展趋势所作的预测和判断。预测产品的寿命周期、销售量和投入物、产出物的市场价格、未来各种市场行情发生的概率等。

（1）市场需求预测的主要内容

① 产品需求量预测，包括国内外市场对该产品现时的与潜在需求量的预测，以及需求量发展变化趋势的预测。

② 市场占有率的预测，即本项目的产品占同类产品市场容量的比重及其发展变化趋势的预测。

③ 产品寿命周期预测，即本项目产品的市场需求量处于该类产品市场寿命周期的哪个阶段及其发展变化趋势的预测。

④ 新产品开发预测，即替代本项目产品的更新换代新产品开发现状及其发展变化趋势的预测。

⑤ 市场竞争预测，即国内外市场生产同类产品的竞争者的生产规模及发展动向的预测，包括竞争产品性能、质量、价格、市场策略、销售方式、销售渠道、生产能力和盈利水平及竞争实力等。

⑥ 产品社会拥有量预测，即本项目产品，特别是所生产的耐用产品目前社会拥有量及市场需求达到饱和状态的数量和时间的预测。可行性研究分析项目立项的必要性时，除了分析和预测市场需求量外，还应相应分析和预测产品的市场供给量，即该产品的社会生产能力。产品社会生产能力包括现有生产能力和在建项目生产能力以及规划中的未来建设项目的生产能力。

（2）市场预测的方法

市场需求大致可分为定性和定量两大类预测方法。定性方法多是指以市场调查为基础的经验判断法;定量方法则是指以统计资料为基础的分析计算法。

① 经验判断法

经验判断法是通过对熟悉情况的有关人员进行调查,主要靠个人主观判断来进行预测。

A. 购买者意向调查。购买者意向调查就是在营销环境和条件既定的情况下,预测顾客可能购买些什么。在顾客购买意向非常明显时,此方法非常有效。例如国内一家助动车制造厂,向消费者作如下购买意向调查:你在未来一年内打算购买助动车吗? 答案有 6 种情况可供选择,见表 8-3。然后根据用户得分之和来预测将要生产多少台助动车来满足需要。当然,还要调查消费者目前和将来的购买能力以及对经济前景的预测。

表 8-3　购买意向调查表

消费者购买意向	肯定不买	不太可能	有点可能	很有可能	非常可能	肯定购买
得分	0	0.2	0.4	0.6	0.8	1.0

B. 专家意见法。这种方法是以通信形式向专家直接征询意见,并将其一致的意见汇总后加以有效利用,从而作出对未来的预测。这种方法的特点:一是"反馈",整个征询意见的过程要经过多次反复;二是"匿名",专家只与预测组织者联系,避免受心理因素干扰。

② 分析计算法

分析计算法就是利用过去积累的统计资料,进行分析计算后作出的预测。它可分为以下几种:

A. 时间序列分析法。这是利用过去的销售统计数据所表明的趋势来推测未来的需求量。因为事物的发展有其连续性,未来的发展将遵循过去的运行轨迹。时间序列分析法种类很多,常用的方法有移动平均法、加权移动平均法。

B. 回归分析法。回归分析预测法,是根据预测变量(因变量)与相关因素(自变量)之间存在的因果关系,借助数理统计中的回归分析原理确定因果关系,建立回归模型并进行预测的一种数据统计方法。回归分析分为一元回归模型和多元回归模型。

3) 项目规模选择

项目合理规模的确定,就是要合理选择拟建项目的生产规模,使资源达到有效配置。衡量项目规模的大小有多种指标,如生产能力、投资额、所需人数等。在可行性研究和项目评估中,评价项目规模的指标主要是生产能力。

(1) 影响项目规模的因素

① 市场需求

市场需求是决定项目规模的主要因素。建设项目只有按市场需求确定生产规模,才能保证项目获得较好的经济效益。

② 行业的技术经济特点

由于各行业有不同的生产技术特点,其规模与技术经济指标的依存关系也不同,故其有各自不同的规模结构。例如机械工业,其产品结构较复杂,品种规格多,就应以少数大型企业为中心,在搞好专业协作的基础上,主要发展中小型企业;采掘业的规模,主要取决于矿物储藏量和地质条件;电力业的规模,主要取决于发电机机组的大小和负荷程度等。

③ 资源、设备制造能力、资金等供应的可能性

除了考虑上述两项因素外,还需充分考虑资金条件、土地条件、设备条件和原材料、能

源、水资源、交通运输条件、协作配套条件等。如资源供应不稳定、运输困难及价格高昂使生产成本提高、筹资不足、土地面积限制、协作配套不能满足、技术装配限制等都会限制规模。

④ 规模经济的要求

所谓规模的经济性，就是生产规模多大时才能够达到成本最小，利润最大，投资也相对最小的经济要求。在一定生产力水平下，各种产品都有一个适应的规模区域。一般来说，需要投资大、所用技术设备先进而复杂的行业，如冶金、汽车、化工、航空制造等，其适度规模较大；相反，对于投资需要少、所用设备简单的行业，如服装、饮食等，规模小才能更灵活适应市场需求的变化，其适度规模也小。

⑤ 投资主体风险承受能力

规模越大，项目越复杂，投资额也越大，因而投资主体要承担的风险也就越大。如果项目主体没有雄厚的实力以及丰富的项目管理经验，投资大项目是十分危险的。

总之，在确定企业规模时，必须对上述几个因素进行综合分析和比较，既要从满足需要出发，又要考虑是否具有可能性，更要注意经济效益。

(2) 合理规模的选择

除产品本身的特点外，影响企业经济规模的因素归纳起来可以分为两类：一类是企业内部因素，如生产技术、生产组织的管理水平等，这些因素都影响着企业的生产效率、产品成本；另一类是外部因素，如原材料供应状况、运输条件、消费区域、竞争状况等，这些因素影响产品的销售费用如运输成本。一般来讲，考虑企业合理规模，应综合考虑上述因素影响，反复比较几个方案，从中选出最优方案。

① 定性分析

A. 是否符合一定时期的市场条件。市场从投入和产出两个方面决定着项目的规模。从投入角度看，原材料、能源供应的价格、数量和质量，筹资条件是否有利，设备供应，零配件的协作情况，都影响建设规模。从产出角度看，市场对项目产品的品种、规格及数量的要求是确定规模的前提条件。

B. 是否符合专业化分工和协作生产的要求。对专业化分工和协作生产进行有效组织，可以创造出新的生产力，取得更多的经济效益。

C. 是否满足技术上先进、经济上合理的规模。项目的规模应有利于采用先进技术，同时应使得先进的工艺设备负荷充分。

② 定量分析

A. 最小规模确定。不少行业利用盈亏平衡分析法来确定最小规模，其核心是寻找盈亏平衡点的位置，即确定保本点产量。

B. 起始经济规模的确定。起始经济规模按长期边际成本曲线最低点所对应的生产规模确定，比较困难。通常可以通过获得社会平均资金利润率对应的生产规模来确定。计算公式为：

$$Q_0 = \frac{F + aM}{P - V}$$

式中：P——产品单价(不含税)；

F——固定成本；

V——单位可变成本；

a——平均资金利润率；

M——投资额；

Q_0——起始规模产量。

C. 最佳经济规模确定。最佳经济规模是指企业获取最佳经济效益时的生产规模。常用的求取方法有：

a. 成本函数统计估计法。这是一种利用已有的工厂规模与生产成本关系的资料进行归纳分析，整理出规模和平均成本之间的函数关系，用求导数以得到平均成本最低时的规模的方法。

b. 适者生存法。先计算不同时点产业各规模层企业附加价值占全部产业附加价值的比重，然后计算这一比重的增长系数，增长系数最高的规模层就是该产业的最佳经济规模。这种方法是建立在完全的市场竞争基础上的，因而假定这些企业都处于最高效率，其单位成本都低于最低点。

c. 工程技术法。通过选择代表产品，确定不同规模下对应的工艺技术设备方案，测算不同规模下的各种投资、消耗定额以及其他费用，比较不同规模下工程技术方案的单位产品成本或社会成本，从中选出成本最低的方案，这个方案所对应的生产能力为这个基本生产系统的最佳经济规模。

8.3.2 技术研究

技术研究包括工艺技术分析、设备选择和厂址选择等问题，从工程项目的技术方案和生产条件进行研究，这是可行性研究的技术基础，它要解决建设项目在技术上的“可行性”问题。

1) 技术选择

(1) 工艺流程的选择

工艺流程是指项目生产产品所采用的制造方法及生产过程。生产过程是指从原材料进厂一直到产品出厂的全部过程，包括处理、加工、反应、成型等，也包括储存、检验、包装、运输等辅助过程。工艺技术、工艺流程的不同选择会产生不同的产品，因此，采用合适的工艺对产品很重要。

在编制工艺流程时，首先要搜集了解各种已成熟的能用于工业化生产的工艺方法，搜集这些方法所要求的工艺条件。工艺方法首先确定主要工艺原理和技术，其次要选择编排合理、切合实际的工艺路线。在搜集过程中，还要对每种方法的优点和缺点加以具体分析，对这些方法在生产中的应用情况、应用效果、复杂程度和约束条件(主要是指设备和投资)进行分析。

工艺流程的编制一般采用工艺流程图。在编写工艺流程图时，应详细地说明每一步要完成的事，要从原料的进厂、入库、检验开始，到产品的包装、检验、入库和出厂为止，不要遗漏和简化。在编制工艺流程图时，还要配以适当的文字、图表、计算式、反应式等来说明该流程。

(2) 主要设备的选择

在工艺流程确定之后，就可以对所需设备进行选择和分析。设备包括生产设备、辅助设备、服务设备和备品备件等。在可行性研究阶段，最主要的是对生产设备的选择和评价。生产设备是指直接生产成品或半成品的设备，直接服务于生产过程，其质量、容量、效率对整个工艺和项目有着决定性的作用。生产设备的选用主要取决于生产工艺流程和生产规模，当然还要考虑设备在技术、供应方面的状况。以下几个方面是必须给予考虑的：

① 所选设备是否符合工厂生产规模的要求。

② 所选设备是否符合工艺流程的要求。

③ 各台(套)设备的生产能力是否能够良好配合，比较理想的情况是各工序、各台生产设备能衔接一致。

④ 设备设计应符合生产和安全的要求。

⑤ 设备供应应有保证，价格在投资允许的范围内，超大型设备、精密设备还要考虑运输和安装方面的问题。

(3) 合理布置总平面

布置图包括地面布置和建筑物内布置。地面布置要在经济、技术和工艺流程上安排厂内的原料、半成品、制成品、水、电、气及工业废料的流转。同时，要使工厂内部运输和服务系统与厂外设施能实现有机的结合，要在工艺流程的基础上妥善安排各个车间之间的关系、室内外设备的衔接、厂内道路、专用铁路、堆场和仓库、办公和生产指挥中心、福利设施等。对于建筑物内的布置要在工艺流程上通盘考虑机器和设备布置、产品物料流向、工作场地面积、通道、通风、照明、维修、安全保护等。

2) 厂址选择

在工程项目的可行性研究中，当拟建项目的产品品种、生产规模、原料和技术路线确定以后，就应该进行厂址选择工作。厂址选择不仅要满足生产的要求，而且在项目投产后要有较好的经济效益。厂址选择不当，对工业布局、基建投资、产品生产成本、生态环境乃至建成后的正常生产都将产生不利影响，有些影响甚至是长期的。

厂址选择有新建企业和老企业扩建两种情况。扩建由于受老企业影响，厂址选择余地很小。新建企业厂址选择的内容包括两个层次——选点和定址。选点又称建厂地区的选择，是确定工厂所在的地理区域；定址就是确定拟建企业的具体厂址，确定工程项目具体坐落的位置。国家级投资项目投资额大，对国民经济影响大，建厂地区研究时考虑的范围是全国性的；而地方级投资项目建厂地区研究的范围很窄，往往直接与厂址选择联系在一起。此外，厂址和建厂地区的选择也会受到项目发起人投资意向的限制。

(1) 厂址选择的原则

厂址选择首先要符合国家政策。在建厂地区选择时必须考虑国家生产力布局政策和国家环境保护政策；其次要满足生产技术的要求，保证项目建成投产后能达到预定的生产规模；然后，在满足生产技术要求的前提下应选择综合成本低的地方作为建厂地点。

(2) 建厂地点选择的步骤

① 拟定建厂条件指标

根据设置的生产规模和采用的技术拟定建厂条件指标，包括：占地面积(生产用房、公用工程、附属工程、仓库、厂区道路等用地以及施工用地和发展预留地)、全厂原料和燃料的种类及数量、运输量及运输和储存的特殊要求、用水量及对水质的要求、污水量及其性质、用电量及最高负荷量和负荷等级、需要的高压蒸气量及低压蒸气量、全厂定员及生活区占地面积、土建工程内容和工作量、对其他厂的协作要求。

② 进行现场踏勘并收集选厂基础资料

收集选厂基础资料要针对拟定的建厂条件指标，不同项目要求不同，一般应该收集当地自然条件、地势条件、运输设施、能源供应、水质、通讯、废物处理、生活设施和相关费用等方面的资料。

③ 方案比较和分析论证

根据现场踏勘结果，对各个方案进行比较，经过综合论证，提出推荐方案。

④ 提出选址报告

选址报告是厂址选择工作的最终成果，其内容包括：选厂依据，采用的工艺路线、建厂条件指标以及选厂的主要经过；建设地区的概况（包括自然的、经济的及社会概况）；厂址建设条件概述；厂址方案比较，并提出厂址技术方案比较表和厂址建设投资及经营费用比较表；各厂址方案的综合分析论证，推荐方案及推荐理由；当地领导部门、环保部门、交通部门、地震地质部门对厂址的意见；存在问题及解决方法。选址报告要附厂址规划示意图和工厂总平面布置示意图。

（3）厂址选择的方法

① 最小费用法选择厂址

通过对项目不同选址方案的投资费用与经营费用的对比来作出选址决定，这是一种偏重于经济方面考虑的选择方法。如果某方案的投资费用和经营费用均低，则为最优方案。如果某方案的建设投资费用大，但经营费用少，或者投资少、经营费用高，则可用相对投资回收期和年等值费用指标进行比较。

② 评分优选法

如果几个备选的厂址方案都能满足建厂条件，那么采用最小费用法进行比较是可行的，也是比较准确的。但问题是在实际工作中经常遇到几个方案在满足建厂条件方面各具特色、互有优劣势，而这些优劣势很难折算成费用，因此就难以定量计算，而且费用最小不能绝对地作为优选标准，这时可采用评分优选法。采用评分优选法选择厂址方案的步骤是：

a. 列出厂址方案比较的主要指标。

b. 将各指标按其重要程度给予一定的权重，同时将各方案的评比指标根据实际条件分别定出评价值。比重因子及各方案指标评价值的确定可以采用专家评分法。

c. 将各方案所有的评价值乘以对应的比重因子，得出指标评价分。方案评价得分总和最高者为最优的厂址方案。

8.3.3 社会评价

社会评价是分析拟建项目对当地社会的影响和当地社会条件对项目的适应性和可接受程度，评价项目的社会可行性。进行社会评价有利于国民经济发展目标与社会发展目标协调一致，防止单纯追求项目的财务效益；有利于项目与所在地区利益协调一致，减少社会矛盾和纠纷，防止可能产生不利的社会影响和后果，促进社会稳定；有利于避免或减少项目建设和运营的社会风险，提高投资效益。

1）社会评价的主要内容

社会评价从以人为本的原则出发，研究内容包括项目的社会影响分析、项目与所在地的互适性分析和社会风险分析。

(1) 项目的社会影响分析

项目的社会影响分析旨在分析预测项目可能产生的正面影响(通常称为社会效益)和负面影响。

① 项目对所在地居民收入的影响。主要分析预测由于项目实施可能造成当地居民收入增加或者减少的范围、程度及其原因，收入分配是否公平，是否扩大了贫富收入差距，并提出促进收入公平分配的措施建议。扶贫项目，应着重分析项目实施后，能在多大程度上减轻当地居民的贫困和帮助多少贫困人口脱贫。

② 项目对所在地居民生活水平和生活质量的影响。主要分析预测项目实施后居民居住水平、消费水平、消费结构、人均寿命的变化及其原因。

③ 项目对所在地居民就业的影响。分析预测项目的建设、运营对当地居民就业结构和就业机会的正面影响和负面影响。其中，正面影响是指可能增加的就业机会和就业人数；负面影响是指可能减少的原有就业机会和就业人数，以及由此引发的社会矛盾。

④ 项目对所在地区不同利益群体的影响。分析预测项目的建设、运营使哪些人受益或受损，以及对受损群体的补偿措施和途径。一般来说，兴建露天矿区、水利工程、交通运输项目、城市基础设施等都会引起非自愿移民，应特别加强这方面内容的分析。

⑤ 项目对所在地区弱势群体利益的影响。分析预测项目的建设、运营对当地妇女、儿童、残疾人员利益的正面影响和负面影响。

⑥ 项目对所在地区文化教育、卫生的影响。分析预测项目的建设、运营期间，是否引起当地文化教育水平、卫生健康程度的变化以及对当地人文环境的影响，提出减小不利影响的措施建议。公益性项目应特别加强这方面内容的分析。

⑦ 项目对当地基础设施、社会服务容量和城市化进程等的影响。分析预测项目的建设、运营期间，是否可能增加或者占用当地的基础设施，包括道路、桥梁、供电、给排水、供气、服务网点，以及产生的影响。

⑧ 项目对所在地区少数民族风俗习惯和宗教的影响。分析预测项目的建设、运营是否符合国家的民族和宗教政策，是否充分考虑了当地民族的风俗习惯、生活方式或者当地居民的宗教信仰，是否会引发民族矛盾、宗教纠纷，影响当地社会安定。

(2) 互适性分析

互适性分析主要是分析预测项目能否为当地的社会环境、人文条件所接纳，以及当地政府、居民支持项目存在与发展的程度，考察项目与当地社会环境的相互适应关系。

① 分析预测与项目直接相关的不同利益群体对项目建设和运营的态度及参与程度，选择可以促使项目成功的各利益群体的参与方式，对可能阻碍项目存在与发展的因素提出防范措施。

② 分析预测项目所在地区的各类组织对项目建设和运营的态度，可能在哪些方面、在多大程度上对项目予以支持和配合。对需要由当地提供交通、电力、通信、供水等基础设施条件，粮食、蔬菜、肉类等生活供应条件，医疗、教育等社会福利条件的，当地是否能够提供，是否能够保障。国家重大建设项目要特别注重这方面的工作。

③ 分析预测项目所在地区现有技术、文化状况能否适应项目建设和发展。主要为发展地方经济，改善当地居民生产生活条件兴建的水利项目、公路交通项目、扶贫项目，应分析当地居民的教育水平能否适应项目要求的技术条件，能否保证实现项目既定目标。

(3) 社会风险分析

项目的社会风险分析是对可能影响项目的各种社会因素进行识别和排序，选择影响面大、持续时间长，并容易导致较大矛盾的社会因素进行预测，分析可能出现这种风险的社会环境和条件。那些可能诱发民族矛盾、宗教矛盾的项目要注重这方面的分析，并提出防范措施。

2) 社会评价步骤

社会评价一般分为调查社会资料、识别社会因素、论证比选方案 3 个步骤。

(1) 调查社会资料

调查了解项目所在地区的社会环境等方面的资料。调查的内容包括项目所在地区的人口统计资料；基础设施与服务设施状况；当地的风俗习惯、人际关系；各利益群体对项目的反应、要求与接受程度；各利益群体参与项目活动的可能性。社会调查可采用多种调查方法，如查阅历史文献，统计资料，问卷调查，现场访问、观察，开座谈会等。

(2) 识别社会因素

分析社会调查获得的资料，对项目涉及的各种社会因素进行分类。一般可分为 3 类：影响人类生活和行为的因素；影响社会环境变迁的因素；影响社会稳定与发展的因素。从中识别与选择影响项目实施和项目成功的主要社会因素，作为社会评价的重点和论证比选方案的内容之一。

(3) 论证比选方案

对项目可行性研究拟定的建设地点、技术方案和工程方案中涉及的主要社会因素进行定性、定量分析，比选推荐社会正面影响大、社会负面影响小的方案。

3) 社会评价的方法

项目涉及的社会因素、社会影响和社会风险不可能用统一的指标、量纲和判据进行评价，因此，社会评价应根据性能的具体情况采用灵活的评价方法。在项目前期准备阶段，采用的社会评价方法主要有快速社会评价法和详细社会评价法。

(1) 快速社会评价法

快速社会评价法是在项目前期阶段进行社会评价常用的一种简捷方法，通过这一方法可以大致了解拟建项目所在地区社会环境的基本状况，识别主要社会影响因素，粗略地预测可能出现的情况及其对项目的影响程度。快速社会评价法主要是分析现有资料和现有状况，着眼于负面社会影响的分析判断，一般以定性描述为主。快速社会评价法的方法步骤如下：

① 识别主要社会因素。对影响项目的社会因素分组，可以按其与项目之间关系和预期影响程度划分为影响一般、影响较大和影响严重三级。应侧重分析评价那些影响严重的社会因素。

② 确定利益群体。对项目所在地区的受益、受损利益群体进行划分，重点分析受损严重群体的人数、结构，以及他们对项目的态度和可能发生的矛盾。

③ 估计接受程度。大体分析当地现有的经济条件、社会条件对项目存在与发展的接受

程度，一般分为高、中、低三级。应侧重对接受程度低的因素进行分析，并提出项目与当地社会环境相互适应的措施建议。

(2) 详细社会评价法

详细社会评价法是在可行性研究阶段广泛应用的一种评价方法。其功能是在快速社会评价的基础上，进一步研究与项目相关的社会因素和社会影响，进行详细论证，并预测风险程度。结合项目备选的技术方案、工程方案等从社会分析的角度进行优化。详细社会评价采用定量与定性分析相结合的方法，进行过程分析。主要步骤如下：

① 识别社会因素并排序。对社会因素按其正面影响与负面影响、持续时间长短、风险度大小、风险变化趋势(减弱或者强化)分组。应着重对那些持续时间长、风险度大、可能激化的负面影响进行论证。

② 识别利益群体并排序。对利益群体按其直接受益或者受损、间接受益或者受损划分，减轻或者补偿受损的代价分组。在此基础上详细论证各受益群体与受损群体之间、利益群体与项目之间的利害关系，以及可能出现的社会矛盾。

③ 论证当地社会环境对项目的适应程度。详细分析项目建设与运营过程中可以从地方获得支持与配合的程度，按好、中、差分组。应着重研究地方利益群体、当地政府和非政府机构的参与方式及参与意愿，并提出协调矛盾的措施。

④ 比选优化方案。将上述各项分析的结果进行归纳、比选，推荐合理方案。

在进行详细社会评价时一般采用参与式评价，即吸收公众参与评价项目的技术方案、工程方案等。这种方式有利于提高项目方案的透明度，有助于取得项目所在地各有关利益群体的理解、支持与合作，有利于提高项目的成功率，预防不良社会后果。一般来说，公众参与程度越高，项目的社会风险就越小。

8.3.4 环境评价

投资项目的实施一般会对环境产生影响，且这种影响的后果有时会十分严重。因此，在投资项目实施之前，应该进行环境影响评价，充分调查涉及的各种环境因素，据此识别、预测和评价该项目可能对环境带来的影响，并按照社会经济发展与环境保护相协调的原则提出预防或降低不良环境影响的具体措施。

1) 环境影响评价的原则

工程建设项目应注意保护场址及其周围地区的水土资源、海洋资源、矿产资源、森林植被、文物古迹、风景名胜等自然环境和社会环境。项目环境影响评价应坚持以下原则：

(1) 符合国家环境保护法律、法规和环境功能规划的要求。

(2) 坚持污染物排放总量控制和达标排放的要求。

(3) 坚持“三同时”原则，即环境治理设施应与项目的主体工程同时设计、同时施工、同时投产使用。

(4) 力求环境效益与经济效益相统一，在研究环境保护治理措施时，应从环境效益与经济效益相统一的角度进行分析论证，力求环境保护治理方案技术可行和经济合理。

(5) 注重资源综合利用，对在环境治理过程中项目产生的废气、废水、固体废弃物应提出处理和再利用方案。

2）环境影响评价的工作要求

在具体的环境影响评价工作中应体现政策性、针对性和科学性。

（1）环境影响评价要符合政策

政策性是建设项目环境影响评价工作的灵魂，评价工作必须根据国家和地方颁布的有关方针、政策、标准、规范以及规划进行，提出切合实际的环境保护措施与对策，使其达到必须执行的规定标准，也就是说必须符合国家环境保护法律法规和环境功能规划的要求。

① 对于项目的选址要根据产业政策，并结合总体规划去评价其布局的合理性。

② 对于项目用地要结合国家的土地政策和生态环境条件去评价其节约用地的必要性。

③ 对于所选工艺和污染物排放状况要结合能源和资源利用政策去评价其技术经济指标的先进性。要求工艺设计积极采用无毒无害或低毒低害的原料，采用不产生或少产生污染的新技术、新工艺、新设备，最大限度地提高资源、能源的利用率，尽可能在生产过程中把污染物减少到最低限度，实现清洁生产的要求。

④ 对于环境保护措施和装备水平要结合现行技术政策去评价其“三效益”的统一，并从“三效益”统一的角度进行分析论证，力求环境保护治理方案技术可行、经济合理。

⑤ 对于环境质量要结合环境功能规划和质量指标去评价其保证性。要坚持污染物排放总量控制，达到国家或当地有关部门颁发的排放标准的要求。

⑥ 注重资源的综合利用，对项目产生的废水、废气、固体废弃物，应尽可能提出回收利用方案，提高资源的利用价值。

（2）环境影响评价工作要有针对性

环境影响评价工作者必须针对项目的工程特征和所在地区的环境特征进行深入分析，并抓住危害环境的主要因素，即带着问题搞评价，使工作有的放矢，以确保环境影响评价报告真正起到3个基本功能的作用：为主管部门提供决策依据，为设计工作制定防治措施，为环境管理提供科学依据。

（3）环境影响评价应具科学性

环境影响评价是由多学科组成的综合技术，其工作内容主要是针对开发建设项目预测其未来的影响。由于这项工作在时间上具有超前性，所以开展这项工作时，从现状调查、评价因子筛选到专题设置、监测布点、测试、取样、分析、数据处理、模式预测以及评价结论都应严守科学态度，认真完成各项任务。

3）环境影响评价的作用

（1）保障和促进国家可持续发展战略的实施

当前，实施可持续发展战略已经成为我国国民经济和社会发展的基本指导方针。实施可持续发展的一个重要途径，就是把环境保护纳入综合决策，转变传统的经济增长模式。国家制定环境影响评价的法规，建立健全环境影响评价制度，就是为了在建设项目实施前就综合考虑到环境保护问题，从源头上预防或减轻对环境的污染和生态的破坏，从而保障和促进可持续发展战略的实施。

（2）预防因建设项目实施对环境造成不良影响

预防为主，是环境保护的一项基本原则。如果等环境污染后再去治理，不但在经济上要付出很大代价，而且很多环境污染一旦发生，即使花费很大代价也难以恢复。甚至某些生态系统具有不可逆转性，一旦遭到破坏，根本无法恢复。因此，对建设项目进行环境影响评价，使其在动工兴建之前就能根据环境影响评价的要求，修改和完善建设方案设计，提出相应的环保对策和措施，从而预防和减轻项目实施对环境造成的不良影响。

(3) 促进经济、社会和环境的协调发展

经济的发展和社会的进步要与环境相协调。为了实现经济和社会的可持续发展，必须将经济建设、城乡建设与环境建设和资源保护同步规划、同步实施，以达到经济效益、社会效益和环境效益的统一。对建设项目进行环境影响评价在于避免和减轻环境问题对经济和社会的发展可能造成的负面影响，达到促进经济、社会和环境的协调发展的目的。

4) 环境影响评价的内容

(1) 环境条件调查

建设项目的环境影响评价，首先要对拟建项目所在地的环境条件进行全面详细的调查，只有这样，才能对建设项目引起的所有重要的直接和间接的环境影响进行评价。环境条件调查的重点因素和调查内容如下：

① 自然环境。调查项目所在地的大气、水体、地貌、土壤等自然环境状况。其中，大气环境主要包括风、沉降物、温度、大气质量等方面的内容；水环境主要包括地上水的来源、总量、结构比例及其与动植物之间的关系，地下水状况、排水形式，以及水体质量等方面的内容；地貌环境主要包括项目所在地的地形、地势等方面的内容；土壤环境主要包括土壤特征、土壤利用状况等方面的内容。

② 生态环境调查。调查项目所在地的森林草原植被、动物栖息、矿藏、水产、农作物、水土流失等生态环境状况及其发展趋势

③ 社会经济环境。调查项目所在地居民生活、文化教育卫生、风俗习惯等社会环境状况；调查项目周围地区的城乡分布及发展规划要点，居民人口数量与密度、收入分配、就业与失业情况、人均收入水平与需求水平，项目所在地区的交通运输条件等。

④ 环境保护区调查。调查项目周围地区名胜古迹、风景游览区、自然保护区温泉、疗养地等环境保护区状况及其发展趋势。

(2) 工程分析

工程分析是环境影响预测和评价的基础，并且贯穿于整个评价工作的全过程，其主要任务是对工程的一般特征、污染特征以及可能导致生态破坏的因素进行全面分析，从宏观上掌握建设项目与区域乃至国家环境保护全局的关系，并且从微观上为环境影响预测、评价和提出消减负面影响的措施提供基础数据。工程分析的主要内容应根据建设项目的特征以及项目所在地的环境条件来确定，对于环境影响以污染因素为主的大多数建设项目而言，其工作内容通常包括：

① 工程概况描述。包括工程一般特征、工艺路线与生产方法、物料能源消耗定额和主要的技术经济指标等。

② 污染影响因素分析。包括污染源分布和排放量分析与废水、废气和固体废弃物的处理和处置两部分。

③ 污染源分布的调查方法。

④ 事故和异常排污的源强分析。事故和异常排污为非正常排污，它们的发生是不确定的。在源强分析中，不但要确定污染物排放量，还要确定与其对应的发生概率，因此属于风险评价范畴。

⑤ 污染因子的筛选。工业建设项目排放的废气、废水和固体废弃物中，含有许多不同的污染物；但对环境有重大影响的只是其中的一部分，而且影响程度也各不相同。所以必须抓住重点，筛选出主要的污染因子进行评价。

⑥ 污染物排放水平的检验。为了辨识以上工程分析的结果是否合理，宜将本项目的结果与国内外同类项目按单位产品和万元产值的排放水平进行比较。

⑦ 工程分析用于环境影响辨识。这一步的工作是辨识主要污染因子的污染影响特征、危害环境的途径和对象。

⑧ 环境保护方案和工程总图分析。

⑨ 对生产过程和污染防治的建议。

⑩ 工程分析小结。

(3) 环境影响因素确定及环境影响程度分析

在全面分析了项目所在地的环境信息后，就可根据工程项目类型、性质和规模来分析和预测该工程项目对环境的影响，找出主要影响因素，进行环境影响程度分析。

(4) 环境影响因素分析

在分析了工程项目对环境的影响之后，应就项目建设过程中破坏环境、生产运营环境中污染环境导致环境质量恶化的主要因素进行分析。

(5) 环境保护措施

在分析环境影响因素及其影响程度的基础上，按照国家有关环境保护法律、法规的要求，研究提出治理方案。根据项目的污染源和排放污染物的性质，采取不同的治理措施。治理方案经比选后，提出推荐方案，并编制环境保护治理设施和设备表。同时，列出用于污染治理所需投资，该投资以可行性研究报告估算值为基础，必要时可适当调整。

(6) 环境影响评价报告书的内容

建设项目的环境影响报告书应当包括下列内容：建设项目概况；建设项目周围环境现状；建设项目对环境可能造成影响的分析、预测和评价；建设项目环境保护措施及其技术、经济论证；建设项目对环境影响的经济损益分析；对建设项目实施环境监测的建议；环境影响评价的结论。

(7) 环境影响报告表的主要内容

环境影响报告表的格式由国家环境保护总局统一监制，其内容主要有：建设项目基本情况、建设项目所在地自然环境社会环境简况、环境质量状况、主要环境保护目标、评价适用标准、工程内容及规模、与本项目有关的原有污染情况及主要环境问题、建设项目工程分析、项目主要污染物产生及预计排放情况、环境影响分析、建设项目拟采取的防治措施及预期治理效果、结论与建议等。

本章小结

本章首先介绍了可行性研究的含义和作用，然后总结了我国工程项目建设程序的若干阶段，分析了可行性研究所处的地位和可行性研究各阶段的具体内容。在此基础上，系统地介绍了可行性研究报告的编制依据、要求和主要内容，并对市场调查和研究、技术研究、社会评价以及环境评价进行了详尽的介绍。

复习思考题

1. 简述可行性研究的含义和作用。
2. 我国工程项目建设分为哪几个阶段，可行性研究属于其中什么阶段？
3. 可行性研究具体包括哪几个工作阶段？各阶段的内容分别是什么？
4. 可行性研究的编制依据有哪些？
5. 简述市场分析在可行性研究中的地位。
6. 市场预测的主要方法有哪些？
7. 什么是社会评价？社会评价包括哪些主要内容？

9 建设项目财务分析

9.1 概述

9.1.1 财务分析的概念

实行项目法人责任制后，法人单位要对建设项目的筹划、筹资、建设直至生产运营、归还贷款或债券本息以及资产的保值、增值整个过程负责并承担项目投资风险。项目所有者和经营者对项目盈利水平如何，能否达到行业的基准收益率或企业目标收益率；项目清偿能力如何，是否低于行业基准回收期；能否按银行要求的期限偿还贷款等，都十分关心。而这些内容都要依据财务分析得出的结论来进行决策。

财务分析是工程经济的核心内容，是对拟建项目各方案投入与产出的基础数据进行估算，对其进行各方案评价和选取的过程。主要内容是根据国家现行财税制度和市场价格体系下，从项目的角度出发，分析计算项目的直接效益和直接费用，编制财务报表，计算财务评价指标。

根据不同决策的需要，财务评价分为融资前分析和融资后分析。对于经营性项目主要分析项目的盈利能力、偿债能力和财务生存能力；而对于非经营性项目应主要分析项目的财务的生存能力。

9.1.2 财务分析的原则与内容

1）财务分析的原则

（1）定量分析与定性分析相结合的原则

工程项目财务评价的本质要求是对项目建设中的诸多经济因素，通过费用、效益计算，给出明确的数量概念，从而进行经济分析与评价。因此，定量分析能正确反映项目建设与生产经营的两个方面。但是，一个复杂的大型工程项目，总会存在一些难以量化的经济因素，因而无法直接量化，需要定性分析和定量分析结合在一起进行评价。

（2）静态分析与动态分析相结合的原则

静态分析对时间因素往往不做价值形态的定量分析，所采用的指标和测算办法很难反映未来时期的发展变化情况，致使由此做出的投资决策失误较多。而动态分析考虑资金的时间价值对投资效益的影响，反映工程项目寿命期的发展变化情况，使投资者和决策者牢固树立资金周转观念、利息观念、投入产出观念，使投资者决策科学化、合理化、规范化，对合理利用有限的建设资金、提高投资经济效益具有十分重要的意义。因此，在工程项目财务评价中，必须以动态分析为主要方法。

(3) 阶段性经济效益分析与全过程经济效益分析相结合的原则

以往项目财务分析过分偏重建设阶段的投资、工期和造价，而对项目生产运营阶段流动资金的投资、生产经营成本、经济效益不够重视，致使项目建设投产或交付使用后不能充分发挥设计能力，甚至亏损。鉴于此，当前财务分析应遵循全过程经济效益分析的原则，强调应把项目评价的出发点和归宿点放在投资全过程的经济分析上，采用能够反映项目整个寿命期内经济效益的动态分析方法及其评价指标，据此判断项目的可行性。

2) 财务分析的内容

(1) 财务效益和费用的识别与计算

企业中正确识别项目的财务效益和费用应以项目为界，以是否属于项目的直接收入和支出为划分标准。项目的财务效益主要表现为生产经营的产品销售收入、各种补贴、固定资产余值和流动资金回收；费用主要表现为项目的总投资、经营成本、税金等。在计算财务效益和费用时，应以能反映项目产出物和投入物对项目财务的实际货币收支效果为原则进行选定。

(2) 财务报表的编制

在项目财务效益和费用计算的基础上，进行项目财务基本报表和辅助报表的编制。基本报表主要包括现金流量表、利润与利润分配表、资金来源与运用表和资产负债表等。辅助报表包括固定资产投资估算表、流动资金估算表、投资计划与资金筹措表、固定资产折旧费估算表、无形资产与递延资产摊销估算表、总成本费用估算表、产品销售收入和销售税金及附加估算表和借款还本付息表等。

(3) 财务评价指标的计算和评价

根据财务报表可以计算相关财务评价指标。通过与基准值进行对比分析，可以对项目的盈利能力、清偿债务能力等做出评价，最后判断项目的财务可行性。

9.1.3 财务分析的步骤

财务分析主要分为以下 3 个步骤：

1) 财务评价前的准备

收集、预测项目有关采取财务分析的数据和基础参数。熟悉拟建项目的基本情况，估算建设投资、销售收入、经营成本和流动资金等基础数据，完成财务评价辅助报表的编制工作。

2) 进行融资前分析

考虑融资方案前的项目现金流量分析，分析项目自身的盈利能力，考查项目是否具有投资价值。融资前分析不考虑债务融资条件下的财务分析，重点在于考察项目净现金流量的价值是否大于其投资成本。

3) 进行融资后分析

在通过融资前分析的检验后，考虑融资方案，分析项目的生存能力、项目投资人的盈利能力等。重在考察项目资金筹措方案能否满足要求，具体包括盈利能力分析、偿债能力分析和财务生存能力分析。

9.2 建设项目盈利能力分析

9.2.1 项目盈利能力分析概述

盈利能力直接关系到项目建成后能否获得利润，是财务分析的主要内容。不仅关系到经营性项目的生存和发展，而且对于公益性等非经营性项目，盈利能力的分析也有助于投资方衡量其投资项目在多大程度上需要国家或地方财政给予必要的支持。

项目盈利能力分析不仅要分析项目在正常生产年份可能获得的盈利水平，还要考虑整个寿命期的盈利水平。其中，正常生产年份的盈利水平可以通过投资利润率、自有资金利润率等指标来体现；而全寿命期内的盈利水平主要通过财务净现值、财务内部收益率和投资回收期等指标来体现。

9.2.2 盈利能力分析报表的编制

1) 现金流量表

现金流量表是用以反映项目计算期内各年的现金流入和现金流出的表格，用以计算各项动态和静态评价指标，进行项目财务盈利能力分析。按照投资的角度不同，可以分为：

(1) 项目投资现金流量表

从全部投资的角度出发，假设全部投资都是自有资金，不考虑投资来源，考察项目总投资的盈利能力，为各个投资方案(不论其资金来源及利息多少)进行比较建立共同基础，见表9-1。该表可用于计算项目投资财务净现值、项目投资内部收益率及项目投资回收期等指标。

表 9-1 项目投资现金流量表

序号	项 目	合计	计 算 期				
			1	2	3	…	n
1	现金流入						
1.1	营业收入						
1.2	补贴收入						
1.3	回收固定资产余值						
1.4	回收流动资金						
2	现金流出						
2.1	建设投资						
2.2	流动资金						

续表 9-1

序号	项　目	合计	计算期				
			1	2	3	…	n
2.3	经营成本						
2.4	营业税金及附加						
2.5	维持运营投资						
3	所得税前净现金流量(1－2)						
4	累计所得税前净现金流量						
5	折现系数(i_c＝12%)						
6	折现净现金流量						
7	折现净现金流量累计						
8	调整所得税						
9	所得税后净现金流量(3－8)						
10	累计所得税后净现金流量						
11	所得税后折现净现金流量						
12	所得税后折现净现金流量累计						

表 9-1 中，现金流入为营业收入、补贴收入、回收固定资产余值、回收流动资金 4 项之和。其中，营业收入是指项目建成后对外销售产品或提供劳务所取得的收入。营业收入＝销售量×销售价格。计算销售收入时，假设生产出的产品全部售出，销售量等于生产量；销售价格一般采用出厂价格，也可根据需要采用送达用户的价格或离岸价格。另外，固定资产余值和流动资金均在计算期最后一年回收。固定资产余值＝固定资产原值－累计提取折旧。流动资金回收额为全部流动资金。

现金流出包含建设项目的建设投资、流动资金、经营成本和营业税金及附加等各项支出。如果运营期内需要发生设备或设施的更新费用及矿山、石油开采项目的拓展费用(维持运营投资)，也应作为现金流出。建设投资取自建设投资估算表；流动资金投入为各年流动资金增加额；经营成本取自总成本费用估算表；营业税金及附加取自产品营业收入和营业税金及附加估算表；由于项目投资现金流量表主要用于建设项目融资前的财务评价，主要进行盈利能力分析，因此，表中的调整所得税为以息税前利润为基数计算的所得税，不同于利润与利润分配表、项目资本金现金流量表中的所得税。

需要注意，现金流量表反映项目在计算期内逐年发生的现金流入和流出。与常规会计方法不同，现金收支何时发生就在何时计算，不作分摊。由于投资已按其发生的时间作为一次性支出被计入现金流出，不能再以折旧和摊销方式计入现金流出，否则会发生重复计算。因此，作为经常性支出的经营成本中不包括折旧费和摊销费。由于项目投资现金流量表以全部投资作为计算基础，不分投资资金来源，因而利息支出不作为现金流出，而自有资金现金流量表中已将利息支出单列，因此，经营成本中也不包括利息支出。

项目计算期内各年的净现金流量为各年现金流入量减去对应年份的现金流出量，各年累计净现金流量为本年及以前各年净现金流量之和。

所得税前净现金流量为上述净现金流量加所得税之和，即在现金流出中不计入所得税时的净现金流量。

(2) 项目资本金现金流量表

从项目法人(或投资者整体)角度出发，以项目资本金作为计算基础，把贷款时得到的资金作为现金流入，借款还本付息作为现金流出，见表 9-2。该表用于计算资本金财务内部收益率，考察项目自有资金的盈利能力。

表 9-2　项目资本金现金流量表

序号	项　　目	合计	计　算　期				
			1	2	3	…	n
1	现金流入						
1.1	营业收入						
1.2	补贴收入						
1.3	回收固定资产余值						
1.4	回收流动资金						
2	现金流出						
2.1	项目资本金						
2.2	借款本金偿还						
2.3	借款利息支付						
2.4	经营成本						
2.5	营业税金及附加						
2.6	所得税						
2.7	维持运营投资						
3	净现金流量(1－2)						

从项目投资主体的角度看，建设项目投资借款是现金流入，但又同时将借款用于项目投资，构成同一时间、相同时点的现金流出，二者相抵，对净现金流量的计算其实没有影响。因此，表中投资只计自有资金。另一方面，现金流入又是因项目全部投资所获得，故应将借款本金的偿还及利息支付计入现金流出。

现金流入的各项及数据来源与项目投资现金流量表相同。由于项目资本金现金流量表主要用于建设项目融资后的财务评价，主要进行盈利能力分析、偿债能力分析和财务生存能力分析，因此，表中所得税为应纳税所得额与所得税率的乘积。

现金流出项目资本金部分数额取自项目总投资使用计划与资金筹措表中资金筹措项下的资本金分项。借款本金偿还由两部分组成：另一部分为借款还本付息计算表中本年还本额；另一部分为流动资金借款本金偿还，一般发生在计算期最后一年。借款利息支付数额来自总成本费用估算表中的利息支出项(包括流动资金借款利息和长期借款利息)。现金流出中其他各项与全部投资现金流量表相同。

(3) 投资各方财务现金流量表

分别从各个投资者的角度出发，以投资者的出资额作为计算的基础，反映其具体的现金流入与现金流出情况，计算投资各方内部收益率，为其投资决策和进行合作谈判提供参考依据，见表 9-3。

表 9-3 投资各方现金流量表

序号	项　目	合计	计　算　期				
			1	2	3	…	n
1	现金流入						
1.1	实分利润						
1.2	资产处置收益分配						
1.3	租赁费收入						
1.4	技术转让或使用收入						
1.5	其他现金流入						
2	现金流出						
2.1	实缴资本						
2.2	租赁资产支出						
2.3	其他现金流出						
3	净现金流量(1−2)						

2）利润与利润分配表

反映项目计算期内各年的利润总额、所得税、税后利润及其分配情况，用来计算总投资利润率、项目资本金利润率等指标。

$$利润总额 = 营业收入 - 营业税金及附加 - 总成本费用 + 补贴收入$$

$$所得税 = 应纳税所得额 \times 所得税税率$$

应纳税所得额为利润总额根据国家有关规定进行调整后的数额。在建设项目财务评价中，主要是按减免所得税及用税前利润弥补上年度亏损的有关规定进行的调整。《企业会计制度》规定，企业发生的年度亏损，可以用下一年度的税前利润等弥补；下一年度利润不足弥补的，可以在 5 年内延续弥补；5 年内不足弥补的，用税后利润等弥补。

$$净利润 = 利润总额 - 所得税$$

净利润按法定盈余公积金、优先股股利、任意盈余公积金、普通股股利(各投资方利润)及未分配利润等项进行分配。

(1) 表中当期实现的净利润，加上期初未分配利润(或减去期初未弥补亏损)，为可供分配的利润。

(2) 项目以当年净利润为基数提取法定盈余公积金；外商投资项目按有关法律提取的是储备基金、企业发展基金、职工奖励和福利基金。法定盈余公积金按照净利润的 10%提取，法定盈余公积金累计额为公司注册资金 50%以上的，可以不再提取。

(3) 分配的利润减去提取的法定盈余公积金等后，为可供投资者分配的利润。

(4) 投资者分配的利润,按下列顺序分配:

① 应付优先股股利(如有优先股的话)。是指按照利润分配方案分配给优先股股东的现金股利。

② 提取任意盈余公积金。提取法定盈余公积金后,经股东会或者股东大会决议,还可以从净利润中提取任意盈余公积金。

③ 应付普通股股利。是指企业按照利润分配方案分配给普通股股东的现金股利。企业分配给投资者的利润也在此核算。在还款资金短缺时,当期可供投资者分配的利润先用于偿还借款,剩余部分按投资方各自股权比例分配。

④ 未分配利润。经过上述分配后的剩余部分为未分配利润,可用于偿还固定资产投资借款及弥补以前年度亏损。

表 9-4 利润与利润分配表

序号	项　目	合计	3	4	…	n
1	营业收入					
2	营业税金及附加					
3	总成本费用					
4	利润总额(1−2−3)					
5	弥补以前年度亏损					
6	应纳税所得额(4−5)					
7	所得税					
8	净利润(6−7)					
9	期初未分配利润					
10	可供分配的利润(8+9)					
11	提取法定盈余公积金					
12	可供投资者分配的利润(10−11)					
13	提取任意盈余公积金					
14	各投资方利润分配					
15	未分配利润(12−13−14)					
16	息税前利润(利润总额+利息支出)					
17	息税折旧摊销前利润(息税前利润+折旧+摊销)					

9.2.3 项目财务盈利能力评价

1) 关系

项目财务盈利能力评价是通过指标计算得来,并同基准指标值进行对比分析得到的。根据上述财务报表的编制,其与评价指标之间具有表 9-5 中所列的关系。

表 9-5 财务分析报表与财务评价指标的关系

评价内容	基本报表	静态指标	动态指标
盈利能力分析	项目投资现金流量表	项目投资静态回收期	项目投资财务内部收益率 项目投资财务净现值 项目投资动态回收期
	项目资本金现金流量表	—	项目资本金财务内部收益率
	投资各方现金流量表	—	投资各方财务内部收益率
	利润与利润分配表	总投资收益率 项目资本金净利润率	—
清偿能力分析	资产负债表 建设期利息估算及还本付息计划表	借款偿还期 偿债备付率 利息备付率	—
财务生存能力	财务计划现金流量表	累计盈余资金	—

2）财务盈利能力评价指标

(1) 投资财务内部收益率($FIRR$)

投资财务内部收益率是指项目在计算期内各年净现金流量现值累计等于零时的折现率，它反映项目所占用资金的盈利率。计算公式为：

$$\sum_{t=0}^{n}(CI_t - CO_t)(1 + FIRR)^{-t} = 0 \tag{9-1}$$

若 $FIRR > i_c$，则 $NPV > 0$，说明项目可行；

$FIRR = i_c$，$FNPV = 0$，说明项目可以考虑接受。

内部收益率反映拟建项目的实际投资收益水平。$FIRR < i_c$，$FNPV < 0$，说明项目不可行。

(2) 投资财务净现值($FNPV$)

投资财务净现值是指按基准收益率将各年的净现金流量折现到第零年(建设期初)的现值之和。计算公式为：

$$FNPV = \sum_{t=0}^{n}(CI_t - CO_t)(1 + i_0)^{-t} \tag{9-2}$$

当 $FNPV > 0$ 时，说明项目可行；当 $NPV = 0$ 时，说明项目可以考虑接受；当 $FNPV < 0$ 时，说明项目不可行。

(3) 投资回收期(P_t)

投资回收期是以项目的净收益来回收总投资(固定资产投资和流动资金)所需要的时间。按照是否考虑资金的时间价值，可以分为静态投资回收期和动态投资回收期。

计算出的投资回收期要与行业规定的基准投资回收期(若有的话)或行业平均投资回收期进行比较，如果小于或等于标准投资回收期或行业平均投资回收期，则认为项目是可行的。

(4) 总投资收益率(ROI)

总投资收益率表示总投资的盈利水平，是指项目达到设计能力后正常年份的年息税前利润或运营期内年平均息税前利润($EBIT$)与项目总投资(TI)的比率。它是考察项目单位投资盈利能力的静态指标。计算公式为:

$$ROI = \frac{EBIT}{TI} \times 100\% \tag{9-3}$$

式中:$EBIT$——项目正常年份的年息税前利润或运营期内年平均息税前利润;

TI——项目总投资。

总投资收益率可根据利润与利润分配表中的有关数据计算求得,其数值越大越好。在财务评价中,当总投资收益率大于同行业总投资收益率参考值时,说明用总投资收益率表示的盈利能力满足要求。

(5) 资本金净利润率(ROE)

资本金净利润率表示项目资本金的盈利水平,是指项目达到设计能力后正常年份的年净利润或运营期间内年平均净利润(NP)与项目资本金(EC)的比率。计算公式为:

$$ROE = \frac{NP}{EC} \times 100\% \tag{9-4}$$

式中:NP——项目正常年份的年净利润或运营期内年平均净利润;

EC——项目资本金。

项目资本金净利润率可根据利润与利润分配表中有关数据计算求得,其数值越大越好。在财务评价中,资本金净利润率大于同行业资本金净利润率参考值,表明用项目资本金净利润率表示的盈利能力满足要求。

9.3 建设项目偿债能力分析

9.3.1 偿债能力分析概述

偿债能力是通过对"借款还本付息计划表"、"资产负债表"的计算,考察项目计算期内各年的偿债能力。偿债能力分析通过计算利息备付率、偿债备付率和资产负债率等指标判别项目是否符合贷款机构的要求以及项目的风险程度和偿还流动负债的能力。

9.3.2 偿债能力分析报表的编制

1) 资产负债表

资产负债表能够综合反映项目计算期内各年年末资产、负债和所有者权益的增、减变化及对应关系,以考察项目资产、负债、所有者权益的结构是否合理,用以计算资产负债率、流动比率和速动比率等指标,进行清偿能力分析,见表 9-6。

表 9-6　资产负债表

序号	项　目	评 价 期					
		1	2	3	4	…	n
1	资产						
1.1	流动资产总额						
1.2	在建工程						
1.3	固定资产净值						
1.4	无形及其他资产净值						
2	负债及所有者权益(2.4+2.5)						
2.1	流动负债总额						
2.2	建设投资借款						
2.3	流动资金借款						
2.4	负债小计(2.1+2.2+2.3)						
2.5	所有者权益						
2.5.1	资本金						
2.5.2	资本公积						
2.5.3	累计盈余公积金						
2.5.4	累计未分配利润						
计算指标							
资产负债率(%)							

资产负债表的主体结构包括三大部分，即资产、负债和所有者权益。有下面关系：

$$资产 = 负债 + 所有者权益 \tag{9-5}$$

资产负债率可以反映项目在各时间点上的负债程度及综合偿还债务的能力，它表示在资产总额中有多少资产是通过借债而得的，衡量企业在清算时保护债权人利益的程度。这一比率越低，则偿债能力越强。计算公式为：

$$LOAR = \frac{TL}{TA} \times 100\% \tag{9-6}$$

式中：TL——期末负债总额；

TA——期末资产总额。

适度的资产负债率，表明企业经营安全、稳健，具有较强的筹资能力，也表明企业和债权人的风险较小。对该指标的分析，应结合国家宏观经济状况、行业发展趋势、企业所处的竞争环境等具体条件判定。项目财务分析中，在长期债务还清后，可不再计算资产负债率。

2) 借款还本付息计划表

借款还本付息计划表反映项目计算期内各年借款本金偿还和利息支付情况，用于计算偿债备付率和利息备付率指标。借款还本付息计划表与“建设期利息估算表”可合二为一，见表 9-7。

表 9-7 借款还本付息计划表 单位:万元

序号	项目	合计	评价期					
			1	2	3	4	…	n
1	借款							
1.1	期初借款余额							
1.2	当期还本付息							
	其中:还本							
	付息							
1.3	期末借款余额							
	息税前利润							
	息税折旧摊销前利润							
计算指标	利息备付率(%)							
	偿债备付率(%)							

按现行财务制度的规定,归还固定资产投资借款(长期借款)的资金来源主要是项目投产后的折旧费、摊销费和未分配利润等。因流动资金借款本金在项目计算期末用回收流动资金一次偿还,故在此不必考虑流动资金借款偿还问题。

常见的还本付息方式包括:

(1) 最大额偿还方式。指在项目投产运营后,将获得的盈利中可用于还贷的资金全部用于还贷,以最大限度地减少企业债务,使偿还期缩至最短的方式。

(2) 逐年等额还本、年末付息方式(也称等额还本利息照付方式)。是将贷款本金分若干年等额偿还并在年末计息的方式。

(3) 本利等额偿还方式(也称等额还本付息方式)。是将贷款本利和在偿还期内的各年平均分摊到每年等额偿还的方式。

(4) 年末付息、期末一次还本方式(也称等额利息方式)。是指每年只支付本金利息而不还本金,到偿还期末一次性还本的方式。

(5) 期末本利和一次付清方式(也称一次偿付方式)。是指在贷款期满前一直不还款,到期末连本带利全部付清的方式。

项目评价中可以选择等额还本付息或者等额还本利息照付方式来计算长期借款利息。

借款还本付息表的结构包括两大部分,即借款及还本付息部分和偿债能力分析指标部分。借款还本付息表的填列,在项目的建设期,当期期初余额为上期期末借款余额,当期期末余额为当期期初余额与当期应计利息之和(在当期期间借款或发行债券时,还应加上当期期间借款或债券额),当期还本、付息均为零。在项目的生产期,当期还本和付息额度应区别不同的还本付息方式采用不同的计算方法。例如采用等额还本利息照付方式还款,生产期当期还本额=建设期末借款余额(或运营期初借款余额)÷计划还本年限。当期付息额度可以根据期初借款余额结合贷款年利率求得。

(1) 借款偿还期

借款偿还期是指项目投产后获得的可用于还本付息的资金，还清借款本息所需的时间。计算这个指标的关键在于明确可用于还款的来源，尽可能做到偿还的来源与偿还的对象相一致，借款的本金由税后的利润加上折旧来归还。项目的建设投资借款的利息和流动资金的利息一样，可计入总成本费用，因此税后利润和折旧只用来还本就可以了。由于每年的利息取决于年初的欠款余额，而利润的计算又取决于利息的大小。因此，利润的计算和利息的计算无法独立进行。从开始借款年份算起的偿还期的计算公式为：

$$借款偿还期 = 借款偿还后开始出现盈余年份数 - 开始借款年份$$

$$= \frac{当年偿还借款额}{当年可用于还款的资金额} \tag{9-7}$$

当借款偿还额达到贷款机构的要求期限时，即认为项目具有清偿能力。

(2) 利息备付率(ICR)

利息备付率是指在借款偿还期内的息税前利润($EBIT$)与应付利息(PI)的比值，它从付息资金来源的充裕性角度反映项目偿付债务利息的保障程度，计算公式为：

$$ICR = \frac{EBIT}{PI} \tag{9-8}$$

式中：$EBIT$——息税前利润，息税前利润＝利润总额＋计入总成本费用的利息费用。

PI——当期应付利息，指计入总成本费用的全部利息。

利息备付率应分年计算。利息备付率高，表明利息偿付的保障程度高。

利息备付率应当大于1，并结合债权人的要求确定。

(3) 偿债备付率($DSCR$)

偿债备付率是指在借款偿还期内，用于计算还本付息的资金($EBITDA - T_{AX}$)与应还本付息金额(PD)的比值，它表示可用于还本付息的资金偿还借款本息的保障程度，计算公式为：

$$DSCR = \frac{EBITDA - T_{AX}}{PD} \tag{9-9}$$

式中：$EBITDA$——息税前利润加折旧和摊销；

T_{AX}——企业所得税；

PD——应还本付息金额，包括当期还本金额和计入总成本费用的全部利息。

融资租赁费用可视同为借款偿还。运营期间的短期借款本息也应纳入计算。

可用于还本付息的资金包括：可用于还款的折旧和摊销，成本中列支的利息费用，可用于还款的利润等。如果项目在运行期内有维持运营的投资，可用于还本付息的资金应扣除维持运营的投资。

偿债备付率应分年计算，偿债备付率高，表明可用于还本付息的资金保障程度高。偿债备付率应当大于1，并结合债权人的要求确定。

9.4 财务生存能力分析

9.4.1 财务生存能力分析概述

财务生存能力分析旨在分析考察“有项目”时(企业)在整个计算期内的资金充裕程度,分析财务可持续性,判断在财务上的生存能力,主要根据财务计划现金流量表进行。财务生存能力分析应结合偿债能力分析进行,主要包括以下两个方面:

1) 分析项目是否有足够的净现金流量维持正常运营

(1) 在项目(企业)运营期间,各项经济活动中得到足够的净现金流量,项目才能得以持续生存。

(2) 拥有足够的经营净现金流量是财务可持续的基本条件,特别是在运营初期。

(3) 通常因运营期前期的还本付息负担较重,故应特别注重运营期前期的财务生存能力分析。

2) 各年累计盈余资金不出现负值是财务生存的必要条件

在整个运营期间,允许个别年份的净现金流量出现负值,但不能容许任一年份的累计盈余资金出现负值。一旦出现负值时应适时进行短期融资,较大的或较频繁的短期融资,有可能导致以后的累计盈余资金无法实现正值,致使项目难以持续运营。

9.4.2 财务生存能力分析报表的编制

财务生存能力分析也称资金平衡分析。在项目运营期间,确保从各项经济活动中得到足够的净现金流量是项目能够持续生存的条件。财务分析中应在财务分析辅助表和利润分配表的基础上编制财务计划现金流量表,通过项目计算期内的投资、融资和经营活动所产生的各项现金流入和流出,计算净现金流量和累计盈余资金,分析项目是否有足够的净现金流量维持正常运营,以实现财务的可持续性。因此,财务生存能力分析亦可称为资金平衡分析。

财务可持续性应首先体现在有足够大的经营活动净现金流量,其次各年累积盈余资金不应出现负值。若出现负值,应进行短期借款,同时分析该短期借款的年份长短和数额大小,进一步判断项目的财务生存能力。短期借款应体现在财务计划现金流量表中,其利息应计入财务费用。为维持项目正常运营,还应分析短期借款的可靠性。

表 9-8 财务计划现金流量表

序号	项 目	合计	计 算 期				
			1	2	3	…	n
1	经营活动净现金流量(1.1−1.2)						
1.1	现金流入						

续表 9-8

序号	项目	合计	计算期				
			1	2	3	…	*n*
1.1.1	营业收入						
1.1.2	增值税销项税税额						
1.1.3	补贴收入						
1.1.4	其他流入						
1.2	现金流出						
1.2.1	经营成本						
1.2.2	增值税进项税税额						
1.2.3	营业税金及附加						
1.2.4	增值税						
1.2.5	所得税						
1.2.6	其他流出						
2	投资活动净现金流量(2.1－2.2)						
2.1	现金流入						
2.2	现金流出						
2.2.1	建设投资						
2.2.2	维持运营投资						
2.2.3	流动资金						
2.2.4	其他流出						
3	筹资活动净现金流量(3.1－3.2)						
3.1	现金流入						
3.1.1	项目资本金投入						
3.1.2	建设投资借款						
3.1.3	流动资金借款						
3.1.4	债券						
3.1.5	短期借款						
3.1.6	其他流入						
3.2	现金流出						
3.2.1	各种利息支出						
3.2.2	偿还债务本金						
3.2.3	应付利润(股利分配)						
3.2.4	其他流出						
4	净现金流量(1＋2＋3)						
5	累计盈余资金						

9.5 案例分析

拟建某工业生产项目,基础数据如下:

建设投资 5 058.9 万元(其中,含无形资产投资 600 万元)。建设期 2 年,运营期 8 年。本项目建设投资资金来源为贷款和资本金。贷款总额为 2 000 万元,在建设期内每年贷入 1 000万元,贷款年利率为 10%(按年计息),在运营期前 3 年内等额还本,建设期不付息,运营期每年年末付息。运营期各年可供分配利润在提取法定和任意盈余公积金后,首先满足借款还本需求,剩余资金全部用于投资方利润分配。无形资产在运营期 8 年中,均匀摊入成本。固定资产残值 300 万元,按照直线法折旧,折旧年限为 12 年。资本金在建设期内均匀投入。

项目第三年投产,当年生产负荷达到设计生产能力的 50%,第 4 年达到设计生产能力的 80%,以后各年均达到设计生产能力的 100%。流动资金全部为资本金。

建设项目的资金投入、收益、成本费用表见表 9-9。

任意公积金按照净利润的 5%提取。行业基准收益率为 12%,行业的总投资收益率为 20%,资本金净利润率为 25%。

表 9-9　建设项目的资金投入、收益、成本费用表　　单位:万元

序号	项　　目	年　　份						
		1	2	3	4	5	6	7~10
1	建设投资							
1.1	其中:资本金	1 529.45	1 529.45					
1.2	贷款	1 000.00	1 000.00					
2	营业收入			2 500.00	4 000.00	5 000.00	5 000.00	5 000.00
3	营业税金及附加			150.00	240.00	300.00	300.00	300.00
4	总成本费用			1 500.00	2 400.00	3 000.00	3 000.00	3 000.00
5	流动资产(应收账款+现金+存货+预付账款)			380.00	608.00	760.00	760.00	760.00
6	流动负债(应付账款+预收账款)			64.16	102.66	128.33	128.33	128.33
7	流动资金			315.84	505.34	631.67	631.67	631.67
8	本年新增流动资金			315.84	189.50	126.33		

要求:

(1) 编制本项目的借款还本付息计划表、利润与利润分配表、项目投资现金流量表和项目资本金现金流量表。

(2) 计算项目的盈利能力指标和偿债能力指标。

(3) 分别从盈利能力角度和偿债能力角度分析项目的可行性。

【解】

(1) 编制借款还本付息计划表、利润与利润分配表、项目投资现金流量表和项目资本金现金流量表。

① 根据所给的贷款利率计算建设期与运营期贷款利息,编制项目还本付息计划表,见表 9-10。

第 1 年应计利息=(0+1 000/2)×10%=50(万元)

第 1 年期末借款余额=1 000+50=1 050(万元)

第 2 年期末借款余额=1 050+1 000+[1 050+1 000/2]×10%=2 205(万元)

第 3 年－第 5 年还本=2 205/3=735(万元)

第 3 年付息=2 205.00×10%=220.50(万元)

第 3 年期末借款余额=2 205－735=1 470(万元),以此类推。

表 9-10 借款还本付息计划表 单位:万元

序号	项目	合计	计算期				
			1	2	3	4	5
1	期初借款余额		0.00	1 050.00	2 205.00	1 470.00	735.00
2	当期还本付息		0.00	0.00	955.50	882.00	808.50
2.1	其中:还本		0.00	0.00	735.00	735.00	735.00
2.2	付息		0.00	0.00	220.50	147.00	73.50
3	期末借款余额		1 050.00	2 205.00	1 470.00	735.00	0.00
计算指标	利息备付率				4.85	10.25	24.13
	偿债备付率				1.36	1.82	2.21

② 根据表 9-9、9-10 中的数据,列表计算各项费用,编制利润与利润分配表,见表 9-11。

表 9-11 利润与利润分配表 单位:万元

序号	项目	合计	3	4	5	6	7	8	9	10
1	营业收入	36 500.00	2 500.00	4 000.00	5 000.00	5 000.00	5 000.00	5 000.00	5 000.00	5 000.00
2	营业税金及附加	2 190.00	150.00	240.00	300.00	300.00	300.00	300.00	300.00	300.00
3	总成本费用	21 900.00	1 500.00	2 400.00	3 000.00	3 000.00	3 000.00	3 000.00	3 000.00	3 000.00
4	利润总额(1－2－3)	12 410.00	850.00	1 360.00	1 700.00	1 700.00	1 700.00	1 700.00	1 700.00	1 700.00
5	弥补以前年度亏损	0.00	0.00	0.00	0.00	0.00	0.00	0.00	0.00	0.00
6	应纳税所得额(4－5)	12 410.00	850.00	1 360.00	1 700.00	1 700.00	1 700.00	1 700.00	1 700.00	1 700.00
7	所得税	3 102.50	212.50	340.00	425.00	425.00	425.00	425.00	425.00	425.00
8	净利润(6－7)	9 307.50	637.50	1 020.00	1 275.00	1 275.00	1 275.00	1 275.00	1 275.00	1 275.00
9	期初未分配利润	0.00	0.00	0.00	0.00	0.00	0.00	0.00	0.00	0.00

续表 9-11

序号	项目	合计	3	4	5	6	7	8	9	10
10	可供分配的利润(8+9)	9 307.50	637.50	1 020.00	1 275.00	1 275.00	1 275.00	1 275.00	1 275.00	1 275.00
11	提取法定盈余公积金	930.75	63.75	102.00	127.50	127.50	127.50	127.50	127.50	127.50
12	可供投资者分配的利润(10−11)	8 376.75	573.75	918.00	1 147.50	1 147.50	1 147.50	1 147.50	1 147.50	1 147.50
13	提取任意盈余公积金	465.38	31.88	51.00	63.75	63.75	63.75	63.75	63.75	63.75
14	各投资方利润分配	7 022.36	245.53	570.66	787.41	1 083.75	1 083.75	1 083.75	1 083.75	1 083.75
15	未分配利润(12−13−14)	889.02	296.34	296.34	296.34	0.00	0.00	0.00	0.00	0.00
16	息税前利润(利润总额+利息支出)	1 2851.00	1 070.50	1 507.00	1 773.50	1 700.00	1 700.00	1 700.00	1 700.00	1 700.00
17	息税折旧摊销前利润(息税前利润+折旧+摊销)	16 360.28	1 509.16	1 945.66	2 212.16	2 138.66	2 138.66	2 138.66	2 138.66	2 138.66

所得税＝利润总额×所得税税率

第 3 年所得税＝850.00×25%＝212.50(万元)

第 4 年所得税＝1 360.00×25%＝340.00(万元)

第 5～10 年所得税＝1 700.00×25%＝425.00(万元)

法定公积金＝净利润×10%

任意公积金＝净利润×5%

提取法定公积金和任意公积金后的余额，首先要用于偿还长期借款本金，将偿还借款本金后的余额用于分配投资方利润。根据“借款还本付息计划表”的计算，第 3、4、5 年每年需偿还 735 万元本金，偿还本金资金来源包括折旧、摊销和未分配利润，即：

未分配利润＝还本额度－折旧－摊销

固定资产折旧

$$=\frac{\text{建设投资}+\text{建设期贷款利息}-\text{无形资产投资}-\text{残值}}{\text{折旧年限}}$$

$$=\frac{(5\ 058.90+205-600-300)}{12}=363.66(\text{万元})$$

$$\text{无形资产摊销费}=\frac{\text{无形资产}}{\text{摊销年限}}=\frac{600}{8}=75(\text{万元})$$

则第 3、4、5 年未分配利润＝735－363.66－75＝296.34(万元)

第 3 年各投资方利润分配＝637.50－63.75－31.88－296.34＝245.53(万元)

第 4 年各投资方利润分配＝1 020.00－102.00－51.00－296.34＝570.66(万元)

第 5 年各投资方利润分配＝1 275.00－127.50－63.75－296.34＝787.41(万元)

从第 6 年开始，借款本金已偿还完毕，提取法定公积金和任意公积金后的所有余额都用于投资方利润分配。故：

第 6～10 年各投资方利润分配＝可供分配利润－法定公积金－任意公积金

③ 根据以上表格的计算，编制项目投资现金流量表和项目资本金现金流量表，见表 9-12、表 9-13。

表 9-12　项目投资现金流量表　　单位：万元

序号	项　目	合计	计算期									
			1	2	3	4	5	6	7	8	9	10
1	现金流入	38 886.31	0.00	0.00	2 500.00	4 000.00	5 000.00	5 000.00	5 000.00	5 000.00	5 000.00	7 386.31
1.1	营业收入	36 500.00			2 500.00	4 000.00	5 000.00	5 000.00	5 000.00	5 000.00	5 000.00	5 000.00
1.2	补贴收入	0.00										
1.3	回收固定资产余值	1 754.64										1 754.64
1.4	回收流动资金	631.67										631.67
2	现金流出	25 830.29	2 529.45	2 529.45	1 306.68	2 243.84	2 914.17	2 861.34	2 861.34	2 861.34	2 861.34	2 861.34
2.1	建设投资	5 058.90	2 529.45	2 529.45								
2.2	流动资金	631.67			315.84	189.50	126.33					
2.3	经营成本	17 949.72			840.84	1 814.34	2 487.84	2 561.34	2 561.34	2 561.34	2 561.34	2 561.34
2.4	营业税金及附加	2 190.00			150.00	240.00	300.00	300.00	300.00	300.00	300.00	300.00
2.5	维持运营投资	0.00										
3	所得税前净现金流量(1−2)	13 056.02	−2 529.45	−2 529.45	1 193.32	1 756.16	2 085.83	2 138.66	2 138.66	2 138.66	2 138.66	4 524.97
4	累计所得税前净现金流量		−2 529.45	−5 058.90	−3 865.58	−2 109.42	−23.59	2 115.07	4 253.73	6 392.39	8 531.05	13 056.02
5	折现系数(i_c=12%)		0.892 9	0.797 2	0.711 8	0.635 5	0.567 4	0.506 6	0.452 3	0.403 9	0.360 6	0.322 0
6	折现净现金流量	4 016.95	−2 258.44	−2 016.46	849.38	1 116.07	1 183.56	1 083.51	967.42	863.77	771.22	1 456.92
7	折现净现金流量累计		−2 258.44	−4 274.90	−3 425.52	−2 309.45	−1 125.89	−42.38	925.04	1 788.81	2 560.03	4 016.95
8	调整所得税	3 212.75			267.63	376.75	443.38	425.00	425.00	425.00	425.00	425.00
9	所得税后净现金流量(3−8)	9 843.27	−2 529.45	−2 529.45	925.70	1 379.41	1 642.46	1 713.66	1 713.66	1 713.66	1 713.66	4 099.97
10	累计所得税后净现金流量		−2 529.45	−5 058.90	−4 133.21	−2 753.80	−1 111.34	602.32	2 315.98	4 029.64	5 743.30	9 843.27
11	所得税后折现净现金流量	2 466.13	−2 258.44	−2 016.46	658.89	876.64	931.97	868.19	775.17	692.12	617.96	1 320.08
12	所得税后折现净现金流量累计		−2 258.44	−4 274.90	−3 616.01	−2 739.37	−1 807.40	−939.20	−164.03	528.09	1 146.05	2 466.13

计算指标：
项目投资财务内部收益率(%)(所得税前)=28.73%
项目投资财务内部收益率(%)(所得税后)=22.75%
项目投资财务净现值(所得税前)(=12%)=4 016.95(万元)
项目投资财务净现值(所得税后)(=12%)=2 466.13(万元)
项目投资回收期(年)(所得税前)=5.01(年)
项目投资回收期(年)(所得税后)=5.65(年)

由于项目运营期只有 8 年，而固定资产的折旧年限却为 12 年，因此，运营期末固定资产的余值应按以下公式计算：

运营期末固定资产余值＝363.66×4＋300＝1 754.64(万元)

流动资金在运营期末全部收回:631.67 万元

经营成本=总成本-折旧-摊销-应计利息

第 3 年经营成本=1 500.00-363.66-75-220.50=840.84(万元)

第 4 年经营成本=2 400.00-363.66-75-147=1 814.34(万元)

第 5 年经营成本=3 000.00-363.66-75-73.50=2 487.84(万元)

第 6～10 年经营成本=3 000.00-363.66-75-0=2 561.34(万元)

流动资金:流动资金总额为 631.67 万元,第 3 年投入额为 315.84 万元,第 4 年追加 189.50 万元;第 5 年追加 126.33 万元。

借款本金偿还和利息偿还见借款还本付息计算表。

表 9-13 项目资本金现金流量表

单位:万元

序号	项目	合计	计算期									
			1	2	3	4	5	6	7	8	9	10
1	现金流入	38 886.31			2 500.00	4 000.00	5 000.00	5 000.00	5 000.00	5 000.00	5 000.00	7 386.31
1.1	营业收入	36 500.00			2 500.00	4 000.00	5 000.00	5 000.00	5 000.00	5 000.00	5 000.00	5 000.00
1.2	补贴收入											
1.3	回收固定资产余值	1 754.64										1 754.64
1.4	回收流动资金	631.67										631.67
2	现金流出	29 578.79	1 529.45	1 529.45	2 474.68	3 465.84	4 147.67	3 286.34	3 286.34	3 286.34	3 286.34	3 286.34
2.1	项目资本金	3 690.57	1 529.45	1 529.45	315.84	189.50	126.33					
2.2	借款本金偿还	2 205.00			735.00	735.00	735.00					
2.3	借款利息支付	441.00			220.50	147.00	73.50					
2.4	经营成本	17 949.72			840.84	1 814.34	2 487.84	2 561.34	2 561.34	2 561.34	2 561.34	2 561.34
2.5	营业税金及附加	2 190.00			150.00	240.00	300.00	300.00	300.00	300.00	300.00	300.00
2.6	所得税	3 102.50			212.50	340.00	425.00	425.00	425.00	425.00	425.00	425.00
2.7	维持运营投资											
3	净现金流量(1-2)	9 307.52	-1 529.45	-1 529.45	25.32	534.16	852.33	1 713.66	1 713.66	1 713.66	1 713.66	4 099.97

计算指标:资本金内部收益率(%)*IRR*=25.74%

(2) 计算项目的盈利能力指标和清偿能力指标

① 盈利能力指标

A. 动态指标

项目投资(税前)财务内部收益率:

由项目投资现金流量表,当 $i=28\%$时,$FNPV$(税前)=88.44 万元;当 $i=29\%$时,$FNPV$(税前)=-33.37 万元,所以财务内部收益率(税前)为:

$$FIRR(\text{税前})=28\%+88.44/(88.44+33.37)\%=28.73\%$$

$$\text{财务净现值(税前)}=4\ 016.95(\text{万元})$$

项目投资(税后)财务内部收益率:

由项目投资现金流量表，当 $i=22\%$时，$FNPV$(税后)＝109.78 万元；当 $i=23\%$时，$FNPV$(税后)＝－37.34 万元，所以财务内部收益率(税后)为：

$$FIRR(\text{税后})=22\%+109.78/(37.34+109.78)\%=22.75\%$$

由项目投资现金流量表，可得财务净现值 $FNPV$(税后)＝2 466.13(万元)

资本金财务内部收益率：

由资本金现金流量表，当 $i=25\%$时，$FNPV=74.98$ 万元；当 $i=26\%$时，$FNPV=-25.76$ 万元，所以财务内部收益率为：

$$FIRR=25\%+74.98/(25.76+74.98)\%=25.74\%$$

B. 静态指标

由项目投资现金流量表，可得：

$$(\text{税前})\text{投资回收期}=5+\frac{|-23.59|}{|-23.59|+|2\ 115.07|}=5.01(\text{年})$$

$$(\text{税后})\text{投资回收期}=5+\frac{|-1\ 111.34|}{|-1\ 111.34|+|602.32|}=5.65(\text{年})$$

由利润与利润分配表可得：

总投资收益率＝年平均息税前利润/项目总投资

＝(12 851/8)/(5 058.9＋205＋631.67)×100%＝27.25%

资本金净利润率＝年平均净利润/项目资本金

＝(9 307.50/8)/(1 529.45×2＋631.67)×100%＝31.52%

② 偿债能力指标

根据借款还本付息计划表和利润与利润分配表：

$$\text{利息备付率}=\frac{\text{息税前利润}}{\text{当期应付利息}}$$

第 3 年利息备付率＝1 070.5/220.50＝4.85，其他年度按相同方法计算。

$$\text{偿债备付率}=\frac{\text{息税前利润加折旧和摊销}-\text{所得税}}{\text{应还本付息金额}}$$

第 3 年偿债备付率＝(1 509.15－212.50)/955.50＝1.36，其他年度按相同方法计算。

(3) 分析项目的可行性

该项目的财务净现值 $FNPV$ 大于零，财务内部收益率 $FIRR$ 大于基准收益率 12%，总投资收益率大于行业总投资收益率 20%，资本金净利润率大于行业资本金净利润率 25%，盈利能力指标都较高，高于其各自的基准判别标准；投资回收期较短，利息备付率和偿债备付率均大于 1。反映了该项目既有较强的盈利能力，也具有较强的清偿能力，从财务角度分析，该项目是可行的。

本章小结

项目财务分析是按照国内现行价格，现行的经济、财政、金融制度的各项规定，分析测算项目的效益和费用，是为了确保项目投产运营后能够盈利以及偿还贷款。

本章主要从工程项目的角度出发，分析了项目的盈利能力、偿债能力和财务生存能力3个方面涉及的报表以及指标的计算。这3个方面可以通过财务分析图来进行，见图9-1所示。

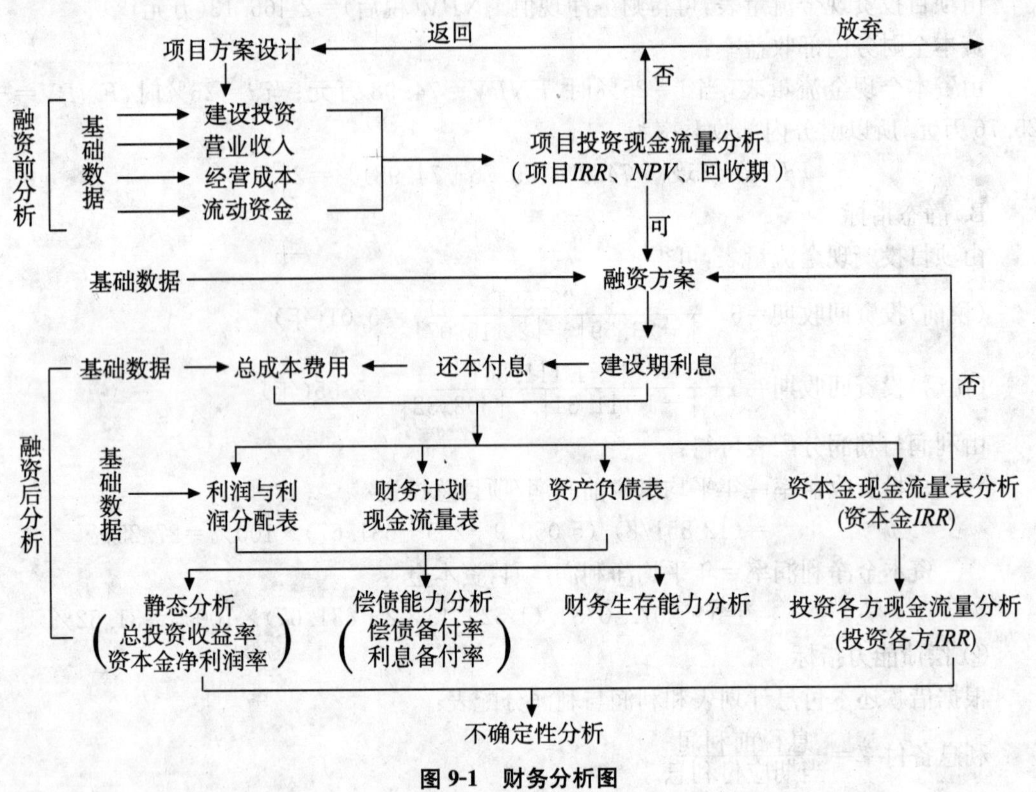

图 9-1　财务分析图

复习思考题

1. 财务分析所需的财务分析报表有哪些？财务分析的主要指标有哪些？各指标如何进行计算与分析评价？

2. 拟建一个工程项目，第1年末投资1 000万元，第2年末又投资2 000万元，第3年末再投资1 500万元。从第4年起，连续8年每年年末获利1 200万元。假定项目残值不计，折现率为12%，试画出该项目的资金流向图，并求出项目的净现值和内部收益率，判断该项目是否可行。

3. 某新建工程项目现金流量如下表所示，根据表中数据：

(1) 作出累计现金流量图；

(2) 求出静态投资回收期；

(3) 求出财务内部收益率；

(4) 求出财务净现值并判别项目是否可行，基准投资收益率为10%。

序号	项目	合计	计算期					
			1	2	3	4	5	6～14	15
1	现金流入								
	销售收入				8 190	10 530	11 700	11 700×9	11 700
	回收固定资产余值								85.8
	回收流动资金								2 000
2	现金流出								
	建设投资		1 300	860					
	流动资金				1 400	400	200	200×9	200
	经营成本				6 193.6	7 691.2	8 440	8 440×9	8 440
	销售税金及附加				47.1	60.6	67.3	67.3×9	67.3
	增值税				428.4	550.8	612	612×9	612
3	净现金流量								
4	累计净现金流量								

10 建设项目的国民经济评价

10.1 建设项目国民经济评价概述

建设项目国民经济评价是建设项目经济评价中十分重要的组成部分。建设项目的国民经济评价旨在把各种有限资源用于国家最需要的投资项目上，使全社会可用资源能够实现合理配置和最有效利用，保证国民经济能够可持续增长。建设一个项目，可能会给投资者和企业带来一定的经济效益，但不一定能给整个国民经济带来净收益或最大净收益；反之亦然。所以，建设项目经济评价不但要进行财务评价，而且要进行国民经济评价。

10.1.1 国民经济评价的含义与意义

1）国民经济评价的含义

所谓国民经济评价（也称经济分析）是在合理配置社会资源的前提下，从国家经济整体利益的角度，计算项目对国民经济的贡献，分析项目的经济效益、效果和对社会的影响，评价项目在宏观经济上的合理性。

2）国民经济评价的意义

建设项目国民经济评价，是站在国家角度出发，考察项目所耗费的经济资源及对国民经济的贡献，以此评价项目的经济合理性。所以，建设项目国民经济评价的意义主要体现在以下几个方面：

（1）进行国民经济评价可以保证拟建项目符合社会发展要求。因为国民经济评价是以社会需求作为项目取舍的依据，而不是单纯地看项目是否盈利。

（2）进行国民经济评价有利于引导投资方向，有利于控制投资规模，有利于提高计划质量，可以避免项目的重复和盲目建设。因为，国民经济评价是从国家的角度即宏观角度出发，而不是从地区或企业的角度（即微观角度）出发考察项目的收益和费用，可避免地方保护主义和企业的片面性、局限性。

（3）进行国民经济评价可以全面评价投资项目的综合收益。这是因为国民经济评价既要分析与计算项目的直接经济收益，也要分析与计算项目的间接经济收益。

（4）进行国民经济评价可以确定项目消耗社会资源的真实价值。有些项目的投入物和产出物的国内市场价格往往不能反映真实的经济价值，从而会导致项目财务收益的虚假性。国民经济评价则可以通过影子价格对财务价格进行修正，真实地反映出项目消耗社会资源的价值量。

10.1.2 国民经济评价的步骤

建设项目可以直接进行国民经济评价，也可以在已做的财务评价的基础上进行。两种评价方法的步骤分述如下：

1）直接进行国民经济评价的步骤

(1) 识别项目经济效益和费用。

(2) 以货物的影子价格、劳动力的影子工资、外币的影子汇率和土地的影子费用计算项目固定资产投资、流动资金、经营成本和销售收入等。

(3) 编制有关报表，计算项目国民经济评价指标。

(4) 国民经济评价结论和建议。

2）在财务评价基础上开展国民经济评价的步骤

(1) 剔除财务评价中已计算为经济效益或费用的转移支付。

(2) 增加财务评价中未考虑的项目间接效益和间接费用。

(3) 价格体系的调整，以货物的影子价格、劳动力的影子工资、外币的影子汇率和土地的影子费用等代替财务评价的价格，重新计算项目固定资产投资、流动资金、经营成本和销售收入等。

(4) 编制有关报表，计算项目国民经济评价指标。

(5) 国民经济评价结论和建议。

一般而言，由于大部分建设项目必须进行财务评价，所以大部分建设项目的国民经济评价是在财务评价基础上开展的。

10.1.3 国民经济评价与财务评价的联系与区别

1）国民经济评价与财务评价的联系

(1) 评价目的相同。国民经济评价和财务评价都是要寻求以最小的投入获得最大的产出。

(2) 评价方法相同。国民经济评价和财务评价都使用效益与费用比较的理论方法。

(3) 评价基础相同。国民经济评价和财务评价都是在完成了产品需求预测、工程技术方案、投资估算、资金筹措等可行性研究的基础上进行评价的。

(4) 评价计算期相同。

2）国民经济评价和财务评价的区别

(1) 评价的出发点不同。财务评价是从企业财务角度或项目角度来考察效益和费用，以确定建设项目的财务可行性；国民经济评价是从国家角度来考察项目效益和费用，以确定建设项目的经济合理性。

(2) 费用、效益的划分不同。财务评价是根据项目直接发生的实际收入确定项目的效益和费用；国民经济评价则着眼于项目所耗费的社会有用资源来考察项目的效益和费用。

(3) 采用的价格不同。财务评价要确定投资项目在财务上的现实可行性，因而对投入物和产出物采用现行市场价格;国民经济评价则采用影子价格体系。

(4) 主要评价参数不同。财务评价采用的汇率一般选用当时的官方汇率,折现率是因行业而异的基准收益率;国民经济评价则采用国家统一测定并颁布的影子汇率换算系数和社会折现率。

3) 国民经济评价结论与财务评价结论的关系

(1) 对于财务评价结论和国民经济评价结论均可行的建设项目可予以通过,反之则应予以否定。

(2) 对于国民经济评价结论不可行的项目予以否定。

(3) 对于关系公共利益、国家安全和市场不能有效配置资源的经济和社会发展的项目,如果国民经济评价结论可行,但财务评价结论不可行,应重新考虑方案,必要时提出经济优惠措施的建议,使项目具有财务生存能力。

10.1.4 国民经济评价的对象

国民经济评价是一个比较复杂的评价工作。在市场经济条件下,对于大部分建设项目,财务评价结论即可满足决策的需求,因此不需进行国民经济评价。但是,按照《建设项目经济评价方法与参数》(第三版)的规定,以下项目需要进行国民经济评价:

(1) 自然垄断项目。对于电力、电信、交通运输等行业的项目,存在着规模效益递增的产业特征,企业一般不会按照帕累托最优规则进行运作,从而导致市场配置资源失效。

(2) 公共产品项目,即项目提供的产品或服务在同一时间内可以被共同消费,具有"消费的非排他性"(未花钱购买公共产品的人不能被排除在此产品或服务的消费之外)和"消费的非竞争性"特征(一人消费一种公共产品并不以牺牲其他人的消费为代价)。由于市场价格机制只有通过将那些不愿意付费的消费者排除在该物品的消费之外才得以有效运作,因此市场机制对公共产品项目的资源配置失灵。

(3) 具有明显外部效果的项目。外部效果是指一个个体或厂商的行为对另一个体或厂商产生了影响,而该影响的行为主体又没有负相应的责任或没有获得应有报酬的现象。由于产生外部效果的行为主体不受预算约束,因此一般不考虑外部效果结果承受者的损益情况。这样,这类行为主体在其行为过程中常常会低效率甚至无效率地使用资源,造成消费者剩余与生产者剩余的损失及市场失灵;动用自然、社会资源较大的中外合资项目。

(4) 对于涉及国家控制的战略性资源开发及涉及国家经济安全的项目。这些建设项目往往具有公共性、外部效果等综合特征,不能完全依靠市场配置资源。

(5) 主要产出物和投入物的市场价格不能反映其真实价值的项目。

10.2 国民经济评价参数

10.2.1 社会折现率

1) 社会折现率的定义

项目的国民经济评价,采用费用效益分析方法或者费用效果分析方法。费用效益分析方法主要采用动态计算方法,计算经济净现值或者经济内部收益率指标。在计算项目的经济净现值指标时,需要使用一个事先确定的折现率。在使用经济内部收益率指标时,需要用一个事先确定的基准收益率作对比,以判定项目的经济效益是否达到了标准。

社会折现率系指建设项目国民经济评价中衡量经济内部收益率的基准值,也是计算项目经济净现值的折现率,是项目经济可行性和方案比选的主要判断依据。社会折现率应根据国家的社会经济发展目标、发展战略、发展优先顺序、发展水平、宏观调控意图、社会成员的费用效益时间偏好、社会投资收益水平、资金供给状况、资金机会成本等因素综合测定。

2) 社会折现率的经济含义

(1) 作为项目费用效益不同时间价值之间的折算率,社会折现率反映了对于社会费用效益价值的偏好。社会费用或效益的时间偏好,代表人们对于现在的社会价值与未来价值之间的权衡。

(2) 作为项目经济效益要求的最低经济收益率,社会折现率代表着社会投资所要求的最低收益率水平。项目投资产生的社会收益率如果达不到这一最低水平,项目就不应被接受。

(3) 作为基准收益率,社会折现率的取值高低直接影响项目经济可行性的判断结果。社会折现率如果过低,将会使得一些经济效益不好的项目投资得以通过,经济评价起不到应有的作用;社会折现率取值过高,会使一部分本来可以通过评价的项目因达不到判别标准而被舍弃,从而间接失去调控投资规模的作用。

目前公布的社会折现率取值,是以资本的社会机会成本与费用效益的时间偏好率为基础进行测算的结果,它的确定主要有两种基本思路:一种是基于资本的社会机会成本额方法;另一种是基于社会时间偏好率的方法。结合当前实际情况,测定的社会折现率为8%;对于受益期长的建设项目,如果远期效益较大,效益实现的风险较小,社会折现率可适当降低,但不应低于6%。

10.2.2 影子汇率

1) 影子汇率的定义

影子汇率是指能正确反映国家外汇经济价值的汇率,即单位外汇的经济价值。影子汇率是建设项目国民经济评价的重要参数,由国家统一测定发布,并且定期调整。国家可以利用影子汇率作为杠杆,影响项目投资决策,影响项目的选择和项目的取舍。建设项目国民经济评价中，项目的进口投入物和出口产出物，应采用影子汇率换算系数调整计算进出口外汇收支的价值。影子汇率的发布有两种形式，一种是直接发布影子汇率，另一种则是将影子汇率与国家外汇牌价挂钩，发布影子汇率换算系数。

2) 影子汇率的测定方法

在理论上，影子汇率有多种测定方法，下面介绍其中主要的两种。

(1) 依照影子价格的基本理论，影子汇率是外汇的影子价格，等于外汇的社会边际成本或边际贡献，是国家每增加或减少一单位的外汇收入所需要付出或节约的社会成本，或者是所增加的这一单位外汇收入对社会的边际贡献。在现有的外汇收支状况下，国家在现有水平上增加一个单位的外汇收入，可以用于增加进口或者减少出口。一个单位外汇的社会经济价值，取决于其用于增加进口而获得的社会经济效益与减少出口获得的社会资源消耗费用节省两部分之和。增加进口的社会经济效益应当以使用者的支付意愿定价，减少出口节省的社会资源消耗由这些社会资源的社会经济价值决定，也应当取决于这些资源的社会使用者的支付意愿。基于这种理论，影子汇率可以采用以下测算式：

$$SER = \sum_{i=1}^{n} f_i \times \frac{PD_i}{PC_i} + \sum_{i=1}^{m} X_i \times \frac{PD_i}{PF_i} \tag{10-1}$$

式中：SER——影子汇率；

f_i——边际上增加单位外汇是将用于进口 i 货物的那部分外汇；

X_i——边际上增加单位外汇是将导致减少出口 i 货物的那部分外汇；

PD_i——i 货物的国内市场价格(人民币计价)；

PC_i——i 货物的进口到岸价格(人民币计价)；

PF_i——i 货物的出口离岸价格(人民币计价)。

f_i 与 X_i 代表边际上单位外汇适用于各种进出口货物的分配权重，其总和为 1。

(2) 采用均衡汇率理论，如果外汇的边际成本等于边际贡献，国家的外汇收支应当处于市场自动平衡的状态，即外汇收支处于均衡状态，这种可以使外汇收支平衡的汇率成为均衡汇率。由于国家的外汇收支并没有处于市场自动平衡的状态，国家外汇牌价相对于影子汇率存在着差异，外汇牌价与影子汇率之间的差异，一方面来自外汇牌价对均衡汇率的扭曲，一方面来自进出口关税带来的扭曲。

采用均衡汇率理论测定影子汇率的方法可用下式表示：

$$SER = W_s \cdot BER \cdot (1 + T_0) + W_d \cdot BER \cdot (1 + T_I) \tag{10-2}$$

$$W_s = \frac{-U_i(Q_i/Q_0)}{U_0 - U_i(Q_i/Q_0)}\text{(外汇需求权重)}$$

$$W_d = \frac{U_0}{U_0 - U_i(Q_i/Q_0)}\text{(外汇供给权重)}$$

其中：
$$W_s + W_d = 1$$

式中：SER——影子汇率；

BER——均衡汇率；

T_0——出口补贴率；

T_I——进口税率；

U_i——进口价格弹性；

U_0——出口价格弹性；

Q_i——进口总额；

Q_0——出口总额。

均衡汇率需要通过一定的模型估算。实践中，影子汇率的测定还存在以下实用的简化方法：

① 采用进出口平均关税率确定影子汇率。

② 采用进出口贸易逆差确定影子汇率。

③ 以出口换汇成本确定影子汇率。

④ 黑市汇率通常也可以给出影子汇率的一定取值界限。

3) 影子汇率的取值

作为项目国民经济评价的重要参数，影子汇率的取值对于项目决策有着重要的影响。影子汇率转换系数取值较高，反映外汇的影子价格较高。外汇的影子价格高，表明项目使用外汇时的社会成本较高，而项目为国家创造外汇收入使得社会价值较高。

影子汇率可通过影子汇率换算系数得出。影子汇率换算系数是指影子汇率与外汇牌价的比值。通过对我国近年的历史均衡汇率、进出口关税和补贴导致贸易扭曲对影子汇率造成的影响进行的定量分析，我国目前的影子汇率换算系数取值为 1.04，即影子汇率等于外汇价乘以 1.04。如果再考虑到进口增值税税率一般为 17%，出口产品通常免征增值税，非贸易外币收支不征收增值税，影子汇率取值为 1.08。

10.2.3 影子工资

1) 影子工资的定义

影子工资是指建设项目使用劳动力，消耗劳动力资源而使社会付出的代价，在建设项目国民经济评价中以影子工资计算劳动力费用。在财务评价中工资作为成本的构成内容属项目的费用支出，它作为劳动者新创造价值的组成部分，在国民经济评价中就不能直接作为费用计入。

2) 影子工资的计算取值

影子工资可按下式计算：

$$影子工资 = 劳动力机会成本 + 新增资源消耗 \tag{10-3}$$

其中劳动力机会成本指劳动力在本项目被使用，不能在其他项目中使用而被迫放弃的劳动收益。

新增资源消耗指劳动力在本项目新就业或由其他就业岗位转移本项目而发生的社会的资源消耗，这些资源的消耗并没有提高劳动力的生活水平。

国家发展改革委及建设部对影子工资换算系数的取值作了如下的最新规定：

(1) 对技术劳动力。采取影子工资等于财务工资，即影子工资换算系数为 1。

(2) 对非技术劳动力。推荐在一般情况下采取财务投资的 0.25～0.8 倍作为影子工资，即影子工资换算系数为 0.25～0.8。考虑到我国各地经济发展不平衡，劳动力供求关系有一定差别，应按照当地非技术劳动力供给富裕程度调整影子工资换算系数。

项目的国民经济评价中，对劳动力的影子工资应当采取较低的数值。特别是对于非技术劳动力，其机会成本可以认为等于零，因为从全社会来看，非技术劳动力大量过剩，考虑到劳动力就业带来一定的新增资源消耗，包括劳动力从原来居住地迁移、增加的食品和其他生活必需品消耗等，并且非熟练劳动力当前的工资水平较低，最终可选择 0.5 作为非熟练劳动力影子工资换算系数。

10.2.4 影子价格

1) 影子价格的定义

影子价格是一种能够反映项目投入物和产出物真实经济价值的计算价格。它是指资源处于最佳分配状态时，其边际产出价值。它能够反映社会劳动消耗、资源稀缺程度和对最终产品需求情况的价格。影子价格是用于衡量项目对整个国民经济的贡献，因而它的确定必然涉及国民经济的各个环节以及它们相互之间的复杂关系。想从理论上求解数学模型得到影子价格，按目前的条件，几乎是不可能的。西方经济学认为，在完全竞争条件下，由市场供需状况调节的价格能反映其社会价值，因而这种情况下的价格就是影子价格。但是，完全竞争条件在各国内市场都是不存在的。一般来说，国际市场的价格，受垄断、干预、控制的情况较少，因而实际上常以国际市场价格代表影子价格。

2) 影子价格的计算

(1) 外贸货物的影子价格

外贸货物是指其生产、使用将直接或间接影响国家进口或出口的货物，即产出物中直接出口、间接出口或替代进口的货物；投入物中直接进口、间接进口或减少出口(原可用于出口)的货物。

外贸货物的投入或产出的影子价格应根据口岸价格，按下列公式计算。

出口产出的影子价格(出厂价)为：

$$\text{出口产出的影子价格(出厂价)} = \text{离岸价}(FOB) \times \text{影子汇率} - \text{出口费用} \qquad (10-4)$$

进口投入的影子价格(到厂价)为：

$$\text{进口投入的影子价格(到厂价)} = \text{到岸价}(CIF) \times \text{影子汇率} + \text{进口费用} \qquad (10-5)$$

式中，离岸价(FOB)是指出口货物运抵我国出口口岸交货的价格；到岸价(CIF)是指进口货物运抵我国进口口岸交货的价格，包括货物进口的货价、运抵我国口岸之前所发生的境外的运费和保险费。

进口或出口的费用是指货物进出口环节在国内所发生的所有相关费用，包括运输、储运、装卸、运输保险等各种费用支出及物流环节的各种损失、损耗等。

(2) 非外贸货物的影子价格

非外贸货物是指其生产、使用将不影响国家进口或出口的货物。其中包括“天然”不能进行外贸的货物或服务，如建筑物、国内运输等，还包括由于地理位置所限，运输费用过高或受国内外贸易政策等限制不能进行外贸的货物。

在计算非外贸货物的影子价格时，分为以下两种情况计算：

① 如果项目处于竞争性市场环境中，应采用市场价格作为计算项目投入或产出的影子价格的依据。

② 如果项目的投入或产出的规模很大，项目的实施将足以影响其市场价格，导致“有项

目”和“无项目”两种情况下市场价格不一致，在项目评价中，取两者的平均值作为测算影子价格的依据。

3）土地的影子价格

（1）土地影子价格的组成及计算方法

土地影子价格代表对土地资源真实价值的衡量。项目使用土地，占用了国家的土地资源，应当计算由此所带来的费用。按照项目国民经济评价的基本方法，土地的影子价格应当等于土地的机会成本加上土地改变用途所导致的新增资源消耗，即

$$土地影子价格 = 土地机会成本 + 新增资源消耗 \tag{10-6}$$

在项目的国民经济评价中，占用土地的机会成本和新增资源消耗应当充分估计。项目占用的土地位于城镇与农村，具有不同的机会成本和新增资源消耗构成，要采取不同的估算方法。

（2）城镇土地影子价格的确定

国家实行土地出让制度，建设项目从国家取得出让土地使用权，出让土地采取3种方式：协议出让、公开招标、拍卖。3种出让方式形成了3种土地出让价格，即协议价格、招标价格和拍卖价格。项目使用的城镇出让土地使用权，如果是通过政府公开招标、拍卖取得的，土地使用权的招标价格、拍卖价格，可以认为已经是由市场决定的价格，作为项目使用土地的影子价格；而协议地价不能自动地认为可以代表土地的影子价格，而是要将协议地价与同类土地的公平交易价格进行比较后方可据此确定以协议出让方式取得的土地的影子价格。

我国各城市先后制定了土地出让基准地价，按土地分级对土地出让地价规定了计算的基准出发值，在具体地块的招标出让中，作为出让底价计算的基础。实际交易中，依地块的不同和交易条件的不同，每宗地块的成交可能不同程度地高于或低于基准地价。如果没有类似的市场交易价格可以作为参考，测定项目地块的影子价格时，各城市制定的分级土地基准地价可以作为估算土地影子价格的基准出发值，按照当地对具体地块出让价格的修正方法估算项目使用地块的影子价格。

（3）农村土地影子价格的确定

项目使用的农村土地，一般是来自政府征用的农村农民集体所有的土地。政府征用农民土地，要向农民支付的补偿费用包括耕地补偿费、青苗补偿费、地上建筑物补偿费、安置补助费等。这些征地补偿费，通常全部或者部分由项目建设方向政府支付。除此之外，项目建设方还要向政府缴纳征地管理费、耕地占用税、耕地开垦费、土地管理费、土地开发费等其他费用。

以上费用中，土地征用费中的耕地补偿费及青苗补偿费为土地机会成本，地上建筑物补偿费及安置补助费为新增资源消耗，征地管理费、耕地占用税、耕地开垦费、土地管理费、土地开发费等其他费用为转移支出，不列为费用。

在实际计算农村土地影子价格时，应根据项目的具体情况进行适当的调整。

10.3 经济效益和费用的识别

正确识别项目的费用和收益,对于国民经济评价至关重要,它是保证投资项目国民经济评价正确性和科学性的必要前提。

10.3.1 国民经济效益和费用

费用和效益都是相对于目标而言的。效益是对目标的贡献;费用是对目标的负贡献。确定项目的目标,是识别费用和收益的前提。国民经济评价从国家(或社会)的社会产品最大化和社会资源最合理配置目标出发,对此所作的贡献即国民经济效益,国民经济为项目所付出的代价即国民经济费用。

国民经济效益包括直接效益和间接效益;国民经济费用包括直接费用和间接费用。

国民经济直接效益是指由项目产出物直接生成,并在国民经济范围内计算的经济效益。一般表现为增加项目产出物或服务的数量以满足国内需求的效益;替代效益较低的相同或类似项目的产出物或服务,使被替代项目减产(停产),从而减少国家有用资源耗费或损失的效益;增加出口从而增加的外汇或减少进口从而节约的外汇等。

国民经济的直接费用是指项目使用投入物所形成,并在国民经济范围内计算的费用。一般表现为其他部门为本项目投入物,需要扩大生产规模所耗用的资源费用;减少对其他项目或最终消费投入物的供应而放弃的效益;增加进口或减少出口从而耗用或减少的外汇等。

间接效益与间接费用是指项目对国民经济做出的贡献与国民经济为项目付出的代价中,在直接效益与直接费用中未得到反映的那部分效益与费用。通常把间接效益(外部效益)和间接费用(外部费用)统称为外部效果。外部效果的计算范围应考虑环境及生态影响效果,技术扩散效果和产业关联效果。

10.3.2 转移支付

项目与各种社会实体(政府、借贷机构)之间的货币转移,如缴纳的税金、国内贷款利息和补贴等一般仅涉及到资源所有权的转移,但没有涉及到社会资源的实际增加和耗用,称为国民经济内部的转移支付,不列为项目的费用和效益。

1)税金

税金是财务上的转移性支出,无论是增值税、所得税还是关税等都是政府调节分配和供求关系的手段,纳税是建设项目的支出,计入财务分析的费用。但是站在国家角度来考察项目时,只是资源的分配使用权从项目转移到政府手中,由政府再分配。项目对国民经济的贡献大小并不随税金的多少而变化,因而它属于国民经济内部的转移支付。

另外,土地税、城市维护建设税和资源税等是政府为了补偿社会耗费而代为征收的费用,这些税种包含了很多政策因素,并不代表社会为项目付出的代价,因此,原则上这些税种也视为项目与政府间的转移支付，不计为项目的费用或效益。

2）补贴

补贴是国家为了鼓励使用某些资源（太阳能、风能、再生能源等）或扶植某些建设项目给予的价格补贴。这种补贴仅是资源的使用权从国家转移到建设项目，并没有增加或减少国民收入，也没有耗费社会资源。因此，补贴也不是国民经济评价中的费用或效益。

3）国内贷款利息

国内贷款利息在项目财务评价资本金财务现金流量表中是一项费用。对于国民经济评价来说，它表示项目对国民经济评价的贡献有一部分转移到了政府或国内贷款机构。项目对国民经济所作贡献的大小，与所支付的国内贷款利息多少无关。因此，它也不是费用或效益。

4）国外贷款与还本付息

在国民经济评价中，国外贷款和还本付息根据分析的角度不同，有两种不同的处理原则。

(1) 在项目国民经济效益费用流量表中的处理

在项目国民经济效益费用流量表中，把国外贷款也看作国内投资，以项目的全部投资作为计算基础，对拟建项目使用的全部资源的使用效果进行评价。随着国外贷款的发放，国外相应的实际资源的支配权力也同时转移到了国内。这些国外贷款资源与国内资源一样，也存在着合理配置的问题。因此，在项目国民经济效益费用流量表中，国外贷款和还本付息与国内贷款和还本付息一样，既不作为效益，也不作为费用。

(2) 在国内投资国民经济效益费用流量表中的处理

为了考察国内投资对国民经济的实际贡献，应以国内投资作为计算的基础，因此在国内投资国民经济效益费用流量表中，把国外贷款还本付息视为费用。

10.3.3 效益和费用的计算原则

1）经济效益和费用的识别原则

在经济费用效益分析中，应尽可能全面的识别建设项目的经济效益和费用，效益和费用的识别应遵循以下原则。

(1) 增量分析的原则。项目经济和效益费用应建立在增量效益和增量费用识别和计算的基础上，不应考虑沉没成本和已实现的效益。应按照“有无对比”增量分析的原则，通过项目的实施效果与无项目情况下可能发生的情况进行对比分析，作为计算机会成本或增量效益的依据。

(2) 考虑关联效果的原则。应考虑项目投资可能产生的其他关联效应。

(3) 以本国居民作为分析对象的原则。对于跨越国界，对本国之外的其他社会成员产生影响的项目，应重点地分析对本国公民应增的效益和费用。项目对本国以外的社会群体所产生效果，应进行单独陈述。

(4) 剔除转移支付的原则。转移支付代表购买力的转移行为，接受转移支付的一方所获得的效益与付出方所产生的费用相等，转移支付行为本身没有导致新增资源的发生。在经济费用效益分析中，税赋、补贴、借款和利息属于转移支付。一般在进行经济费用效益分析时，不得再计算转移支付的影响。

2）经济效益和费用的计算原则

项目投资所造成的经济费用或效益的计算，应在利益相关者分析的基础上，研究特定的社会背景条件下相关利益主体获得的收益及付出的代价，计算项目相关的费用和效益，并遵从以下的原则。

（1）支付意愿原则。项目产出物的正面效果计算遵循支付意愿原则，用于分析社会成员为项目所产出的效益愿意支付的价值。

（2）受偿意愿原则。项目产出物的负面效果的计算原则遵循接受补偿意愿原则，用于分析社会成员为接受这种不利影响所得到补偿的价值。

（3）机会成本原则。项目投入的经济费用的计算应遵循机会成本原则，用于分析项目所占用的所有资源的机会成本。机会成本应按资源的其他最有效利用所产生的效益进行计算。

（4）实际价值计算原则。项目经济费用效益分析应对所有费用和效益采用反映资源真实价值的实际价格进行计算，不考虑通货膨胀因素的影响，但应考虑相对价格变动。

10.4 经济费用效益分析

10.4.1 经济费用效益分析概述

经济费用效益分析从资源合理配置的角度，分析项目投资的经济效益和对社会福利所做出的贡献，评价项目的经济合理性。由于财务现金流量不能全面、真实地反映其经济价值，需要进行经济费用效益分析的项目，应将经济费用效益分析的结论作为项目决策的主要依据之一。

在市场经济条件下，为了加强和完善宏观调控，必须重视建设项目的经济费用分析，其必要性表现在以下几个方面。

（1）经济费用分析是项目评价方法体系的重要组成部分。市场分析、技术方案分析、财务分析、环境影响分析、组织机构分析和社会评价都不能代替经济费用效益分析的功能和作用。

（2）经济费用效益分析是市场经济体制下政府对公共项目进行评价的重要方法，是市场经济国家政府部门干预投资活动的重要手段。

（3）经济费用效益分析强调从资源配置经济效益的角度分析项目的外部效果，通过费用效益分析及费用效果分析的方法判断建设项目的经济合理性，是政府审批或核准项目的重要依据。

（4）经济费用效益分析是项目投资决策额度主要内容之一。

10.4.2 经济费用效益分析指标

如果项目的经济费用和效益能够货币化，则可在费用效益识别和计算的基础上编制经济费用效益流量表，计算下列经济费用效益分析指标，分析项目的经济效益。

1) 经济净现值

经济净现值(*ENPV*)是项目按照社会折现率将计算期内各年的经济效益流量折现到建设期初的现值之和，经济净现值是经济费用效益分析的主要评价指标。计算式为：

$$ENPV = \sum_{t=1}^{n}(B-C)_t(1+i_s)^{-t} \tag{10-7}$$

式中：B——经济效益流量；

C——经济费用流量；

$(B-C)_t$——第 t 期的经济效益流量；

n——项目计算期；

i_s——社会折现率。

在经济费用分析中，如果经济净现值等于或大于 0，说明项目可以达到社会折现率要求的效率水平，认为该项目从经济资源配置的角度可以被接受。

2) 经济内部收益率

经济内部收益率(*EIRR*)是项目在计算期内经济净效益流量的现值累计等于 0 时的折现率。经济内部收益率是经济费用效益分析的辅助评价指标。计算式为：

$$\sum_{t=1}^{n}(B-C)_t(1+EIRR)^{-t} = 0 \tag{10-8}$$

经济内部收益率大于或等于社会折现率，表明项目对国民经济的净贡献超过或达到要求的水平，应认为项目可接受。

3) 效益费用比

效益费用比(R_{BC})是项目在计算期内效益流量的现值与费用流量的现值的比率。效益费用比是经济费用效益分析的辅助评价指标。其计算公式为：

$$R_{BC} = \frac{\sum_{t=1}^{n}B_t(1+i_s)^{-t}}{\sum_{t=1}^{n}C_t(1+i_s)^{-t}} \tag{10-9}$$

式中：B_t——第 t 期的经济效益；

n——项目计算期；

C_t——第 t 期的经济费用；

i_s——社会折现率。

如果效益费用比大于 1，表明项目资源配置的经济效益达到了可以被接受的水平。

10.4.3　经济费用效益分析报表及辅助报表

国民经济评价经济费用效益分析应编制下列分析报表及辅助报表。

1）项目投资经济费用效益流量表

表 10-1　项目投资经济费用效益流量表　　　　单位：万元

序号	项　　目	合计	评　价　期					
			1	2	3	4	…	n
1	效益流量							
1.1	项目直接效益							
1.2	资产余值回收							
1.3	项目间接收益							
2	费用流量							
2.1	建设投资							
2.2	维持运营投资							
2.3	流动资金							
2.4	经营费用							
2.5	项目间接费用							
3	净效益流量(1−2)							

计算指标：
经济内部收益率(%)
经济净现值(i_s= %)

2）经济费用效益分析投资费用估算调整表

表 10-2　经济费用效益分析投资费用估算调整表　　　　单位：万元

序号	项　　目	财务分析			经济费用效益分析			经济费用效益分析比财务分析增减
		外币	人民币	合计	外币	人民币	合计	
1	建设投资							
1.1	建筑工程费							
1.2	设备购置费							
1.3	安装工程费							
1.4	其他费用							
1.4.1	其中：土地费用							

续表 10-2

序号	项目	财务分析			经济费用效益分析			经济费用效益分析比财务分析增减
		外币	人民币	合计	外币	人民币	合计	
1.4.2	专利及专有技术费							
1.5	基本预备费							
1.6	涨价预备费							
1.7	建设期利息							
2	流动资金							
	合计(1+2)							

注:若投资费用是通过直接估算得到的,本表应略去财务分析的相关栏目。

3）经济费用效益分析经营费用估算调整表

表 10-3 经济费用效益分析经营费用估算调整表 单位:万元

序号	项目	单位	投入量	财务分析		经济费用效益分析	
				单价/元	成本	单价/元	费用
1	外购原材料						
1.1	原材料 A						
1.2	原材料 B						
1.3	原材料 C						
1.4	……						
2	外购燃料及动力						
2.1	煤						
2.2	水						
2.3	电						
2.4	重油						
2.5	……						
3	工资及福利费						
4	修理费						
5	其他费用						
	合计						

注:若投资费用是通过直接估算得到的,本表应略去财务分析的相关栏目。

4）项目直接效益估算调整表

表 10-4　项目直接效益估算调整表　　人民币单位:万元

产出物名称			投产第一期负荷(%)				投产第二期负荷(%)				…	正常生产年份(%)			
			A产品	B产品	…	小计	A产品	B产品	…	小计		A产品	B产品	…	小计
年产出量	计算单位														
	国内														
	国外														
	合计														
财务分析	国内市场	单价(元)													
		现金收入													
	国外市场	单价(美元)													
		现金收入													
经济费用效益分析	国内市场	单价(元)													
		直接效益													
	国外市场	单价(美元)													
		直接效益													
合计(万元)															

注:若直接效益是通过直接估算得到的,本表应略去财务分析的相关栏目。

5）项目间接费用估算表

表 10-5　项目间接费用估算表　　单位:万元

序号	项　目	合计	计　算　期					
			1	2	3	4	…	n

6）项目间接效益估算表

表 10-6　项目间接效益估算表　　单位:万元

序号	项　目	合计	计　算　期					
			1	2	3	4	…	n

10.5 经济费用效果分析

10.5.1 费用效果分析概述

费用效果分析是指通过比较项目预期的效果与所支付的费用，判断项目的费用有效性或经济合理性。效果难以或不能货币化，或货币化的效果不是项目目标的主体时，在经济评价中应采用费用效果分析法。

费用效果分析中的费用是指为实现项目预定目标所付出的财务代价或经济代价，采用货币计量；效果是指项目的结果所起到的作用、效应或效能，是项目目标的实现程度。按照项目要实现的目标，一个项目可选用一个或几个效果指标。

费用效果分析应遵循多方案比选的原则，所分析的项目应满足以下 5 个主要条件：

(1) 备选方案不少于两个，且为互斥方案或可转化为互斥型的方案。

(2) 备选方案应具有共同的目标，目标不同的方案、不满足最低效果要求的方案不可进行比较。

(3) 备选方案的费用应能货币化，且资金用量不应突破资金限制。

(4) 效果应采用同一非货币计量单位计量，如果有多个效果，其指标加权处理应形成单一综合指标。

(5) 备选方案应具有可比的寿命周期。

10.5.2 费用效果分析指标

费用效果分析可采用以下 3 种基本方法：

(1) 最小费用法，也称固定效果法。在效果相同的条件下，应选取费用最小的备选方案。

(2) 最大效果法，也称固定费用法。在费用相同的条件下，应选取效果最大的备选方案。

(3) 增量分析法。当效果与费用均不固定，且分别具有较大幅度的差别时，应比较两个备选方案之间的费用差额和效果差额，分析获得增量效果所付出的增量费用是否值得，不可盲目选择效果费用比($R_{E/C}$)大的方案或费用效果比($R_{C/E}$)小的方案。

费用效果分析可采用效果费用比为基本指标，其计算式如下：

$$R_{E/C}=\frac{E}{C} \tag{10-10}$$

式中：$R_{E/C}$——效果费用比；

E——项目效果；

C——项目的计算期费用，用现值或年值表示。

费用应包含从项目投资开始到项目终结的整个期间内所发生的全部费用。有时为方便或习惯起见，也可采用费用效果比指标，按下式计算：

$$R_{C/E} = \frac{C}{E} \tag{10-11}$$

本章小结

本章主要介绍国民经济评价基本概念及其与财务评价的关系，国民经济评价主要参数和方法，国民经济费用与效益分析、费用效果分析。

国民经济评价是项目经济评价的重要组成部分。从全社会的角度考察，确定建设项目的效益和费用，通过货物的影子价格、影子工资、影子汇率和社会折现率等经济参数，分析、计算建设项目为国民经济带来的经济效益和费用，判定建设项目经济的合理性和可行性。

复习思考题

1. 建设项目的国民经济评价与财务评价有何异同?
2. 当国民经济评价的结论与财务评价的结论发生矛盾时应如何决策?
3. 简述国民经济评价的意义。
4. 什么是社会折现率？什么是影子汇率？什么是影子工资?
5. 外贸货物与非外贸货物的影子价格有何区别?
6. 经济费用效益分析主要有哪些指标?
7. 简述经济效益和费用的识别及计算原则。
8. 费用效果分析的项目应满足什么条件?
9. 已知某出口产品的影子价格为 1 580 元/吨，国内的现行市场价格为 1 100 元/吨，试求该产品的换算系数。
10. 某进口产品的国内现行市场价格为 800 元/吨，其影子价格换算系数为 2.2，国内运费和贸易费用为 120 元/吨，人民币对某外币的影子汇率为 6.0，试求该进口产品用外币表示的到岸价格。
11. 什么是土地的影子价格？讲述其组成部分。

11 建设项目后评价

11.1 建设项目后评价概述

世界银行把项目工作划分为鉴定、准备、评价、实施和后评价 5 个阶段，其中，评价是投资决策的重要依据；而后评价作为项目管理工作的最后环节，是对项目加强管理、检验决策水平、改进完善项目投资政策及提高投资效益的重要手段。

11.1.1 建设项目后评价的含义

建设项目后评价是指建设项目建成投产并达到设计生产能力后，通过对项目的前期工作、方案设计、项目实施和运营管理全过程各阶段工作及其技术经济指标变化的成因进行系统的调查、研究和评价，分析建设项目成与败的原因，总结并吸取经验教训，及时反馈相关信息，进一步提高该项目的管理水平。

11.1.2 项目后评价的目的与作用

1）建设项目后评价的目的

（1）根据项目的实际成果和效益，检查项目预期的目标是否达到，项目是否合理有效，项目的主要效益指标是否实现。

（2）通过分析评价，找出成功的经验和失败的教训。

（3）为项目实施、营运中出现的问题提出改进建议，从而达到提高投资效益的目的。

（4）通过及时有效的信息反馈，提高和完善项目今后的营运管理水平。

（5）通过项目建设全过程各个阶段工作的总结，提高未来新项日的决策科学化、民主化、程序化水平。

2）建设项目后评价的作用

建设项目后评价是对项目建成投产后经过生产经营所取得的实际经济效益、社会效益和环境效益所进行的总体的综合评价。是判断项目预期目标实现程度的基本建设工作全过程中的一个重要阶段，是固定资产投资管理工作的重要组成部分之一。其目的在于为已建项目更好地发挥投资效益，为改进今后项目的立项决策、建设实施提供经验和依据，避免再度失误。

建设项目后评价的作用主要体现在以下几个方面：

（1）提高项目决策的科学化水平

通过项目后评价，检验建设程序各环节、生产经营全过程各项工作取得的实际效果，检验项目是否达到投资决策时所确定的目标，分析和探索建设过程中的立项、投资规模、技术选择、设计施工以及所采取的管理方法和运营手段等是否正确合理，并从中得出有益的经验教训，及时纠正项目决策中存在的问题，为今后项目投资决策提供借鉴的模式，从而提高未来项目决策的科学化水平。

(2) 提高项目管理水平

投资项目的管理是一项十分复杂的综合性的活动，涉及建设单位、银行、设计施工单位、相关国家及地方有关行政管理等单位。项目能否顺利完成并取得预期的投资效果，不仅取决于项目本身的因素，而且还取决于这些部门能否相互协作、密切配合、保质保量地完成各项任务。如何协调各单位之间的关系，应采取什么样的协作形式等都尚在不断探索过程中。项目后评价通过对已建成项目实际情况的分析研究，总结项目实施全过程各阶段的管理经验，查找存在的问题以及原因，提出相应的切实可行的改进措施和建议，指导未来项目管理活动，有利于进一步提高项目管理水平。

(3) 为国家制定投资政策、产业政策和技术经济政策提供科学依据

通过项目后评价，能够发现国家的投资政策和产业结构中存在的某些问题，国家可以及时调整有关的技术经济政策，综合运用税收、利率、汇率和价格等宏观经济政策合理控制投资规模和投资方向，调节各产业、各部门之间的各种投资比例关系。

(4) 提高项目运营管理水平

项目后评价是在营运阶段进行的，通过项目后评价的研究，可以发现和解决营运过程中存在的问题，提出切实可行的建议和措施，提高项目经济效益和可持续发展能力。

11.1.3 项目后评价的原则与特点

1) 项目后评价的原则

(1) 客观性

项目后评价工作必须从实际出发，尊重客观事实，依据项目实际所达到的技术、经济、社会和环境等各项指标，实事求是地评估项目的效果。

(2) 全面性

项目后评价要公正、全面地看待问题，既不脱离当时当地的客观环境和条件，正确评价当时的工作，又要站在发展的高度评价项目的成败，分析原因，总结经验教训，全面地对项目决策、设计施工、生产营运过程以及产生的结果作出评价。

(3) 独立性

项目后评价应该由投资者和收益者以外的第三者来完成，避免由项目决策者和管理者自己评价，这样才能保证后评价的公正性和合法性。公正性标志着后评价及评价者的信誉，避免在发现问题、分析原因和做结论时避重就轻，做出不客观的评价。独立性标志着后评价的合法性，后评价应从项目投资者和受援者或项目业主以外的第三者的角度出发，独立地进行，特别要避免项目决策者和管理者自己评价自己的情况发生。

(4) 科学性

项目后评价工作必须要有可靠的资料数据、科学的评估方法、合理的工作程序和有效的组织管理保障；评价的结论和提出的改进建议要切合实际、切实可行；总结的经验教训要经

得起实践的检验；整个评价工作要有益于指导今后的项目决策和建设管理工作。

2）建设项目后评价的特点

建设项目后评价不同于决策前可行性研究和项目评价（即项目前评价），其特点主要体现在以下几个方面：

(1) 现实性

建设项目后评价是从实际出发，对建设项目建设、投产后一段时间的运营状态、存在问题的一种研究、总结评价。它分析研究的是项目的实际情况，所依据的数据资料是现实发生的真实数据或根据实际情况重新预测的数据，总结的是现实存在的经验教训，提出的是实际可行的对策措施。

(2) 全面性

建设项目后评价的内容不仅包括投资项目立项决策、设计施工等投资过程，而且包括生产、营运等过程；不仅要分析项目投资的经济效益，而且还要分析项目的社会效益、环境效益和潜在效益。

(3) 反馈特性

项目后评价的结果不仅要反馈到本项目管理层，以提高项目管理水平，促进项目可持续发展，而且要反馈到有关决策部门，作为新项目的立项和评估的基础以及作为调整投资规划和政策的科学依据。

11.1.4 项目后评价与前评价的关系

项目前评价与后评价是对同一建设项目的不同阶段的评价，一个在前，一个在后；一个利用预测数据，一个利用现实数据；一个主要分析解决项目的必要性、可行性、合理性等问题，一个分析评价项目的成果度。它们既相互联系又相互区别。二者的区别主要表现在以下几个方面：

(1) 评价的主体不同

项目前评价主要是由投资主体（投资者、贷款银行和项目审批部门）组织实施的；而项目后评价则多是以投资主体之外的第三者（投资运行的监督管理机构、单位独立的后评价机构、决策的上一级机构）为主，组织主管部门会同计划、财政、审计、银行、质量等有关部门进行。

(2) 评价的阶段不同

项目前评价属于项目前期工作；项目后评价则是项目竣工投产后的后期工作。

(3) 评价的性质不同

项目前评价是对将要投资的项目进行评价，其结论作为投资决策、项目取舍的依据；项目后评价是对已经实施一段时间的项目进行总结和鉴定，其结论一方面直接对存在的问题提出改进和完善的建议，另一方面间接作用于未来项目投资的决策，提高投资决策的科学化水平。

(4) 评价的依据、标准不同

项目前评价主要依据国家、行业和部门颁布的政策规定、参数和指标，以及历史资料和对未来的预测资料；项目后评价主要依据项目实施的现实资料，并将预测数据和实际数据进行比较，总结经验，寻找差距。

(5) 评价的内容不同

项目前评价主要论证项目的必要性、可行性、合理性、经济效益、社会效益和环境效益；项目后评价不是对项目前评价的简单重复，项目后评价除了对前评价有关内容进行再评价外，还要对项目决策目标、项目实施效率、项目实际营运效果、项目可持续发展等方面进行评价。

11.2 建设项目后评价的主要任务

项目经济后评价的任务主要包括：

(1) 评价项目经济目标的正确性。

(2) 分析项目实际经济效益情况。

(3) 分析预测项目未来阶段的经济发展趋势。

(4) 检验经济评价方法的正确性和实用性，总结经济评价的经验和教训，以提高项目可行性研究的水平和项目决策的质量。

(5) 提出可行的改进建议，以提高项目经济效益。

(6) 提出综合评价结论，编制项目综合后评价报告。

11.3 建设项目后评价的基本程序

根据所评价项目类型、规模大小、复杂程度，项目后评价的工作程序会有一定的差异。一般而言，项目后评价的基本程序如下：

(1) 明确委托单位的要求

深入了解项目及其所处的环境，与委托单位沟通，明确项目后评价的研究范围、评价目的及具体要求。

(2) 建立后评价研究机构，制定研究计划

组建该项目后评价研究机构，配备相关专业人员，开展研讨会，确定该项目后评价的内容、方法、研究深度。

(3) 实地调查、收集相关后评价资料

实地调查、勘察、进行项目经济后评价需要收集的项目建设前期立项、决策、施工等方面的资料，以及项目投产营运后的效益资料，并注意审查这些资料的完整性、准确性和有效性。

(4) 分析研究

针对项目特点，建立与其相应的后评价指标体系，并采用定量分析和定性分析相结合的方法计算有关指标；采用对比法、逻辑框架法、成功度法对项目进行评价，肯定所取得的业绩，对存在的问题提出相应的解决办法。

(5) 编制并提交项目后评价报告

按项目后评价的有关要求编制报告书,后评价报告中应包括摘要、总论、评估内容、与项目目标相比的主要变化、存在的问题及其成因分析、主要经验教训、结论和建议等。向有关部门或单位提交项目后评价报告。

11.4 建设项目后评价的内容

11.4.1 世界银行贷款项目后评价内容简介

从20世纪70年代初世界银行开始贷款项目后评价,到现在已形成了一套完整的制度和方法,其评价制度和方法已为世界各国、各种国际组织认可和借鉴。世界银行的项目评价一般分为制定项目完成报告和全面总结评价两个阶段进行。项目完成报告和全面总结评价中的主要内容如下:

1) 项目完成报告

(1) 项目背景:项目的提出、项目准备和进行的依据、项目目标的范围和内容。

(2) 项目管理机构的设置、咨询专家的聘用及其实绩。

(3) 项目实施的时间进度、实际进度与预测进度的偏差及其原因。

(4) 在物资财务管理方面的问题及其产生原因。为了解决这些问题或减轻其造成的影响,采取了什么措施,其实际效果如何?

(5) 对项目作出重大修改及其修改的原因。

(6) 发放贷款出现的不正常情况,这些不正常情况与贷款条件、贷款协议或贷款程序有何关系?

(7) 双方在培训工作人员过程中有何经验教训?

(8) 违约事件的发生及其所采取的措施。

(9) 采购、供应商及承包商的表现。

(10) 财务评价:财务内部收益率、财务成果、财务实绩及财务目标的比较分析。

(11) 经济评价:国民经济效益、社会效益评价以及与预测效益的比较分析。

(12) 机构体制方面的实绩:组织方面的成长、组织管理措施及其经验教训。

(13) 结论:项目总评价和对类似项目可提供的建议。

2) 全面总结评价

全面总结评价是在第一阶段项目完成报告的基础上进行的,其主要内容包括:

(1) 对项目背景、目标、实施过程和结果作简单描述。

(2) 对项目目标完成情况作出评价,重点回答项目目标是否正确合理、目标是否达到,若没有达到,其原因是什么。

(3) 在项目选定和准备阶段预期到的不利条件是否消除、减轻或改变,若没有,其原因是什么。

(4) 列出主要经验教训和有特殊意义的问题,包括改动建议和补充措施。

(5) 表明审核报告单位有多大程度接受“项目完成报告”的观点和结论，并提出审核报告和完成报告有分歧的意见。

(6) 重点阐明“项目完成报告”中未提及或含糊敷衍的有关项目某些方面的问题。

11.4.2 我国投资项目后评价的内容

借鉴世界银行后评价经验，结合我国实际情况，项目后评价的基本内容包括项目前期工作后评价、项目实施过程后评价、项目生产运营阶段后评价、项目效益后评价、项目可持续性后评价、项目影响后评价和项目目标后评价等。

1) 项目目标后评价

项目目标后评价就是要对照原定目标所需完成的主要目标，根据项目实际完成情况，评定项目目标的实现程度。如果项目的预定目标未全面实现，需要分析未能实现的原因，并提出补救措施。目标评价的另一项任务，是对项目原定目标的正确性、合理性及实用性进行分析评价。有些项目原定目标不明确，或不符合实际情况，项目实施过程中可能发生重大变化，如政策变化或市场变化等，项目后评价要予以重新分析和评价。

2) 项目前期工作后评价

建设项目前期工作是指从项目的建议书到开工建设以前进行的各项工作，它是项目建设全过程的一个重要组成部分，是整个项目后评价的重点。项目前期工作的后评价主要包括以下几个方面：

(1) 项目立项决策后评价

① 决策依据。根据工程实际资料论证立项条件的完备与正确程度；对项目建议书和可行性研究报告中有关内容如厂址选择、资源供应、工厂布局、建设规模、工艺流程、设备选型、产品方案、产品性能等实际资料作出比较分析和评价；对建设进度、工期和投资估算进行评价。

② 投资方向。根据国家的产业政策、区域社会经济发展前景评价项目对提高行业的生产能力、技术水平以及对区域经济与宏观经济的影响。

③ 技术水平。分析建设项目的技术情况，并与国家的技术经济政策和国内外同类项目的技术水平相比，评价其先进性、合理性、经济性、实用性、高效性、可靠性、耐久性以及所采用的工艺、设备标准、规范规程等的技术成熟程度。

④ 引进效果。涉外项目还应对引进技术、引进设备的必要性和技术消化吸收情况、签约程序、合同条款及其变更、索赔事项、外资筹措和支付等方面的情况进行评价。

⑤ 协作条件。评价项目所在地外部协作配合条件，包括供电、供热、供气、排水、防洪、通信、交通、气象、人力资源等方面的落实程度。

⑥ 土地使用。对土地占用情况的评价，主要评价是否遵守国家有关土地规划、城市规划以及文物保护、环境保护、资源保护等方面的法律法规，分析土地征用、建筑物拆迁、人员安置等是否合理。

⑦ 决策程序和方法。主要评价决策程序及决策体制是否健全与完善，项目决策方法是否正确，决策过程是否科学、民主、高效。

(2) 项目管理组织机构设置的评价

项目管理组织机构评价主要评价组织机构设置的类型、定编定员情况、组织人员的聘用及其业绩、职责划定、管理水平、组织机构内部的协作等,是否体现了高效的原则。

(3) 项目前期管理工作的评价

项目前期管理工作的评价主要分析筹建工作,人员培训工作,资金筹措工作,征地拆迁工作,项目物资落实工作,委托勘测设计、施工、监理工作、项目配套等方面的管理工作。

3) 项目实施后评价

项目实施阶段是指项目从开工到竣工验收的整个过程,它是投资资金集中发生和使用的一个阶段。项目实施阶段的后评价内容主要包括以下几个方面:

(1) 项目施工准备工作评价

① 项目开工的各种条件是否具备、所需手续是否齐全、项目是否按计划开工等。

② 项目资金到位情况,材料、设备供应情况,概算、预算书是否齐备以及精度如何。

③ 招标书的制定是否科学合理,施工和设备的招标投标是否按照程序进行,是否遵循公开、公平和择优的原则,中标的施工企业资质等级、综合素质、社会信誉度、施工企业业绩。

④ 施工组织计划的制定是否科学合理,施工技术措施、组织管理措施制定的依据是否充分,制定的方案在施工过程中的落实情况。

(2) 项目施工评价

① 项目施工管理评价。项目施工管理评价的主要内容:建设单位的项目管理水平,施工单位的经营管理水平,履约情况和各单位工程网络计划的执行情况,项目进度和实施情况。

② 建设项目资金供应和使用评价。项目筹资计划是否科学合理,项目所需资金是否能及时满足,工程资金的使用效率。

③ 工程质量和安全评价。评价建设项目施工质量(合格率、优良率),将实际施工质量与计划质量或同类优质工程质量相比存在哪些差异,存在差异的原因,存在的质量问题对项目投产后产生哪些影响,应该如何补救;建设项目有无重大安全事故及其发生的原因、造成的损失等。

④ 建设项目成本的控制评价。项目成本控制方法是否科学,物资消耗、工时定额、设备折旧、管理费用等是否与计划相符,造成偏差的原因。

(3) 项目竣工验收评价

竣工验收成员、竣工验收程序是否符合国家的有关规定,竣工验收是否遵循国家的有关标准,竣工验收所需要的各种资料是否齐全,收尾工作和遗留问题的处理。

4) 项目运营后评价

(1) 生产准备工作的评价

生产准备工作的评价内容:生产营运机构设置是否合理,机构运作是否高效,定员标准是否科学;生产运营人员是否按计划培训、考核上岗,熟练程度如何;生产运营所需要的流动资金是否按计划到位,流动资金的周转效率如何;生产营运的外协配套条件是否能满足等。

(2) 项目营运评价

① 经营管理水平评价。经营管理体制是否建立和健全,运作机制是否高效;管理人员的知识结构、业务水平是否与生产经营理念、生产经营活动相适应;生产经营策略是否切实可行;经营管理制度是否健全等。

② 技术水平评价。技术是否先进合理;生产人员是否全部掌握生产技术;生产技术人

员的知识结构、业务水平是否与生产经营活动相一致；技术操作规程是否健全；生产过程中存在哪些技术问题，应如何改进等。

③ 产品方案评价。产品规格、品质的变化情况及其对经济效益的影响；产品方案的调整情况及其对经济效益的影响；现行产品方案是否适应市场需求；产品的营销方式是否正确等。

④ 财务评价。根据项目运行的销售收入、总成本费用、利润总额等实际数据计算有关的财务评价指标，将计算出来的有关指标与项目前评价中的有关数据进行比较，分析财务目标的实现情况。

⑤ 社会效益评价。社会效益评价主要评价项目实施给社会带来的影响，项目采纳的先进技术的含量以及对推进科学技术进步的影响；项目引进技术、设备或标准对行业技术进步、国产化、推广应用和提高国家的科技水平、装备水平所产生的影响。另外，项目对生态环境的影响。

5）项目影响后评价

(1) 经济影响评价

经济影响评价主要分析项目对所在地区、所属行业以及国家所产生的经济方面的影响，包括资源合理配置、产业结构的调整、能源开发和综合利用、技术进步等。

(2) 环境影响评价

环境影响评价就是根据所在地区对环境保护的要求，评价项目对大气、水、土地、生态等方面的影响，评价内容包括项目污染控制，项目对地区环境质量、自然资源的保护利用和对区域生态平衡等的影响。

(3) 社会影响评价

社会影响评价是对项目在社会发展方面的效益和影响进行分析，重点评价项目对所在地区和社区的影响。评价的主要内容有：项目对社会文化、教育、卫生的影响；对就业、扶贫、公平分配的影响；对居民生活条件和生活质量的影响；对妇女、民族团结、风俗习惯和宗教信仰等的影响。

6）项目可持续性评价

项目可持续性评价是指项目的既定目标是否可以延续，即项目是否可以顺利地持续实施；项目的后续发展能否实现良性循环；项目是否具有可重复性，即项目能否在未来以同样的方式建设同类工程。项目可持续性评价要从政策因素、组织管理因素、技术因素、财务因素、市场因素、社会文化因素、环境和生态因素以及其他外部因素等方面来分析。

11.5 项目后评价的指标体系

开展项目后评价研究工作，一项重要的工作就是要针对该项目的特点建立一套具有完备性、可比性、可操作性的后评价指标体系，主要从项目前期工作、项目实施、项目营运三方面建立相应的后评价指标。

1）项目前期工作后评价指标

项目前期工作后评价应根据评价内容，以定性评价为主，定量评价为辅。其常用指标如下：

(1) 项目决策周期。项目决策周期是指项目从项目建议书至项目可行性研究报告被批准为止所经历的时间。该指标反映了投资者与有关部门投资决策的效率。将拟建项目的实际决策周期与当地同类项目的决策周期或计划决策周期进行比较，以便考察项目决策效率。

(2) 项目决策周期变化率。项目决策周期变化率是指项目实际决策周期减去项目计划决策周期的差与项目计划决策周期之比率。

2）项目实施后评价指标

(1) 项目建设工期变化率。项目建设工期变化率是指项目实际建设工期减去项目计划建设工期的差与项目计划建设工期之比率。

(2) 项目实际投资额变化率。项目实际投资额变化率是指项目实际投资额减去项目计划投资总额的差与项目计划投资总额之比率。

(3) 项目单位生产能力实际投资额。项目单位生产能力实际投资额是指项目为形成单位生产能力而耗费的投资额。

(4) 工程质量指标。包括项目实际工程合格品率与项目实际工程优良品率。项目实际工程合格品率是指实际工程质量达到国家规定的合格标准的单位工程个数占验收的单位工程总个数之比。项目实际工程优良品率是指实际工程质量达到国家规定的优良品的单位工程个数占验收的单位工程总个数之比。

3）项目营运后评价指标

(1) 项目生产成本变化率。是指项目营运期的产品实际成本减去产品预测成本的差与产品预测成本之比率。

(2) 项目利润总额变化率。是指项目营运期实际利润总额减去年预测利润总额的差与年预测利润总额之比率。

(3) 项目实际投资利润率变化率。是指项目实际投资利润率减去项目预测投资利润率之差与项目预测投资利润之比率。

(4) 项目实际投资回收期变化率。是指项目实际投资回收期减去项目预测投资回收期的差与项目预测投资回收期之比率。

(5) 项目实际财务净现值变化率。是指项目实际财务净现值减去项目预测财务净现值的差与项目预测财务净现值之比率。

(6) 项目实际财务内部收益率变化率。是指项目实际财务内部收益率减去项目预测财务内部收益率的差与项目预测内部收益率之比率。

(7) 项目实际经济净现值变化率。是指项目实际经济净现值减去项目预期经济净现值的差与项目预期经济净现值之比率。

(8) 项目实际经济内部收益率变化率。是指项目实际经济内部收益率减去项目预期经济内部收益率的差与项目预测经济内部收益率之比率。

11.6　项目后评价的方法

目前建设项目后评价方法，主要有以下 3 种：

1）*前后对比法和有无对比法*

项目后评价方法最基本的方法是比较评价法，通过对比找出变化和差距，提出问题和分析其形成的原因。包括前后对比、预计和实际对比、有无项目的对比等，主要运用前后对比法。所谓前后对比法是指将项目可行性研究时所预测的有关参数与项目竣工验收营运之后的实际结果进行对比，找出差异并分析其原因的一种方法。对比的重点是要分清项目的作用和影响，与项目以外因素的作用和影响。这种对比用于项目的效益评价和影响评价。通过这种对比揭示计划、决策和实施的质量，是项目后评价最基本的方法。

2）*逻辑框架法*

逻辑框架法是美国国际开发署(LFA)于 1970 年提出的一种开发项目的工具，用于项目的规划、实施、监督和评价。目前已有三分之二的国际组织把逻辑框架法作为援助项目的计划、管理和评价的主要方法。逻辑框架法不是一种机械的方法程序，而是一种综合、系统地研究和分析问题的思维框架模式。在项目立项决策、可行性研究及评估、项目实施计划及管理、项目后评价等工作中常采用逻辑框架法。

逻辑框架法是一种概念化论述项目的方法，即用一张简单的框架图来分析一个复杂项目的内涵和关系。它将几个内容相关、必须同步考虑的因素组合起来，通过分析其间的关系来评价一项活动或工作。逻辑框架法为项目计划者和评价者提供一种分析框架，通过对项目目标和达到目标所需手段间逻辑关系的分析，用以确定工作范围和任务。

项目后评价的主要任务之一是分析评价项目的实现程度，以确定项目的成败。项目后评价通过运用逻辑框架法来分析项目原定预期目标、各种目标的层次、目标实现的程度和原因，用以评价的效果、作用和影响。逻辑框架法的模式是一个 4×4 的矩阵，由垂直逻辑和水平逻辑组成，如表 11-1 所示。采用逻辑框架法进行项目后评价时，可根据后评价的特点和项目特征在形式上和内容上做一些调整，以适应不同评价的要求。

表 11-1　逻辑框架法的评价模式表

层次描述	预期指标	客观验证指标	验证方法	重要假设条件
目标	目标预期指标	目标指标	监测和监督手段及方法	实现目标的主要条件
目的	目的预期指标	目的指标	监测和监督手段及方法	实现目的的主要条件
产出	产出预期指标	产出物定量指标	监测和监督手段及方法	实现产出的主要条件
投入	投入预期指标	投入物定量指标	监测和监督手段及方法	落实投入的主要条件

逻辑框架法把目标及因果关系划分为 4 个层次，即目标、目的、产出、投入。目标通常是指高层次的目标，即宏观计划、规划、政策和方针等，这个层次目标的确定和指标的选择一般由国家或行政部门负责。可用“问题树”和“目标树”的办法进行项目目标层次的分析。目的是指“为什么”要实施这个项目，即项目的直接效果和作用，一般应考虑项目为受益目标群带

来社会和经济等方面的成果和作用。这个层次的目标由项目和独立的评价机构来确定，指标由项目确定。产出是指项目“干了些什么”，即项目的建设内容或产出物，一般要提供项目可计量的直接结果。投入是指项目的实施过程及内容，主要包括资源的投入量和时间等。可以看出，以上 4 个层次之间存在垂直逻辑关系，主要体现在各层次之间自上而下的因果关系，见图 11-1 所示。

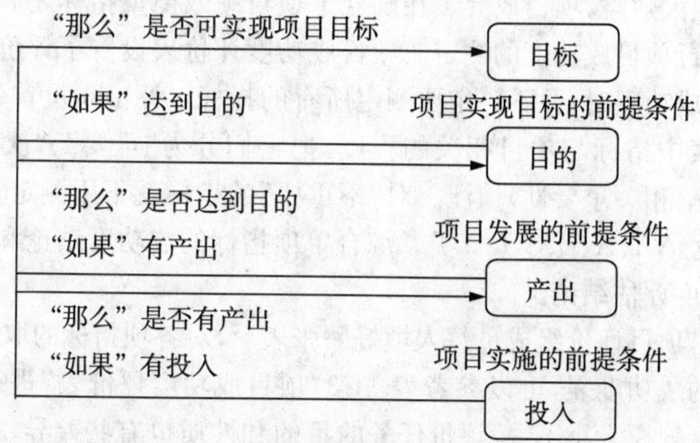

图 11-1　逻辑框架法垂直逻辑的因果关系图

逻辑框架的横向由客观验证指标、验证方法和重要假设条件三部分构成，目的是通过这些验证指标和验证方法来衡量一个项目的资源和成果。对应垂直逻辑的每个层次目标，对水平逻辑 4 个层次的结果加以具体说明。水平逻辑验证指标和验证方法的内容和关系见表 11-2 所示。

重要的假定条件主要是指可能对项目的进展和结果产生影响，而项目管理者又无法控制的外部条件，即风险。风险的产生有多方面的原因，主要包括项目所在地的特定环境及其变化；政府政策、计划发展战略等方面的失误或变化所带来的影响；管理部门体制所造成的问题等。

表 11-2　水平逻辑示意表

概述	验证指标	验证方法	重要假设条件
目标	宏观层次上项目的间接效果	信息来源：文件、官方统计、受益者采用方法：资料分析、调查研究	项目本身无法控制并影响项目目标的因素
目的	项目建成的直接效果	信息来源：受益者采用方法：调查研究	项目本身无法控制并影响项目目的的因素
产出	项目定性和定量的产出	信息来源：项目记录、报告、受益者采用方法：资料分析、调查研究	项目本身无法控制并影响项目产出的因素
投入	项目建成所必需的要素	信息来源：项目评估报告、计划等	项目原始的假定条件

3）*成功度法*

成功度法是依靠评价专家或专家组的经验，根据项目各方面的执行情况并通过系统准则或目标判断表来评价项目总体的成功程度。成功度评价以用逻辑框架法分析的项目目标的实现程度和经济效益分析的评价结论为基础，以项目的目标和效益为核心，对项目进行全面系统的评价。

进行项目成功度分析时，首先确立项目绩效衡量指标，然后根据以下评价体系将每个绩效衡量指标进行专家打分。①非常成功(AA)：完全实现或超出目标的，和成本相比较，总体效益非常重大。②成功(A)：目标大部分实现，和成本相比较，总体效益很大。③部分成功(B)：某些目标已实现；和成本相比较，取得了某些效益。④大部分不成功(C)：实现的目标很有限；和成本相比较，取得的效益并不重要。⑤不成功(D)：未实现目标；和成本相比较，没有取得任何重大效益，项目放弃。在确立了项目绩效衡量指标之后，就开始利用项目成功度评价表来进行项目成功度的测定。项目成功度评价表设置了评价项目的主要指标。在评定具体项目的成功度时，并不一定要测定所有的指标。评价人员首先根据具体项目的类型和特点，确定表中指标与项目相关的程度，把它们分为“重要”、“次重要”、“不重要”3类，在表中第一栏里(相关重要性)填注。对“不重要”的指标就不用测定。对每项指标的成功度进行评估，分为AA、A、B、C、D 5类。综合单项指标的成功度结论和指标重要性，可得到整个项目的成功度评估结论。

在具体操作时，项目评价组成员每人填好一张表后，对各项指标的取舍和等级进行内部讨论，形成评价组的成功度表，可以参考表11-3“项目成功度评价表”进行成功度分析。由于建设项目种类多、规模大小不一，评价任务的目的和性质也有些差异，在制定成功度评价表时可以根据具体情况调整评定项目指标。

表11-3　项目成功度评价表

评定项目指标	相关重要性	成功度评定等级	备　注
宏观目标和产业政策			
决策及其程序			
布局与规划			
经济适应性			
设计与技术水平			
资源和建设条件			
资金来源和融资			
项目进度及其控制			
项目质量及其控制			
项目投资及其控制			
项目经营			
机构和管理			
项目财务效益			
项目经济效益和影响			
社会和环境影响			
项目可持续性			
项目总成功度			

本章小结

本章主要介绍了建设项目后评价的概念、与前评价的区别、建设项目后评价的程序、项目后评价的主要内容、建设项目后评价的主要评价指标和主要评价方法。

复习思考题

1. 项目后评价的含义是什么？它的特点和作用有哪些？
2. 简述我国建设项目后评价的基本内容。
3. 投资项目后评价有哪些方法？
4. 投资项目后评价有哪些主要评价指标？

附录

附录表 1　复利系数表($i=1\%$)

	一次支付		等额多次支付				
N	(F/P,i,n)	(P/F,i,n)	(F/A,i,n)	(P/A,i,n)	(A/F,i,n)	(A/P,i,n)	N
1	1.010 0	0.990 1	1.000 0	0.990 1	1.00 0	1.010 0	1
2	1.020 1	0.980 3	2.010 0	1.970 4	0.497 5	0.507 5	2
3	1.030 3	0.970 6	3.030 1	2.941 0	0.330 0	0.340 0	3
4	1.040 6	0.961 0	4.060 4	3.902 0	0.246 3	0.256 3	4
5	1.051 0	0.951 5	5.101 0	4.853 4	0.196 0	0.206 0	5
6	1.061 5	0.942 0	6.152 0	5.795 5	0.162 5	0.712 5	6
7	1.072 1	0.932 7	7.213 5	6.728 2	0.138 6	0.148 6	7
8	1.082 9	0.923 5	8.285 7	7.651 7	0.120 7	0.130 7	8
9	1.093 7	0.914 3	9.368 5	8.566 0	0.106 7	0.116 7	9
10	1.104 6	0.905 3	10.462 2	9.471 3	0.095 6	0.105 6	10
11	1.115 7	0.896 3	11.566 8	10.367 6	0.086 5	0.096 5	11
12	1.126 8	0.887 4	12.682 5	11.255 1	0.078 8	0.088 8	12
13	1.138 1	0.878 7	13.809 3	12.133 7	0.072 4	0.082 4	13
14	1.149 5	0.870 0	14.947 4	13.003 7	0.066 9	0.076 9	14
15	1.161 0	0.861 3	16.096 9	13.865 1	0.062 1	0.072 1	15
16	1.172 6	0.852 8	17.257 9	14.717 9	0.057 9	0.067 9	16
17	1.184 3	0.844 4	18.430 4	15.562 3	0.054 3	0.064 3	17
18	1.196 1	0.836 0	19.614 7	16.398 3	0.051 0	0.061 0	18
19	1.208 1	0.827 7	20.810 9	17.226 0	0.048 1	0.058 1	19
20	1.220 2	0.819 5	22.019 0	18.045 6	0.045 4	0.055 4	20
21	1.232 4	0.811 4	23.239 2	18.857 0	0.043 0	0.053 0	21
22	1.244 7	0.803 4	24.471 6	19.660 4	0.040 9	0.050 9	22
23	1.257 2	0.795 4	25.716 3	20.455 8	0.038 9	0.048 9	23
24	1.269 7	0.787 6	26.973 5	21.243 4	0.037 1	0.047 1	24
25	1.282 4	0.779 8	28.243 2	22.023 2	0.035 4	0.045 4	25
26	1.295 3	0.772 0	29.525 6	22.795 2	0.033 9	0.043 9	26
27	1.308 2	0.764 4	30.820 9	23.559 6	0.032 4	0.042 4	27
28	1.321 3	0.756 8	32.129 1	24.316 4	0.031 1	0.041 1	28
29	1.334 5	0.749 3	33.450 4	25.065 8	0.029 9	0.039 9	29
30	1.347 8	0.741 9	34.784 9	25.807 7	0.028 7	0.038 7	30
31	1.361 3	0.734 6	36.132 7	26.542 3	0.027 7	0.037 7	31
32	1.374 9	0.727 3	37.494 1	27.269 6	0.026 7	0.036 7	32
33	1.388 7	0.720 1	38.869 0	27.989 7	0.025 7	0.035 7	33
34	1.402 6	0.713 0	40.257 7	28.702 7	0.024 8	0.034 8	34
35	1.416 6	0.705 9	41.660 3	29.408 6	0.024 0	0.034 0	35

附录表 2　复利系数表($i=2\%$)

	一次支付		等额多次支付				
N	$(F/P,i,n)$	$(P/F,i,n)$	$(F/A,i,n)$	$(P/A,i,n)$	$(A/F,i,n)$	$(A/P,i,n)$	N
1	1.020 0	0.980 4	1.000 0	0.980 4	1.000 0	1.020 0	1
2	1.040 4	0.961 2	2.020 0	1.941 6	0.495 0	0.515 0	2
3	1.061 2	0.942 3	3.060 4	2.883 9	0.326 8	0.346 8	3
4	1.082 4	0.923 8	4.121 6	3.807 7	0.242 6	0.262 6	4
5	1.104 1	0.905 7	5.204 0	4.713 5	0.192 2	0.212 2	5
6	1.126 2	0.888 0	6.308 1	5.601 4	0.158 5	0.178 5	6
7	1.148 7	0.870 6	7.434 3	6.472 0	0.134 5	0.154 5	7
8	1.171 7	0.853 5	8.583 0	7.325 5	0.116 5	0.136 5	8
9	1.195 1	0.836 8	9.754 6	8.162 2	0.102 5	0.122 5	9
10	1.219 0	0.820 3	10.949 7	8.982 6	0.091 3	0.111 3	10
11	1.243 4	0.804 3	12.168 7	9.786 8	0.082 2	0.102 2	11
12	1.268 2	0.788 5	13.412 1	10.575 3	0.074 6	0.094 6	12
13	1.293 6	0.773 0	14.680 3	11.348 4	0.068 1	0.088 1	13
14	1.319 5	0.757 9	15.973 9	12.106 2	0.062 6	0.082 6	14
15	1.345 9	0.743 0	17.293 4	12.849 3	0.057 8	0.077 8	15
16	1.372 8	0.728 4	18.639 3	13.577 7	0.053 7	0.073 7	16
17	1.400 2	0.714 2	20.012 1	14.291 9	0.050 0	0.070 0	17
18	1.428 2	0.700 2	21.412 3	14.992 0	0.046 7	0.066 7	18
19	1.456 8	0.686 4	22.840 6	15.678 5	0.043 8	0.063 8	19
20	1.485 9	0.673 0	24.297 4	16.351 4	0.041 2	0.061 2	20
21	1.515 7	0.659 8	25.783 3	17.011 2	0.038 8	0.058 8	21
22	1.546 0	0.646 8	27.299 0	17.658 0	0.036 6	0.056 6	22
23	1.576 9	0.634 2	28.845 0	18.292 2	0.034 7	0.054 7	23
24	1.608 4	0.621 7	30.421 9	18.913 9	0.032 9	0.052 9	24
25	1.640 6	0.609 5	32.030 3	19.523 5	0.031 2	0.051 2	25
26	1.673 4	0.597 6	33.670 9	20.121 0	0.029 7	0.049 7	26
27	1.706 9	0.585 9	35.344 3	20.706 9	0.028 3	0.048 3	27
28	1.741 0	0.574 4	37.051 2	21.281 3	0.027 0	0.047 0	28
29	1.775 8	0.563 1	38.792 2	21.844 4	0.025 8	0.045 8	29
30	1.811 4	0.552 1	40.568 1	22.396 5	0.024 6	0.044 6	30
31	1.847 6	0.541 2	42.379 4	22.937 7	0.023 6	0.043 6	31
32	1.884 5	0.530 6	44.227 0	23.468 3	0.022 6	0.042 6	32
33	1.922 2	0.520 2	46.111 6	23.988 6	0.021 7	0.041 7	33
34	1.960 7	0.510 0	48.033 8	24.498 6	0.020 8	0.040 8	34
35	1.999 9	0.500 0	49.994 5	24.998 6	0.020 0	0.040 0	35

附录表 3　复利系数表($i=3\%$)

一次支付			等额多次支付				
N	(F/P,i,n)	(P/F,i,n)	(F/A,i,n)	(P/A,i,n)	(A/F,i,n)	(A/P,i,n)	N
1	1.030 0	0.970 9	1.000 0	0.970 9	1.000 0	1.030 0	1
2	1.060 9	0.942 6	2.030 0	1.913 5	0.492 6	0.522 6	2
3	1.092 7	0.915 1	3.090 9	2.828 6	0.323 5	0.353 5	3
4	1.125 5	0.888 5	4.183 6	3.717 1	0.239 0	0.269 0	4
5	1.159 3	0.862 6	5.309 1	4.579 7	0.188 4	0.218 4	5
6	1.194 1	0.837 5	6.468 4	5.417 2	0.154 6	0.184 6	6
7	1.229 9	0.813 1	7.662 5	6.230 3	0.130 5	0.160 5	7
8	1.266 8	0.789 4	8.892 3	7.019 7	0.112 5	0.142 5	8
9	1.304 8	0.766 4	10.159 1	7.786 1	0.098 4	0.128 4	9
10	1.343 9	0.744 1	11.463 9	8.530 2	0.087 2	0.117 2	10
11	1.384 2	0.722 4	12.807 8	9.252 6	0.078 1	0.108 1	11
12	1.425 8	0.701 4	14.192 0	9.954 0	0.070 5	0.100 5	12
13	1.468 5	0.681 0	15.617 8	10.635 0	0.064 0	0.094 0	13
14	1.512 6	0.661 1	17.086 3	11.296 1	0.058 5	0.088 5	14
15	1.558 0	0.641 9	18.598 9	11.937 9	0.053 8	0.083 8	15
16	1.604 7	0.623 2	20.156 9	12.561 1	0.049 6	0.079 6	16
17	1.652 8	0.605 0	21.761 6	13.166 1	0.046 0	0.076 0	17
18	1.702 4	0.587 4	23.414 4	13.753 5	0.042 7	0.072 7	18
19	1.753 5	0.570 3	25.116 9	14.323 8	0.039 8	0.069 8	19
20	1.806 1	0.553 7	26.870 4	14.877 5	0.037 2	0.067 2	20
21	1.860 3	0.537 5	28.676 5	15.415 0	0.034 9	0.064 9	21
22	1.916 1	0.521 9	30.536 8	15.936 9	0.032 7	0.062 7	22
23	1.973 6	0.506 7	32.452 9	16.443 6	0.030 8	0.060 8	23
24	2.032 8	0.491 9	34.426 5	16.935 5	0.029 0	0.059 0	24
25	2.093 8	0.477 6	36.459 3	17.413 1	0.027 4	0.057 4	25
26	2.156 6	0.463 7	38.553 0	17.876 8	0.025 9	0.055 9	26
27	2.221 3	0.450 2	40.709 6	18.327 0	0.024 6	0.054 6	27
28	2.287 9	0.437 1	42.930 9	18.764 1	0.023 3	0.053 3	28
29	2.356 6	0.424 3	45.218 9	19.188 5	0.022 1	0.052 1	29
30	2.427 3	0.412 0	47.575 4	19.600 4	0.021 0	0.051 0	30
31	2.500 1	0.400 0	50.002 7	20.000 4	0.021 0	0.050 0	31
32	2.575 1	0.388 3	52.502 8	20.388 8	0.020 0	0.049 0	32
33	2.652 3	0.377 0	55.077 8	20.765 8	0.019 0	0.048 2	33
34	2.731 9	0.366 0	57.730 2	21.131 8	0.018 2	0.047 3	34
35	2.813 9	0.355 4	60.462 1	21.487 2	0.017 3	0.046 5	35

附录表 4　复利系数表(i=4%)

	一次支付		等额多次支付				
N	(F/P,i,n)	(P/F,i,n)	(F/A,i,n)	(P/A,i,n)	(A/F,i,n)	(A/P,i,n)	N
1	1.040 0	0.961 5	1.000 0	0.961 5	1.000 0	1.040 0	1
2	1.081 6	0.924 6	2.040 0	1.886 1	0.490 2	0.530 2	2
3	1.124 7	0.889 0	3.121 6	2.775 1	0.320 4	0.360 4	3
4	1.169 9	0.854 8	4.246 5	3.629 9	0.235 5	0.275 5	4
5	1.216 7	0.821 9	5.416 3	4.451 8	0.184 6	0.224 6	5
6	1.265 3	0.790 3	6.633 0	5.242 1	0.150 8	0.190 8	6
7	1.315 9	0.759 9	7.898 3	6.002 1	0.126 6	0.166 6	7
8	1.368 6	0.730 7	9.214 2	6.732 7	0.108 5	0.148 5	8
9	1.423 3	0.702 6	10.582 8	7.435 3	0.094 5	0.134 5	9
10	1.480 2	0.675 6	12.006 1	8.110 9	0.083 3	0.123 3	10
11	1.539 5	0.649 6	13.486 4	8.760 5	0.074 2	0.114 2	11
12	1.601 0	0.624 6	15.025 8	9.385 1	0.066 6	0.106 6	12
13	1.665 1	0.600 6	16.626 8	9.985 7	0.060 1	0.100 1	13
14	1.731 7	0.577 5	18.291 9	10.563 1	0.054 7	0.094 7	14
15	1.800 9	0.555 3	20.023 6	11.118 4	0.049 9	0.089 9	15
16	1.830 0	0.533 9	21.824 5	11.652 3	0.045 8	0.085 8	16
17	1.947 9	0.513 4	23.697 5	12.165 7	0.042 2	0.082 2	17
18	2.025 8	0.493 6	25.645 4	12.659 3	0.039 0	0.079 0	18
19	2.106 9	0.474 6	27.671 2	13.133 9	0.036 1	0.076 1	19
20	2.191 1	0.456 4	29.778 1	13.590 3	0.033 6	0.073 6	20
21	2.278 8	0.438 8	31.969 2	14.029 2	0.031 3	0.071 3	21
22	2.370 0	0.422 0	34.248 0	14.451 1	0.029 2	0.069 2	22
23	2.464 7	0.405 7	36.617 9	14.856 8	0.027 3	0.067 3	23
24	2.563 3	0.390 1	39.082 6	15.247 0	0.025 6	0.065 6	24
25	2.665 8	0.375 1	41.646 0	15.622 1	0.024 0	0.064 0	25
26	2.772 5	0.360 7	44.311 7	15.982 8	0.022 6	0.062 6	26
27	2.883 4	0.346 8	47.084 2	16.329 6	0.021 2	0.061 2	27
28	2.998 7	0.333 5	49.967 6	16.663 1	0.020 0	0.060 0	28
29	3.118 7	0.320 7	52.966 3	16.983 7	0.018 9	0.058 9	29
30	3.243 4	0.308 3	56.084 9	17.292 0	0.017 8	0.057 8	30
31	3.373 1	0.296 5	59.328 3	17.588 5	0.016 9	0.056 9	31
32	3.508 1	0.285 1	62.701 5	17.873 6	0.016 0	0.056 0	32
33	3.648 4	0.274 1	66.209 5	18.147 7	0.015 1	0.055 1	33
34	3.794 3	0.263 6	69.857 9	18.411 2	0.014 3	0.054 3	34
35	3.946 1	0.253 4	73.652 2	18.664 6	0.013 6	0.053 6	35

附录表 5　复利系数表(i=5%)

	一次支付		等额多次支付				
N	$(F/P,i,n)$	$(P/F,i,n)$	$(F/A,i,n)$	$(P/A,i,n)$	$(A/F,i,n)$	$(A/P,i,n)$	N
1	1.050 0	0.952 4	1.000 0	0.953 4	1.000 0	1.050 0	1
2	1.102 5	0.907 0	2.050 0	1.859 4	0.487 8	0.537 8	2
3	1.157 6	0.863 8	3.152 5	2.723 3	0.317 2	0.367 2	3
4	1.215 5	0.822 7	4.310 1	3.546 0	0.232 0	0.282 0	4
5	1.276 3	0.783 5	5.525 6	4.329 5	0.181 0	0.231 0	5
6	1.340 1	0.746 2	6.801 9	5.075 7	0.147 0	0.197 0	6
7	1.407 1	0.710 7	8.142 0	5.786 4	0.122 8	0.172 8	7
8	1.477 5	0.676 8	9.549 1	6.463 2	0.104 7	0.154 7	8
9	1.551 3	0.644 6	11.026 6	7.107 8	0.090 7	0.140 7	9
10	1.628 9	0.613 9	12.577 9	7.721 7	0.079 5	0.129 5	10
11	1.701 3	0.584 7	14.206 8	8.306 4	0.070 4	0.120 4	11
12	1.795 9	0.556 8	15.917 1	8.863 3	0.062 8	0.112 8	12
13	1.885 7	0.530 3	17.713 0	9.393 6	0.056 5	0.106 5	13
14	1.980 0	0.505 1	19.598 6	9.898 6	0.051 0	0.101 0	14
15	2.078 9	0.481 0	21.578 6	10.379 7	0.046 3	0.096 3	15
16	2.182 9	0.458 1	23.657 5	10.837 8	0.042 3	0.092 3	16
17	2.292 0	0.436 3	25.840 4	11.274 1	0.038 7	0.088 7	17
18	2.406 6	0.415 5	28.132 4	11.689 6	0.035 6	0.085 6	18
19	2.527 0	0.395 7	30.539 0	12.085 3	0.032 8	0.082 8	19
20	2.653 3	0.376 9	33.066 0	12.462 2	0.030 2	0.080 2	20
21	2.786 0	0.358 9	35.719 3	12.821 2	0.028 0	0.078 0	21
22	2.925 3	0.341 9	38.505 2	13.163 0	0.026 0	0.076 0	22
23	3.071 5	0.325 6	41.430 5	13.488 6	0.024 1	0.074 1	23
24	3.225 1	0.310 1	44.502 0	13.798 6	0.022 5	0.072 5	24
25	3.386 4	0.295 3	47.727 1	14.093 4	0.021 0	0.071 0	25
26	3.555 7	0.281 2	51.113 5	14.375 2	0.019 6	0.069 6	26
27	3.733 5	0.267 9	54.669 1	14.643 0	0.018 3	0.068 3	27
28	3.920 1	0.255 1	58.402 6	14.898 1	0.017 1	0.067 1	28
29	4.116 1	0.243 0	62.322 7	15.141 1	0.016 1	0.066 1	29
30	4.321 9	0.231 4	66.438 9	15.372 5	0.015 1	0.065 1	30
31	4.538 0	0.220 4	70.760 8	15.592 8	0.014 1	0.064 1	31
32	4.764 9	0.209 9	75.298 8	15.802 7	0.013 3	0.063 3	32
33	5.003 2	0.199 9	80.063 8	16.002 6	0.012 5	0.062 5	33
34	5.253 4	0.190 4	85.067 0	16.192 9	0.011 8	0.061 8	34
35	5.516 0	0.181 3	90.836 3	16.374 2	0.011 1	0.061 1	35

附录表 6 复利系数表($i=6\%$)

	一次支付		等额多次支付				
N	(F/P,i,n)	(P/F,i,n)	(F/A,i,n)	(P/A,i,n)	(A/F,i,n)	(A/P,i,n)	N
1	1.060 0	0.943 4	1.000 0	0.943 4	1.000 0	1.060 0	1
2	1.123 6	0.890 0	2.060 0	1.833 4	0.485 4	0.545 4	2
3	1.191 0	0.838 6	3.183 6	2.673 0	0.314 1	0.374 1	3
4	1.262 5	0.792 1	4.374 6	3.465 1	0.228 6	0.288 6	4
5	1.338 2	0.747 3	5.637 1	4.212 4	0.177 4	0.237 4	5
6	1.418 5	0.705 0	6.975 3	4.917 3	0.143 4	0.203 4	6
7	1.503 6	0.665 1	8.393 8	5.582 4	0.119 1	0.179 1	7
8	1.593 9	0.627 4	9.897 5	6.209 8	0.101 0	0.161 0	8
9	1.689 5	0.591 9	11.491 3	6.801 7	0.087 0	0.147 0	9
10	1.790 9	0.558 4	13.180 8	7.360 1	0.075 9	0.135 9	10
11	1.898 3	0.526 8	14.971 6	7.886 9	0.066 8	0.126 8	11
12	2.012 2	0.497 0	16.870 0	8.383 8	0.059 3	0.119 3	12
13	2.132 9	0.468 8	18.882 1	8.852 7	0.053 0	0.113 0	13
14	2.260 9	0.442 3	21.015 1	9.295 0	0.047 6	0.107 6	14
15	2.396 6	0.417 3	23.276 0	9.712 3	0.043 0	0.103 0	15
16	2.540 4	0.393 7	25.672 5	10.105 9	0.039 0	0.099 0	16
17	2.692 8	0.371 4	28.212 9	10.477 3	0.035 4	0.095 4	17
18	2.854 3	0.350 3	30.905 7	10.827 6	0.032 4	0.092 4	18
19	3.025 6	0.330 5	33.760 0	11.158 1	0.029 6	0.089 6	19
20	3.207 1	0.311 8	36.785 6	11.469 9	0.027 2	0.087 2	20
21	3.399 6	0.294 2	39.992 7	11.764 1	0.025 0	0.085 0	21
22	3.603 5	0.277 5	43.392 3	12.041 6	0.023 1	0.083 1	22
23	3.819 8	0.261 8	46.995 8	12.303 4	0.021 3	0.081 3	23
24	4.048 9	0.247 0	50.815 6	12.550 4	0.019 7	0.079 7	24
25	4.291 9	0.233 0	54.864 5	12.783 4	0.018 2	0.078 2	25
26	4.549 4	0.219 5	59.156 4	13.003 2	0.016 9	0.076 9	26
27	4.822 4	0.207 4	63.705 8	13.210 5	0.015 7	0.075 7	27
28	5.111 7	0.195 6	68.528 1	13.406 2	0.014 6	0.074 6	28
29	5.418 4	0.184 6	73.639 8	13.590 7	0.013 6	0.073 6	29
30	5.743 5	0.174 1	79.058 2	13.764 8	0.012 7	0.072 7	30
31	6.088 1	0.164 3	84.801 7	13.929 1	0.011 8	0.071 8	31
32	6.453 4	0.155 0	90.889 8	14.084 0	0.011 0	0.071 0	32
33	6.840 6	0.146 2	97.343 2	14.230 2	0.010 3	0.070 3	33
34	7.251 0	0.137 9	104.183 8	14.368 1	0.009 6	0.069 6	34
35	7.686 1	0.130 1	111.434 8	14.498 3	0.009 0	0.069 0	35

附录表 7　复利系数表(i=7%)

	一次支付		等额多次支付				
N	(F/P,i,n)	(P/F,i,n)	(F/A,i,n)	(P/A,i,n)	(A/F,i,n)	(A/P,i,n)	N
1	1.070 0	0.934 6	1.000 0	0.934 6	1.000 0	1.070 0	1
2	1.144 9	0.873 4	2.070 0	1.808 0	0.483 1	0.553 1	2
3	1.225 0	0.816 3	3.214 9	2.624 3	0.311 1	0.381 1	3
4	1.310 8	0.762 9	4.439 9	3.387 2	0.225 2	0.295 2	4
5	1.402 6	0.713 0	5.750 7	4.100 2	0.173 9	0.243 9	5
6	1.500 7	0.666 3	7.153 3	4.766 5	0.139 8	0.209 8	6
7	1.605 8	0.622 8	8.654 0	5.389 3	0.115 6	0.185 6	7
8	1.718 2	0.582 0	10.259 8	5.971 3	0.097 5	0.167 5	8
9	1.838 5	0.543 9	11.978 0	6.515 2	0.083 5	0.153 5	9
10	1.967 2	0.508 4	13.816 5	7.023 6	0.072 4	0.142 4	10
11	2.104 9	0.475 1	15.783 6	7.498 7	0.063 4	0.133 4	11
12	2.252 2	0.444 0	17.888 5	7.942 7	0.055 9	0.125 9	12
13	2.409 9	0.415 0	20.140 6	8.357 7	0.049 7	0.119 7	13
14	2.578 5	0.387 8	22.550 5	8.745 5	0.044 3	0.114 3	14
15	2.759 0	0.364 5	25.129 0	9.107 9	0.039 8	0.109 8	15
16	2.952 2	0.338 7	27.888 1	9.446 7	0.035 9	0.105 9	16
17	3.158 8	0.316 6	30.840 2	9.763 2	0.032 4	0.102 4	17
18	3.379 9	0.295 9	33.999 0	10.059 1	0.029 4	0.099 4	18
19	3.616 5	0.276 5	37.379 0	10.335 6	0.026 8	0.096 8	19
20	3.869 7	0.258 4	40.995 5	10.594 0	0.024 4	0.094 4	20
21	4.140 6	0.241 5	44.865 2	10.835 5	0.022 3	0.092 3	21
22	4.430 4	0.225 7	49.005 7	11.061 2	0.020 4	0.090 4	22
23	4.740 5	0.211 0	53.436 1	11.272 2	0.018 7	0.088 7	23
24	5.072 4	0.197 2	58.176 7	11.469 3	0.017 2	0.087 2	24
25	5.427 4	0.184 3	63.249 0	11.653 6	0.015 8	0.085 8	25
26	5.807 4	0.172 2	68.676 5	11.825 8	0.014 6	0.084 6	26
27	6.213 9	0.160 9	74.483 8	11.986 7	0.013 4	0.083 4	27
28	6.648 8	0.150 4	80.697 7	12.137 1	0.012 4	0.082 4	28
29	7.114 3	0.140 6	87.346 5	12.277 7	0.011 5	0.081 5	29
30	7.612 3	0.131 4	94.460 8	12.409 0	0.010 6	0.080 6	30
31	8.145 1	0.122 8	102.073 0	12.531 8	0.009 8	0.079 8	31
32	8.715 3	0.114 7	110.218 2	12.646 6	0.009 1	0.079 1	32
33	9.325 3	0.107 2	118.933 4	12.753 8	0.008 4	0.078 4	33
34	9.978 1	0.100 2	128.258 8	12.854 0	0.007 8	0.077 8	34
35	10.676 6	0.093 7	138.236 9	12.947 7	0.007 2	0.077 2	35

附录表 8　复利系数表(i=8%)

	一次支付		等额多次支付				
N	$(F/P,i,n)$	$(P/F,i,n)$	$(F/A,i,n)$	$(P/A,i,n)$	$(A/F,i,n)$	$(A/P,i,n)$	N
1	1.080 0	0.925 9	1.000 0	0.925 9	1.000 0	1.080 0	1
2	1.166 4	0.857 3	2.080 0	1.783 3	0.480 8	0.560 8	2
3	1.259 7	0.793 8	3.246 4	2.577 1	0.308 0	0.388 0	3
4	1.360 5	0.735 0	4.506 1	3.312 1	0.221 9	0.301 9	4
5	1.469 3	0.680 6	5.866 6	3.992 7	0.170 5	0.250 5	5
6	1.586 9	0.630 2	7.335 9	4.622 9	0.136 3	0.216 3	6
7	1.713 8	0.583 5	8.922 8	5.206 4	0.112 1	0.192 1	7
8	1.850 9	0.540 3	10.636 6	5.746 6	0.094 0	0.174 0	8
9	1.999 0	0.500 3	12.487 6	6.246 9	0.080 1	0.160 1	9
10	2.158 9	0.463 2	14.486 6	6.710 1	0.069 0	0.149 0	10
11	2.331 6	0.428 9	16.645 5	7.139 0	0.060 1	0.140 1	11
12	2.518 2	0.397 1	18.977 1	7.536 1	0.052 7	0.132 7	12
13	2.719 6	0.367 7	21.495 3	7.903 8	0.046 5	0.126 5	13
14	2.937 2	0.340 5	24.214 9	8.244 2	0.041 3	0.121 3	14
15	3.172 2	0.315 2	27.152 1	8.559 5	0.036 8	0.116 8	15
16	3.425 9	0.291 9	30.324 3	8.851 4	0.033 0	0.113 0	16
17	3.700 0	0.270 3	33.750 2	9.121 6	0.029 6	0.109 6	17
18	3.996 0	0.250 3	37.450 2	9.371 9	0.026 7	0.106 7	18
19	4.315 7	0.231 7	41.446 3	9.603 6	0.024 1	0.104 1	19
20	4.661 0	0.214 6	45.762 0	9.818 2	0.021 9	0.101 9	20
21	5.033 8	0.198 7	50.422 9	10.016 8	0.019 8	0.099 8	21
22	5.436 5	0.183 9	55.456 8	10.200 7	0.018 0	0.098 0	22
23	5.871 5	0.170 3	60.893 3	10.371 1	0.016 4	0.096 4	23
24	6.341 2	0.157 7	66.764 8	10.528 8	0.015 0	0.095 0	24
25	6.848 5	0.146 0	73.105 9	10.674 8	0.013 7	0.093 7	25
26	7.396 4	0.135 2	79.954 4	10.810 0	0.012 5	0.092 5	26
27	7.988 1	0.125 2	87.350 8	10.935 2	0.011 5	0.091 5	27
28	8.627 1	0.115 9	95.338 8	11.051 1	0.010 5	0.090 5	28
29	9.317 3	0.107 3	103.965 9	11.158 4	0.009 6	0.089 6	29
30	10.062 7	0.099 4	113.283 2	11.257 8	0.008 8	0.088 8	30
31	10.867 7	0.092 0	123.348 9	11.349 8	0.008 1	0.088 1	31
32	11.737 1	0.085 2	134.213 5	11.435 0	0.007 5	0.087 5	32
33	12.676 1	0.078 9	145.950 6	11.513 9	0.006 9	0.086 9	33
34	13.690 1	0.073 1	158.626 7	11.586 9	0.006 3	0.086 3	34
35	14.785 3	0.067 6	172.316 8	11.654 6	0.005 8	0.085 8	35

附录表 9　复利系数表(i=9%)

一次支付			等额多次支付				
N	(F/P,i,n)	(P/F,i,n)	(F/A,i,n)	(P/A,i,n)	(A/F,i,n)	(A/P,i,n)	N
1	1.090 0	0.917 4	1.000 0	0.917 4	1.000 0	1.090 0	1
2	1.188 1	0.841 7	2.090 0	1.759 1	0.478 5	0.568 5	2
3	1.295 0	0.772 2	3.278 1	2.531 3	0.305 1	0.395 1	3
4	1.411 6	0.708 4	4.573 1	3.239 7	0.218 7	0.308 7	4
5	1.538 6	0.649 9	5.984 7	3.889 7	0.167 1	0.257 1	5
6	1.677 1	0.596 3	7.523 3	4.485 9	0.132 9	0.222 9	6
7	1.828 0	0.547 0	9.200 4	5.033 0	0.105 7	0.198 7	7
8	1.992 6	0.501 9	11.028 5	5.534 8	0.090 7	0.180 7	8
9	2.171 9	0.460 4	13.021 0	5.995 3	0.076 8	0.166 8	9
10	2.367 4	0.422 4	15.192 9	6.417 7	0.065 8	0.155 8	10
11	2.580 4	0.387 5	17.560 3	6.805 2	0.057 0	0.147 0	11
12	2.812 7	0.355 5	20.140 7	7.160 7	0.049 7	0.139 7	12
13	3.065 8	0.326 2	22.953 4	7.486 9	0.043 6	0.133 6	13
14	3.341 7	0.299 3	26.019 2	7.786 2	0.038 4	0.128 4	14
15	3.642 5	0.274 5	29.360 9	8.060 7	0.034 1	0.124 1	15
16	3.970 3	0.251 9	33.003 4	8.312 6	0.030 3	0.120 3	16
17	4.327 6	0.231 1	36.973 7	8.543 6	0.027 1	0.117 1	17
18	4.717 1	0.212 0	41.301 3	8.755 6	0.024 2	0.114 2	18
19	5.141 7	0.194 5	46.018 5	8.950 1	0.021 7	0.111 7	19
20	5.604 4	0.178 4	51.160 1	9.128 6	0.019 6	0.109 6	20
21	6.108 8	0.163 7	56.764 5	9.292 2	0.017 6	0.107 6	21
22	6.658 6	0.150 2	62.873 3	9.442 4	0.015 9	0.105 9	22
23	7.257 9	0.137 8	69.531 9	9.580 2	0.014 4	0.104 4	23
24	7.911 1	0.126 4	76.789 8	9.706 6	0.013 0	0.103 0	24
25	8.623 1	0.116 0	84.700 9	9.822 6	0.011 8	0.101 8	25
26	9.399 2	0.106 4	93.324 0	9.929 0	0.010 7	0.100 7	26
27	10.245 1	0.097 6	102.723 1	10.026 6	0.009 7	0.099 7	27
28	11.167 1	0.089 6	112.968 2	10.116 1	0.008 6	0.098 6	28
29	12.172 2	0.082 2	124.135 4	10.198 3	0.008 1	0.098 1	29
30	13.267 7	0.075 4	136.307 5	10.273 7	0.007 3	0.097 3	30
31	14.461 8	0.069 2	149.575 2	10.342 8	0.006 7	0.096 7	31
32	15.763 3	0.063 4	164.037 0	10.406 2	0.006 1	0.096 1	32
33	17.182 0	0.058 2	179.800 3	10.464 4	0.005 6	0.095 6	33
34	18.728 4	0.053 4	196.982 3	10.517 8	0.005 1	0.095 1	34
35	20.414 0	0.049 0	215.710 8	10.566 8	0.004 6	0.094 6	35

附录表 10　复利系数表($i=10\%$)

	一次支付		等额多次支付				
N	(F/P,i,n)	(P/F,i,n)	(F/A,i,n)	(P/A,i,n)	(A/F,i,n)	(A/P,i,n)	N
1	1.100 0	0.909 1	1.000 0	0.909 1	1.000 0	1.100 0	1
2	1.210 0	0.826 5	2.100 0	1.735 5	0.476 2	0.576 2	2
3	1.331 0	0.751 3	3.310 0	2.486 9	0.302 1	0.402 1	3
4	1.464 1	0.683 0	4.641 0	3.169 9	0.215 5	0.315 5	4
5	1.610 5	0.620 9	6.105 1	3.790 8	0.163 8	0.263 8	5
6	1.771 6	0.564 5	7.715 6	4.355 3	0.129 6	0.229 6	6
7	1.948 7	0.513 2	9.487 2	4.868 4	0.105 4	0.205 4	7
8	2.143 6	0.466 5	11.435 9	5.334 9	0.087 4	0.187 4	8
9	2.358 0	0.424 1	13.579 5	5.759 0	0.073 6	0.173 6	9
10	2.593 7	0.385 5	15.937 4	6.144 6	0.062 8	0.162 8	10
11	2.853 1	0.350 5	18.531 2	6.495 1	0.054 0	0.154 0	11
12	3.138 4	0.318 6	21.384 3	6.813 7	0.046 8	0.146 8	12
13	3.452 3	0.289 7	24.522 7	7.103 4	0.040 8	0.140 8	13
14	3.797 5	0.263 3	27.975 0	7.366 7	0.035 8	0.135 8	14
15	4.177 3	0.239 4	31.772 5	7.606 1	0.031 5	0.131 5	15
16	4.595 0	0.217 6	35.949 7	7.823 7	0.027 8	0.127 8	16
17	5.054 5	0.197 8	40.544 7	8.021 6	0.024 7	0.124 7	17
18	5.560 0	0.179 9	45.599 2	8.201 4	0.021 9	0.121 9	18
19	6.115 9	0.163 5	51.159 1	8.364 9	0.019 6	0.119 6	19
20	6.727 5	0.148 6	57.275 0	8.513 6	0.017 5	0.117 5	20
21	7.400 3	0.135 1	64.002 5	8.648 7	0.015 6	0.115 6	21
22	8.140 3	0.122 9	71.402 8	8.771 5	0.014 0	0.114 0	22
23	8.954 3	0.111 7	79.543 0	8.883 2	0.012 6	0.112 6	23
24	9.849 7	0.101 5	88.497 3	8.894 7	0.011 3	0.111 3	24
25	10.834 7	0.092 3	98.347 1	9.077 0	0.010 2	0.110 2	25
26	11.918 2	0.083 9	109.181 8	9.161 0	0.009 2	0.109 2	26
27	13.110 0	0.076 3	121.099 9	9.237 2	0.008 3	0.108 3	27
28	14.421 0	0.069 3	134.209 9	9.306 6	0.007 5	0.107 5	28
29	15.863 1	0.063 0	148.630 9	9.369 6	0.006 7	0.106 7	29
30	17.449 4	0.057 3	164.494 0	9.426 9	0.006 1	0.106 1	30
31	19.194 3	0.052 1	181.943 4	9.479 0	0.005 5	0.105 5	31
32	21.113 8	0.047 4	201.137 8	9.526 4	0.005 0	0.105 0	32
33	23.225 2	0.043 1	222.251 5	9.569 4	0.004 5	0.104 5	33
34	25.547 7	0.039 1	245.476 7	9.608 6	0.004 1	0.104 1	34
35	28.102 4	0.035 6	271.024 4	9.644 2	0.003 7	0.103 7	35

附录表 11　复利系数表(i=11%)

N	一次支付		等额多次支付				N
	$(F/P,i,n)$	$(P/F,i,n)$	$(F/A,i,n)$	$(P/A,i,n)$	$(A/F,i,n)$	$(A/P,i,n)$	
1	1.110 0	0.900 9	1.000 0	0.900 9	1.000 0	1.110 0	1
2	1.232 1	0.811 6	2.110 0	1.712 5	0.473 9	0.583 9	2
3	1.367 6	0.731 2	3.342 1	2.443 7	0.299 2	0.409 2	3
4	1.518 1	0.658 7	4.709 7	3.102 5	0.212 3	0.322 3	4
5	1.685 1	0.593 5	6.227 8	3.695 9	0.160 6	0.270 6	5
6	1.870 4	0.534 6	7.912 9	4.230 5	0.126 4	0.236 4	6
7	2.076 2	0.481 7	9.783 3	4.712 2	0.102 2	0.212 2	7
8	2.304 5	0.433 9	11.859 4	5.146 1	0.084 3	0.194 3	8
9	2.558 0	0.390 9	14.164 0	5.537 1	0.070 6	0.180 6	9
10	2.839 4	0.352 2	16.722 0	5.889 2	0.059 8	0.169 8	10
11	3.151 8	0.317 3	19.561 4	6.206 5	0.051 1	0.161 1	11
12	3.498 5	0.285 8	22.713 2	6.492 4	0.044 0	0.154 0	12
13	3.883 3	0.257 5	26.211 6	6.749 9	0.038 2	0.148 2	13
14	4.310 4	0.232 0	30.094 9	6.981 9	0.033 2	0.143 2	14
15	4.784 6	0.209 0	34.405 4	7.190 9	0.029 1	0.139 1	15
16	5.310 9	0.188 3	39.190 0	7.379 2	0.025 5	0.135 5	16
17	5.895 1	0.169 6	44.500 8	7.548 8	0.022 5	0.132 5	17
18	6.543 6	0.152 8	50.395 9	7.701 6	0.019 8	0.129 8	18
19	7.263 3	0.137 7	56.939 5	7.839 3	0.017 6	0.127 6	19
20	8.062 3	0.124 0	64.202 8	7.963 3	0.015 6	0.125 6	20
21	8.949 2	0.111 7	72.265 1	8.075 1	0.013 8	0.123 8	21
22	9.933 6	0.100 7	81.214 3	8.175 7	0.012 3	0.122 3	22
23	11.026 3	0.090 7	91.147 9	8.266 4	0.011 0	0.121 0	23
24	12.239 2	0.081 7	102.174 2	8.348 1	0.009 8	0.119 8	24
25	13.585 5	0.073 6	114.413 3	8.421 7	0.008 7	0.118 7	25
26	15.079 9	0.066 3	127.998 8	8.488 1	0.007 8	0.117 8	26
27	16.738 7	0.059 7	143.078 6	8.547 8	0.007 0	0.117 0	27
28	18.579 9	0.053 8	159.817 3	8.601 6	0.006 3	0.116 3	28
29	20.623 7	0.048 5	178.397 2	8.650 1	0.005 6	0.115 6	29
30	22.892 3	0.043 7	199.020 9	8.693 8	0.005 0	0.115 0	30
31	25.410 5	0.039 4	221.913 2	8.733 2	0.004 5	0.114 5	31
32	28.205 6	0.035 5	247.323 6	8.768 6	0.004 0	0.114 0	32
33	31.308 2	0.031 9	275.529 2	8.800 5	0.003 6	0.113 6	33
34	34.752 1	0.028 8	306.837 4	8.829 3	0.003 3	0.113 3	34
35	38.574 9	0.025 9	341.589 6	8.855 2	0.002 9	0.112 9	35

附录表 12　复利系数表($i=12\%$)

	一次支付		等额多次支付				
N	(F/P,i,n)	(P/F,i,n)	(F/A,i,n)	(P/A,i,n)	(A/F,i,n)	(A/P,i,n)	N
1	1.120 0	0.892 9	1.000 0	0.892 9	1.000 0	1.120 0	1
2	1.254 4	0.797 2	2.120 0	1.690 1	0.471 7	0.591 7	2
3	1.404 9	0.711 8	3.374 4	2.401 8	0.296 4	0.416 4	3
4	1.573 5	0.635 5	4.779 3	3.037 4	0.209 2	0.329 2	4
5	1.762 3	0.567 4	6.352 9	3.604 8	0.157 4	0.277 4	5
6	1.973 8	0.506 6	8.115 2	4.111 4	0.123 2	0.243 2	6
7	2.210 7	0.452 4	10.089 0	4.563 8	0.099 1	0.219 1	7
8	2.476 0	0.403 9	12.299 7	4.967 6	0.081 3	0.201 3	8
9	2.773 1	0.360 6	14.775 7	5.328 3	0.067 7	0.187 7	9
10	3.105 9	0.322 0	17.548 7	5.650 2	0.057 0	0.177 0	10
11	3.478 6	0.287 5	20.654 6	5.937 7	0.048 4	0.168 4	11
12	3.896 0	0.256 7	24.133 1	6.194 4	0.041 4	0.161 4	12
13	4.363 5	0.229 2	28.029 1	6.423 6	0.035 7	0.155 7	13
14	4.887 1	0.204 6	32.392 6	6.628 2	0.030 9	0.150 9	14
15	5.473 6	0.182 7	37.279 7	6.810 9	0.026 8	0.146 8	15
16	6.130 4	0.163 1	42.753 3	6.974 0	0.023 4	0.143 4	16
17	6.866 0	0.145 6	48.883 7	7.119 6	0.020 5	0.140 5	17
18	7.690 0	0.130 0	55.749 7	7.249 7	0.017 9	0.137 9	18
19	8.612 8	0.116 1	63.439 7	7.365 8	0.015 8	0.135 8	19
20	9.646 3	0.103 7	72.052 4	7.469 4	0.013 9	0.133 9	20
21	10.803 9	0.092 6	81.698 7	7.562 0	0.012 2	0.132 2	21
22	12.100 3	0.082 6	92.502 6	7.644 7	0.010 8	0.130 8	22
23	13.552 4	0.073 8	104.602 9	7.718 4	0.009 6	0.129 6	23
24	15.178 6	0.065 9	118.155 2	7.784 3	0.008 5	0.128 5	24
25	17.000 1	0.058 8	133.333 9	7.843 1	0.007 5	0.127 5	25
26	19.040 1	0.052 5	150.333 9	7.895 7	0.006 7	0.126 7	26
27	21.324 9	0.046 9	169.374 0	7.942 6	0.005 9	0.125 9	27
28	23.883 9	0.041 9	190.698 9	7.984 4	0.005 2	0.125 2	28
29	26.749 9	0.037 4	214.582 8	8.021 8	0.004 7	0.124 7	29
30	29.959 9	0.033 4	241.332 7	8.055 2	0.004 1	0.124 1	30
31	33.555 1	0.029 8	271.292 6	8.085 0	0.003 7	0.123 7	31
32	37.591 7	0.026 6	304.847 7	8.111 6	0.003 3	0.123 3	32
33	42.091 5	0.023 8	342.429 5	8.135 4	0.002 9	0.122 9	33
34	47.142 5	0.021 2	384.521 0	8.156 6	0.002 6	0.122 6	34
35	52.799 6	0.018 9	431.663 5	8.175 5	0.002 3	0.122 3	35

附录表 13　复利系数表(i=15%)

N	一次支付		等额多次支付				N
	$(F/P,i,n)$	$(P/F,i,n)$	$(F/A,i,n)$	$(P/A,i,n)$	$(A/F,i,n)$	$(A/P,i,n)$	
1	1.150 0	0.869 6	1.000 0	0.869 6	1.000 0	1.150 0	1
2	1.322 5	0.756 1	2.150 0	1.625 7	0.465 1	0.615 1	2
3	1.520 9	0.657 5	3.472 5	2.283 2	0.288 0	0.438 0	3
4	1.749 0	0.571 8	4.993 4	2.855 0	0.200 3	0.350 3	4
5	2.011 4	0.497 2	6.742 4	3.352 2	0.148 3	0.298 3	5
6	2.313 1	0.432 3	8.753 7	3.784 5	0.114 2	0.264 2	6
7	2.660 0	0.375 9	11.066 8	4.160 4	0.090 4	0.240 4	7
8	3.059 0	0.326 9	13.726 8	4.487 3	0.072 9	0.222 9	8
9	3.517 8	0.284 3	16.785 8	4.771 6	0.059 6	0.209 6	9
10	4.045 6	0.247 2	20.303 7	5.018 8	0.049 3	0.199 3	10
11	4.652 4	0.214 9	24.349 3	5.233 7	0.041 1	0.191 1	11
12	5.350 3	0.186 9	29.001 7	5.420 6	0.034 5	0.184 5	12
13	6.152 8	0.162 5	34.351 9	5.583 2	0.029 1	0.179 1	13
14	7.075 7	0.141 3	40.504 7	5.724 5	0.024 7	0.174 7	14
15	8.137 1	0.122 9	47.580 4	5.847 4	0.021 0	0.171 0	15
16	9.357 6	0.106 9	55.717 5	5.954 2	0.018 0	0.168 0	16
17	10.761 3	0.092 9	65.075 1	6.047 2	0.015 4	0.165 4	17
18	12.375 5	0.080 8	75.836 4	6.128 0	0.013 2	0.163 2	18
19	14.231 8	0.070 3	88.211 8	6.198 2	0.011 3	0.161 3	19
20	16.366 5	0.061 1	102.443 6	6.259 3	0.009 8	0.159 8	20
21	18.821 5	0.053 1	118.810 1	6.312 5	0.008 4	0.158 4	21
22	21.644 8	0.046 2	137.631 6	6.358 7	0.007 3	0.157 3	22
23	24.891 5	0.040 2	159.276 4	6.398 8	0.006 3	0.156 3	23
24	28.625 2	0.034 9	184.167 8	6.433 8	0.005 4	0.155 4	24
25	32.919 0	0.030 4	212.793 0	6.464 2	0.004 7	0.154 7	25
26	37.856 8	0.026 4	245.712 0	6.490 6	0.004 1	0.154 1	26
27	43.535 3	0.023 0	283.568 8	6.513 5	0.003 5	0.153 5	27
28	50.065 6	0.020 0	327.104 1	6.533 5	0.003 1	0.153 1	28
29	57.575 5	0.017 4	377.169 7	6.550 9	0.002 7	0.152 7	29
30	66.211 8	0.015 1	434.745 2	6.566 0	0.002 3	0.152 3	30
31	76.143 5	0.013 1	500.959 7	6.579 1	0.002 0	0.152 0	31
32	87.565 1	0.011 4	577.100 5	6.590 5	0.001 7	0.151 7	32
33	100.699 8	0.009 9	664.665 5	6.600 5	0.001 5	0.151 5	33
34	115.804 8	0.008 6	765.365 4	6.609 1	0.001 3	0.151 3	34
35	133.175 5	0.007 5	881.170 2	6.616 6	0.001 1	0.151 1	35

附录表 14　复利系数表(i=18%)

	一次支付		等额多次支付				
N	(F/P,i,n)	(P/F,i,n)	(F/A,i,n)	(P/A,i,n)	(A/F,i,n)	(A/P,i,n)	N
1	1.180 0	0.847 5	1.000 0	0.847 5	1.000 0	1.180 0	1
2	1.392 4	0.718 2	2.180 0	1.565 6	0.458 7	0.638 7	2
3	1.643 0	0.608 6	3.572 4	2.174 3	0.279 9	0.459 9	3
4	1.938 8	0.515 8	5.215 4	2.690 1	0.191 7	0.371 7	4
5	2.287 8	0.437 1	7.154 2	3.127 2	0.139 8	0.319 8	5
6	2.699 6	0.370 4	9.442 0	3.497 6	0.105 9	0.285 9	6
7	3.185 5	0.313 9	12.141 5	3.811 5	0.082 4	0.262 4	7
8	3.758 9	0.266 0	15.327 0	4.077 6	0.065 2	0.245 2	8
9	4.435 5	0.225 5	19.085 9	4.303 0	0.052 4	0.232 4	9
10	5.233 8	0.191 1	23.521 3	4.494 1	0.042 5	0.222 5	10
11	6.175 9	0.161 9	28.755 1	4.656 0	0.034 8	0.214 8	11
12	7.287 6	0.137 2	34.931 1	4.793 2	0.028 6	0.208 6	12
13	8.599 4	0.116 3	42.218 7	4.909 5	0.023 7	0.203 7	13
14	10.147 2	0.098 6	50.818 0	5.008 1	0.019 7	0.199 7	14
15	11.973 8	0.083 5	60.965 3	5.091 6	0.016 4	0.194 0	15
16	14.129 0	0.070 8	72.939 0	5.162 4	0.013 7	0.193 7	16
17	16.672 3	0.060 0	87.068 0	5.222 3	0.011 5	0.191 5	17
18	19.673 3	0.050 8	103.740 3	5.273 2	0.009 6	0.189 6	18
19	23.214 4	0.043 1	123.413 5	5.316 2	0.008 1	0.188 1	19
20	27.393 0	0.036 5	146.628 0	5.352 8	0.006 8	0.186 8	20
21	32.323 8	0.030 9	174.021 0	5.383 7	0.005 8	0.185 8	21
22	38.142 1	0.026 2	206.344 8	5.409 9	0.004 9	0.184 9	22
23	45.007 6	0.022 2	244.486 9	5.432 1	0.004 1	0.184 1	23
24	53.109 0	0.018 8	289.494 5	5.451 0	0.003 5	0.183 5	24
25	62.668 6	0.016 0	342.603 5	5.466 9	0.002 9	0.182 9	25
26	73.949 0	0.013 5	405.272 1	5.480 4	0.002 5	0.182 5	26
27	87.259 8	0.011 5	479.221 1	5.491 9	0.002 1	0.182 1	27
28	102.966 6	0.009 7	566.480 9	5.501 6	0.001 8	0.181 8	28
29	121.500 5	0.008 2	669.447 5	5.509 8	0.001 5	0.181 5	29
30	143.370 6	0.007 0	790.948 0	5.516 8	0.001 3	0.181 3	30
31	169.177 4	0.005 9	934.318 6	5.522 7	0.001 1	0.181 1	31
32	199.629 3	0.005 0	1 103.496 0	5.527 7	0.000 9	0.180 9	32
33	235.562 6	0.004 3	1 303.125 3	5.532 0	0.000 8	0.180 8	33
34	277.963 8	0.003 6	1 538.687 8	5.535 6	0.000 7	0.180 7	34
35	327.997 3	0.003 1	1 816.651 6	5.538 6	0.000 6	0.180 6	35

附录表 15　复利系数表(i=20%)

	一次支付		等额多次支付				
N	(F/P,i,n)	(P/F,i,n)	(F/A,i,n)	(P/A,i,n)	(A/F,i,n)	(A/P,i,n)	N
1	1.200 0	0.833 3	1.000 0	0.833 3	1.000 0	1.200 0	1
2	1.440 0	0.694 4	2.200 0	1.527 8	0.454 6	0.654 6	2
3	1.728 0	0.578 7	3.640 0	2.106 5	0.274 7	0.474 7	3
4	2.073 6	0.482 3	5.368 0	2.588 7	0.186 3	0.386 3	4
5	2.488 3	0.401 9	7.441 6	2.990 6	0.134 4	0.334 4	5
6	2.986 0	0.334 9	9.929 9	3.325 5	0.100 7	0.300 7	6
7	3.583 2	0.279 1	12.915 9	3.604 6	0.077 4	0.277 4	7
8	4.299 8	0.232 6	16.499 1	3.837 2	0.060 6	0.260 6	8
9	5.159 8	0.193 8	20.798 9	4.031 0	0.048 1	0.248 1	9
10	6.191 7	0.161 5	25.958 7	4.192 5	0.038 5	0.238 5	10
11	7.430 1	0.134 6	32.150 4	4.327 1	0.031 1	0.231 1	11
12	8.916 1	0.112 2	39.580 5	4.439 2	0.025 3	0.225 3	12
13	10.699 3	0.093 5	48.496 6	4.532 7	0.020 6	0.220 6	13
14	12.839 2	0.077 9	59.195 9	4.610 6	0.016 9	0.216 9	14
15	15.407 0	0.064 9	72.035 1	4.675 5	0.013 9	0.213 9	15
16	18.488 4	0.054 1	87.442 1	4.729 6	0.011 4	0.211 4	16
17	22.186 1	0.045 1	105.930 6	4.774 6	0.009 4	0.209 4	17
18	26.623 3	0.037 6	128.116 7	4.812 2	0.007 8	0.207 8	18
19	31.948 0	0.031 3	157.740 0	4.843 5	0.006 5	0.206 5	19
20	38.337 6	0.026 1	186.688 0	4.869 6	0.005 4	0.205 4	20
21	46.005 1	0.021 7	225.025 6	4.891 3	0.004 4	0.204 4	21
22	55.206 1	0.018 1	271.030 7	4.909 4	0.003 7	0.203 7	22
23	66.247 4	0.015 1	326.236 9	4.924 5	0.003 1	0.203 1	23
24	79.496 9	0.012 6	392.484 2	4.937 1	0.002 6	0.202 6	24
25	95.396 2	0.010 5	471.981 1	4.947 6	0.002 1	0.202 1	25
26	114.475 5	0.008 7	567.377 3	4.956 3	0.001 8	0.201 8	26
27	137.370 6	0.007 3	681.852 8	4.963 6	0.001 5	0.201 5	27
28	164.844 7	0.006 1	819.223 3	4.969 7	0.001 2	0.201 2	28
29	197.813 6	0.005 1	984.068 0	4.974 7	0.001 0	0.201 0	29
30	237.376 3	0.004 2	1 181.881 6	4.978 9	0.000 9	0.200 9	30
31	284.851 6	0.003 5	1 419.257 9	4.982 5	0.000 7	0.200 7	31
32	341.821 9	0.002 9	1 704.109 5	4.985 4	0.000 6	0.200 6	32
33	410.186 3	0.002 4	2 045.931 4	4.987 8	0.000 5	0.200 5	33
34	492.223 5	0.002 0	2 456.117 6	4.989 8	0.000 4	0.200 4	34
35	590.668 2	0.001 7	2 948.341 2	4.991 5	0.000 3	0.200 3	35

附录表 16　复利系数表(i=25%)

	一次支付		等额多次支付				
N	(F/P,i,n)	(P/F,i,n)	(F/A,i,n)	(P/A,i,n)	(A/F,i,n)	(A/P,i,n)	N
1	1.250 0	0.800 0	1.000 0	0.800 0	1.000 0	1.250 0	1
2	1.562 5	0.640 0	2.250 0	1.440 0	0.444 4	0.694 4	2
3	1.953 1	0.512 0	3.812 5	1.952 0	0.262 3	0.512 3	3
4	2.441 4	0.409 6	5.765 6	2.361 6	0.173 4	0.423 4	4
5	3.051 8	0.327 7	8.207 0	2.689 3	0.121 9	0.371 9	5
6	3.814 7	0.262 1	11.258 8	2.951 4	0.088 2	0.338 9	6
7	4.768 4	0.209 7	15.073 5	3.161 1	0.066 3	0.316 3	7
8	5.960 5	0.167 8	19.841 9	3.328 9	0.050 4	0.300 4	8
9	7.450 6	0.134 2	25.802 3	3.463 1	0.038 8	0.288 8	9
10	9.313 2	0.107 4	33.252 9	3.570 5	0.030 1	0.280 1	10
11	11.641 5	0.085 9	42.566 1	3.656 4	0.023 5	0.273 5	11
12	14.551 9	0.068 7	54.207 7	3.725 1	0.018 5	0.268 5	12
13	18.189 9	0.055 0	68.789 6	3.780 1	0.014 5	0.264 5	13
14	22.737 4	0.044 0	86.949 5	3.824 1	0.01 5	0.261 5	14
15	28.421 7	0.035 2	109.686 8	3.859 3	0.009 1	0.259 1	15
16	35.527 1	0.028 2	138.108 6	3.887 4	0.007 2	0.257 2	16
17	44.408 9	0.022 5	173.635 7	3.909 9	0.005 8	0.255 8	17
18	55.511 2	0.018 0	218.044 6	3.927 9	0.004 6	0.254 6	18
19	69.388 9	0.014 4	273.555 8	3.942 4	0.003 7	0.253 7	19
20	86.736 2	0.011 5	342.944 7	3.953 9	0.002 9	0.252 9	20
21	108.420 2	0.009 2	429.680 9	3.963 1	0.002 3	0.252 3	21
22	135.525 3	0.007 4	538.101 1	3.970 5	0.001 9	0.251 9	22
23	169.406 6	0.005 9	673.626 4	3.973 4	0.001 5	0.251 5	23
24	211.758 2	0.004 7	843.303 0	3.981 1	0.001 2	0.251 2	24
25	264.697 8	0.003 8	1 054.791 2	3.984 9	0.001 0	0.251 0	25
26	330.872 3	0.003 0	1 319.489 0	3.987 9	0.000 8	0.250 8	26
27	413.590 3	0.002 4	1 650.361 2	3.990 3	0.000 6	0.250 6	27
28	516.987 9	0.001 9	2 063.951 5	3.992 3	0.000 5	0.250 5	28
29	646.234 9	0.001 6	2 580.939 4	3.993 8	0.000 4	0.250 4	29
30	807.793 6	0.001 2	3 227.174 3	3.995 1	0.000 3	0.250 3	30
31	1 009.742 0	0.001 0	4 034.967 8	3.996 0	0.000 3	0.250 3	31
32	1 262.177 4	0.000 8	5 044.709 8	3.996 8	0.000 2	0.250 2	32
33	1 577.721 8	0.000 6	6 306.887 2	3.997 5	0.000 2	0.250 2	33
34	1 972.152 3	0.000 5	7 884.609 1	3.998 0	0.000 1	0.250 1	34
35	2 465.190 3	0.000 4	9 856.761 3	3.997 4	0.000 1	0.250 1	35

附录表 17　复利系数表(i=30%)

	一次支付		等额多次支付				
N	(F/P,i,n)	(P/F,i,n)	(F/A,i,n)	(P/A,i,n)	(A/F,i,n)	(A/P,i,n)	N
1	1.300 0	0.769 2	1.000 0	0.769 2	1.000 0	1.300 0	1
2	1.690 0	0.591 7	2.300 0	1.361 0	0.434 8	0.734 8	2
3	2.197 0	0.455 2	3.990 0	1.816 1	0.250 6	0.550 6	3
4	2.856 1	0.350 1	6.187 0	2.166 2	0.161 6	0.461 6	4
5	3.712 9	0.269 3	9.043 1	2.435 6	0.110 6	0.410 6	5
6	4.826 8	0.207 2	12.756 0	2.642 8	0.078 4	0.378 4	6
7	6.274 9	0.159 4	17.582 8	2.802 1	0.056 9	0.356 9	7
8	8.157 3	0.122 6	23.857 7	2.924 7	0.041 9	0.341 9	8
9	10.604 5	0.094 3	32.015 0	3.019 0	0.031 2	0.331 2	9
10	13.785 9	0.072 5	42.619 5	3.091 5	0.023 5	0.323 5	10
11	17.921 6	0.055 8	56.405 4	3.147 3	0.017 7	0.317 7	11
12	23.298 1	0.042 9	74.327 0	3.190 3	0.013 5	0.313 5	12
13	30.287 5	0.033 0	97.625 0	3.223 3	0.010 2	0.310 2	13
14	39.373 8	0.025 4	127.912 6	3.248 7	0.007 8	0.307 8	14
15	51.185 9	0.019 5	167.286 3	3.268 2	0.006 0	0.306 0	15
16	66.541 7	0.015 0	218.472 2	3.283 2	0.004 9	0.304 6	16
17	86.504 2	0.011 6	285.013 9	3.294 8	0.003 5	0.303 5	17
18	112.455 4	0.008 9	371.518 0	3.303 7	0.002 7	0.302 7	18
19	146.192 0	0.006 8	483.973 4	3.310 5	0.002 1	0.302 1	19
20	190.049 6	0.005 3	630.165 5	3.315 8	0.001 6	0.301 6	20
21	247.064 5	0.004 1	820.215 1	3.319 8	0.001 2	0.301 2	21
22	321.183 9	0.003 1	1 067.279 6	3.323 0	0.000 9	0.300 9	22
23	417.539 1	0.002 4	1 388.463 5	3.325 4	0.000 7	0.300 7	23
24	542.800 8	0.001 8	1 806.002 6	3.327 2	0.000 6	0.300 6	24
25	705.641 0	0.001 4	2 348.803 3	3.328 6	0.000 4	0.300 4	25
26	917.333 3	0.001 1	3 054.444 3	3.329 7	0.000 3	0.300 3	26
27	1 192.533 3	0.000 8	3 971.777 6	3.330 5	0.000 3	0.300 3	27
28	1 550.293 3	0.000 7	5 164.310 9	3.331 2	0.000 2	0.300 2	28
29	2 015.381 3	0.000 5	6 714.604 2	3.331 7	0.000 2	0.300 2	29
30	2 619.995 6	0.000 4	8 729.985 5	3.332 1	0.000 1	0.300 1	30
31	3 405.994 3	0.000 3	11 349.981 0	3.332 4	0.000 1	0.300 1	31
32	4 427.792 6	0.000 2	14 755.975 0	3.332 6	0.000 1	0.300 1	32
33	5 756.130 4	0.000 2	19 183.768 0	3.332 8	0.000 1	0.300 1	33
34	7 482.969 6	0.000 1	24 939.899 0	3.332 9	0.000 04	0.300 04	34
35	9 727.860 4	0.000 1	32 422.868 0	3.333 0	0.000 03	0.300 03	35

参考文献

[1] 谭大璐,赵世强.工程经济学.武汉:武汉理工大学出版社,2008

[2] 黄有亮等.工程经济学.第2版.南京:东南大学出版社,2006

[3] 刘晓君.工程经济学.北京:中国建筑工业出版社,2003

[4] 武献华等.工程经济学.大连:东北财经大学出版社,2002

[5] William G. Sullivan Elin M. Wicks James T. Luxhoj 著.工程经济学.第12版.北京:清华大学出版社,2004

[6] E L Grant,W G Ireson,R S Leuvenworth. Principles of Engineering Economy. John Wiley&Sons,Inc. New York,1982

[7] 全国造价工程师执业资格考试培训教材编审委员会.工程造价计价与控制.北京:中国计划出版社,2007

[8] 国家发展改革委,建设部.建设项目经济评价方法与参数.第3版.北京:中国计划出版社,2006

[9] 王卓甫等.工程项目风险管理——理论、方法与应用.北京:中国水利水电出版社,2003

[10] 王家远等.建设项目风险管理.北京:中国水利水电出版社,2004

[11] 许谨良.风险管理.第2版.北京:中国金融出版社,2003

[12] 刘德学,樊洛平.风险投资运作机制与决策分析.沈阳:东北大学出版社,2002

[13] 戚安邦.项目管理十大风险.北京:中国经济出版社,2004

[14] 中国国际工程咨询公司等.投资项目可行性研究指南.北京:中国电力出版社,2002

[15] 王维才等.投资项目可行性分析与项目管理.北京:冶金出版社,2002

[16] 中国建设监理协会.建设工程投资控制.北京:知识产权出版社,2007

[17] 叶晓甦.工程财务与风险管理.北京:中国建筑工业出版社,2007

[18] 全国一级建造师执业资格考试用书编写委员会.建设工程经济.北京:中国建筑工业出版社,2007

[19] 宋伟,王恩茂.工程经济学.北京:人民交通出版社,2007

[20] 刘长滨.建筑工程技术经济学.第3版.北京:中国建筑工业出版社,2007

[21] 财政部.企业会计准则——基本准则.北京:中国财政经济出版社,2006

[22] 虞和锡.工程经济学.北京:中国计划出版社,2002

[23] 邵颖红,黄渝祥.工程经济学.上海:同济大学出版社,2003

[24] 刘玉明.工程经济学.北京:清华大学出版社,2006

[25] 赵国杰.工程经济学.天津:天津大学出版社,2003

[26] 中华人民共和国国家标准 UDC65.011.价值工程基本术语和一般工作程序(GB 8223—87)

[27] 姜早龙.工程经济学.长沙:中南大学出版社,2005

[28] 谭浩邦.产业价值工程——工业企业·建筑工程.广州:暨南大学出版社,1999
[29] 张传吉.建筑业价值工程.北京:中国建筑工业出版社,1993
[30] 张金锁,陈立文等.技术经济学原理与方法.第2版.北京:机械工业出版社,2001
[31] 杜葵主编.工程经济学.重庆:重庆大学出版社,2001
[32] 李南主编.工程经济学.北京:科学出版社,2000
[33] 宋国防,贾湖主编.工程经济学.天津:天津大学出版社,2000
[34] 赵国杰主编.现代工程经济学.沈阳:辽宁大学出版社,1999
[35] 傅家骥,仝允桓主编.工业技术经济学.第3版.北京:清华大学出版社,1996
[36] 吴添祖主编.技术经济学概论.第2版.北京:高等教育出版社,2004
[37] 李平,李文军,郭树声.特大型投资项目的区域和宏观经济影响分析.数量经济技术经济研究,2003(2)
[38] 杨青.技术经济学.武汉:武汉理工大学出版社,2007
[39] 闫军印.建设项目评估.北京:机械工业出版社,2005
[40] 于立君.工程经济学.北京:机械工业出版社,2008
[41] 全国造价工程师执业资格考试培训教材编审组.工程造价管理基础理论与相关法规.北京:中国计划出版社,2009
[42] 宋伟.工程经济学学习指导与习题解析.北京:人民交通出版社,2007
[43] 王克强.工程经济学.上海:上海财经大学出版社,2004
[44] 黄渝祥,邢爱芳.工程经济学.上海:同济大学出版社,2005
[45] 贾湖.工程经济学.天津:天津大学出版社,2009
[46] 洪跃.工程经济学.北京:化学工业出版社,2008
[47] 张厚钧.工程经济学.北京:北京大学出版社,2009
[48] 全国造价工程师执业资格考试培训教材编审组.工程造价计价与控制.北京:中国计划出版社,2009
[49] 罗党,郭洁.技术经济学.上海:立信会计出版社,2008
[50] 赵国杰.工程经济学.天津:天津大学出版社,2004
[51] 何亚伯等.工程经济学.北京:机械工业出版社,2008
[52] 李南主编.工程经济学.第3版.北京:科学出版社,2009